绍兴市政协文史资料第四十辑

绍兴名山

绍兴市政协文化文史和学习委员会
绍兴市自然资源和规划局(市林业局) 编

中国文史出版社

编委会

主　　任　魏　伟

副 主 任　张宪疆

编　　委　陈皆烨　洪忠良　王明虎　周钦淼　陈丽娜

　　　　　章颖芳　袁岳军　史　萍　祝志芳　王　甫

　　　　　吴青青　徐　彪　阮晓辉　劳江海　白丽萍

　　　　　金水福　岳成龙

序言

冯建荣

《绍兴名山》是去年出版的《绍兴美丽河湖》的姐妹篇,前者写的是名山,后者写的是丽水。名山丽水珠联璧合,成就了绍兴的秀美生态,也成就了这里人们的美好生活。编著者的美意也是显而易见的——宣传、推介家乡的大好河山,并且广而告之更广大的人们,珍惜、保护和共享这里的大好河山。在《绍兴名山》这部新著付梓之际,张宪疆副主席嘱我为之作序,我自然不能马虎,认真阅读书稿,录下有感之发。

一

绍兴的山,是地质运动的产物。

自元古代以来,历经多次岩浆活动和海陆相沉积,特别是 14 亿—10 亿年前华夏古大陆与大陆板块的碰撞,形成了今日绍兴复杂的地质构造[1]。

江山—绍兴深断裂将绍兴地区划分为两个地质区:西北区属扬子准地台,地层出露齐全,岩浆活动较弱,沉积岩系发育;东南区属华南褶皱系,岩浆活动激烈,为大片中生界火山沉积岩系所覆盖,陆相沉积岩层出露[2]。

这种地质运动而至的地质构造,使得绍兴处于浙西山地丘陵、浙东丘陵山地和浙北平原三大地貌单元的交接地带,形成了以山为主体,山地丘陵居多的地形特征[3]。

二

绍兴的山,是名副其实的山。

世界上许多地方有山,但缺少水;许多地方有水,但缺少山;许多地方有山有水,但往往是千山万水,甚至是穷山恶水。

而绍兴这个地方,则不但是有山,而且是有水。山是青山,以会稽山、龙门山、天姥山、四明山四山为主要代表;水是秀水,以古运河、古鉴湖、曹娥江、浦阳江四水为主要代表。

四座为主要代表的山,恰似写在绍兴大地上的一个"山"字。

会稽山耸峙于中,是"山"字的第一笔"竖";龙门山绵延于西,是"山"字的第二笔竖折中的"竖";天姥山蜿蜒于东南,是"山"字的第二笔竖折中的"折";四明山逶迤于东,是"山"字的第三笔"竖"。

这一"山"字形的独特地形,造成了绍兴由西南向东北倾斜的独特地势,进而造成了绍兴丰富多彩的独特地貌。

绍兴的地理、生态、经济、人文、民生,绍兴的一切,便由此而生。

三

绍兴的山,有数量之多。

(一)山地占比高。

全市地貌可以分为五种类型,分别是山地、丘陵、台地、河谷盆地、平原。其中山地占市域面积的 27.0%、丘陵占 33.5%、台地占 5.6%,合计涉山的面积占了市域面积的66.1%。

这些广义上的山,集中分布在绍兴的中部、西部、东南部和东部地区,任桂全先生总纂的《绍兴市志》对此作了较为具体的记载[4]。

(二)山峰数量多。

目前,全绍兴市有具体海拔数字的100米以上主要山峰,就有184座。按分布地区来分,中部66座,其中海拔100米—600米的有30座、601米—1000米的有32座、1001米以上的有4座;西部39座,其中海拔100米—600米的有24座、601米—1000米的有14座、1001米以上的有1座;东南部海拔100米—600米的有29座、601米—1000米的有19座;东部海拔100米—600米的有11座、601米—1000米的有18座、1001米以上的有2座。

按海拔高度来分,海拔100米—200米的有4座;201米—300米的有6座;301米—400米的有22座;401米—500米的有23座;501米—600米的有39座;601米—700米的有29座;701米—800米的有21座;801米—900米的有19座;901米—1000米的有14座,其中中部6座、西部2座、东南部5座、东部1座;1001米以上的有7座。

7座1000米以上山峰,分别为中部的会稽山主峰、全市最高峰东白山,1194.6米;西白山,1095.7米;棕榈尖,1028米;南园尖,1090米。西部的三界尖,1015.2米。东部的四明山,1012米;扑船山,1021米。

更具体的情况,可见下表:

分布 海拔(米)	中部	西部	东南部	东部	小计
100—200	1	1	1	1	4
201—300	3	2	1	0	6
301—400	6	6	8	2	22
401—500	4	10	7	2	23
501—600	16	5	12	6	39
601—700	10	5	6	8	29
701—800	9	4	3	5	21
801—900	7	3	5	4	19
901—1000	6	2	5	1	14
1001—以上	4	1	0	2	7
总计	66	39	48	31	184

(三)孤丘也不少。

另外,绍兴还有零星分布于平原与盆地的孤山残丘。其中:

绍兴古城内,有府山,海拔74米;塔山,29.4米;蕺山,51米。

绍兴平原上,有鸟门山,又名箬篑山、绕门山,海拔91.7米;吼山,又名狗山、犬亭山,105米;棋盘山,115.2米;马鞍山,196米;夏盖山,又名夏架山、大禹峰,168米;福祈山,又名大山,137米;称山,又名青山,194.5米;稷山,又名斋台山,156.8米;保驾山,又名苞山,47米;龙山,225米。

诸暨盆地上,有陶朱山,又名长山,海拔261.1米;白阳山,323.6米;金鸡山,84.7米;越山,187米。

曹娥江流域的新嵊与三界章镇盆地上,有嵊州城隍山,海拔 146.8 米;艇湖山, 140 米;亭山,130.9 米;姜山,136 米。

四

绍兴的山,有连绵之形。

各个地区的山脉之间,连绵不绝,大体弥缝;每座山脉内部,平缓绵连,不分你我。

(一)中部以会稽山为主体,主脉依诸暨、嵊州界北行的山峰有美女尖、鹰子岩岭、白玉尖、湖塘岗、雾露尖、硤石山、龙头岗、砂石岗、上谷岭,至于诸暨、嵊州、柯桥交界处的龙头顶;向北入绍兴市越城区的秦望山,尽于香炉峰一带。

支脉大体上分为四路,形成数以百计的较高山峰。一路自东白山起,先依诸暨、东阳界西行,继依诸暨、义乌界北行,尽于浦阳江东岸。

二路自东白山起,依嵊州、东阳界东行。

三路自龙头顶起,依诸暨、柯桥界北行。

四路自龙头顶起,先依嵊州、柯桥界东行,继依柯桥、上虞界北行,尽于水网平原。

(二)西部以龙门山为主体,呈南西—北东走向,被壶源江分割成两侧,东侧平均海拔在 800 米以上,西侧平均海拔在 500 米以上,著名的五泄风景区即位于西侧。

以主峰三界尖为起点,山脉分为南北两路,形成诸多较高山峰。南路先依诸暨、桐庐界北行,继依诸暨、浦江界南行,尽于浦阳江西岸,汇入安华水库。

北路先依诸暨、富阳界西行,继依诸暨、萧山界北行,又越过浦阳江依柯桥、萧山界北行,尽于萧绍平原之中。

(三)东南部以天台山为主体,呈南西—北东走向,最高峰为新昌菩提峰,海拔 996 米。

山脉分为四路,形成近百座较高的山峰。西路界于长乐江与澄潭江之间,自东阳、磐安、嵊州、新昌交界处入境,依新嵊界北行,尽于嵊州蛟镇南缘的独秀山。

中路界于澄潭江与新昌江之间,自新昌、天台交界处入境,向北绵延至新昌城关一带。

东路界于新昌江与黄泽江之间,自新昌莒根入境,向北延伸至嵊州三塘台地。

东北路界于新昌江与沙溪之间,自新昌、宁海、奉化交界处入境,向西北绵延至花树坪尖。

(四)东部以四明山为主体,呈南西—北东走向,绵延于嵊州、新昌、奉化、上虞、余姚之间,山体主要高度为 600 米—800 米。

支脉受曹娥江东侧支流的分割,自南而北分为五路,形成了上百座较高山峰。南路界于沙溪与上东江之间,自新昌、嵊州、奉化交界处入境,依嵊州界西行,为新嵊界山。

中南路界于上东江与里东江之间,自嵊州、奉化、余姚交界处入境,向西延伸,经四明山主峰,尽于曹娥江东侧的画图山。

中路界于里东江与隐潭溪之间,从嵊州、上虞、余姚三地交界处入境,依嵊州、上虞地界西行,尽于曹娥江东侧的车骑山。

中北路界于隐潭溪与下管溪之间,自上虞陈溪南部太平村入境,向西北延伸,尽于章镇盆地东缘。

北路自下管溪以北纱帽岩起,依上虞、余姚界北行,尽于水网平原南缘。

五

绍兴的山,有江河之伴。

绍兴的山与水,有着水乳交融的关系,形成了交相辉映的美景。河流流淌山间,库塘静处山谷,河谷坐拥盆地,湖泊增色孤丘。

(一)"山"字形的地形,直接导致了曹娥江与浦阳江两条干流及诸多支流。会稽山与四明山之间,形成了曹娥江;会稽山与龙门山之间,形成了浦阳江。连绵的山脉,又形成了两江的诸多支流。

这样的山水布局,真是大自然妙不可言的造化。每年的梅汛期与台汛期,降雨往往较多,雨量一般占年均 1500 毫米的 70% 左右。两条干流与诸多支流得益于地势由西南向东北侧斜的地利,将集纳的雨水迅速排出,保障了这个地方历史上很少有大的水灾相扰。这是绍兴成为风调雨顺的风水宝地的重要原因。

(二)连绵的山脉,为生活于其中的人们提供了建造库塘、改善生活的有利条件,使这里诞生了诸多巧夺天工的伟大创造。

全市分布于山间的大、中、小型水库多达556座,其中小(一)、小(二)型水库共有537座,还有山塘2649座。

这些大大小小、林林总总的库塘,特别是解决了全市一半人口饮用水问题的汤浦水库,集防洪与灌溉、水产与发电、饮用与休闲、水环境保护与水生态改善等多种功能于一体,是镶嵌在绍兴大地上的璀璨明珠,更是这里的人们人乐自然的生动写照。

(三)诸多的山脉,成了江河的分水岭。

会稽山主要分布于柯桥南部、诸暨东部与嵊州的西北部,是绍兴地形骨架的脊梁,曹娥江与浦阳江的分水岭。

龙门山主要分布于诸暨西部,是浦阳江与富春江的分水岭。

天台山主要分布于新昌东部和南部、嵊州南部,与四明山以沙溪为界,与会稽山以剡溪为界,是曹娥江、甬江和灵江的分水岭。其四路支脉,分别是长乐江、澄潭江、新昌江、黄泽江、沙溪的分水岭。

四明山主要分布于嵊州东部、新昌东北部、上虞东南部,是曹娥江与甬江的分水岭。其五路支脉,分别是沙溪、上东江、里东江、隐潭溪、下管溪的分水岭。

(四)两河流域的河谷,形成了十多个山水相间的盆地,其中较大的有三个。

曹娥江流域,以清风闸为界,分为上游的新嵊盆地和中游的三界章镇盆地。新嵊盆地位于嵊州中部、新昌北部,曹娥江上游的澄潭江、新昌江、长乐江、黄泽江等支流,从盆地四周向中心辐合相汇。

三界章镇盆地,以上虞章镇为中心,曹娥江中游的小舜江、范洋江、隐潭溪、下管溪等支流,在盆地汇合。

浦阳江流域,是诸暨盆地,浦阳江中游河段及其五泄溪、大陈江、枫桥江等贯穿其中,似一条由南西向北东延伸的走廊。

六

绍兴的山,有资源之殷。

(一)绍兴的山,有金木鸟兽之殷。植物、动物、林果、地下矿物丰富多彩,座座都是金山。

　　这里富有生物的多样性。植物当中,有国家一级保护植物红豆杉,国家二级保护植物小勾儿茶、香榧树、七子花等。动物当中,有梅花鹿、云豹、白颈长尾雉等国家一级保护动物,藏酋猴、鬣羚、黄喉貂、松雀鹰、蛇雕等国家二级保护动物。

　　这里富有风物的珍贵性。钟灵毓秀,物华天宝。丰富、多样、肥沃的山地资源,加上人们的聪明智慧、勤劳刻苦,使得这里的兰花、香榧、茶叶、水果、药材等地方土特产品,品类众多,风味独佳。

　　这里富有矿产的奇特性。已经查明的能源、黑色金属、贵金属等各类矿产有50余种,其中已探明储量的有铜、锡、金、硅藻土、瓷土等20余种,金属矿产在浙江占有举足轻重的地位。令人称奇的是,早在2500多年前,越人就已掌握了铜、锡等的勘探、开采、冶炼、锻造、磨制技术,举世无双的青铜剑与青铜镜,便是这种技术最为典型的产物。

　　(二)绍兴的山,有地貌形态之殷。丰富多彩的地貌形态,为这里的人们提供了丰厚的物质资源。

　　这里的山地丘陵、河谷盆地,是世世代代绍兴人生产生活的宝地。特别是占了全市土壤面积30%的水稻土,主要分布在三大盆地,它们起源于河谷冲积物与洪水冲积物,以及各种岩石风化的残积物、坡积物和再生物,与北部平原一起,在历史上一直是绍兴的四大粮仓。正是这些粮仓,在很大程度上支撑了绍兴的鱼米之乡。

　　绍兴的一些特殊地貌,有着特殊的资源价值。台地集中分布在新嵊盆地和三界章镇盆地周围一带,占市域面积的5.6%,海拔多在150米—400米之间,顶部平缓,土壤深厚,村落相望,田地梯列,四周陡峻,宛若小高原,是绍兴的一大特色景观和资源,最好的小京生花生便产于这些地方。

　　秦望山、东白山、五百岗等3座死火山,因中生代燕山运动时火山喷发而致,是江南极为少见的火山群地貌,有多座火山锥,其中以五百岗火山群中海拔660米的雌鹅凸与637米的雄鹅凸最为典型。这是绍兴十分珍贵的旅游资源。

　　绍兴还有香炉峰以及新昌"倒脱靴"、穿岩十九峰等为代表的假喀斯特地貌与丹霞地貌。这些天工,是钟灵造化,旅游潜力巨大。

　　(三)绍兴的山,有历史人文之殷。它们当中,有的虽然并不高峻,甚至仅仅是一个地名概念,却是历史之山,名人之山,文化之山,因历史而名,名人而名,文化而名。

其中所积淀的人文底蕴,既是人类文化的瑰宝,又是经济发展的财富。

绍兴的很多山,与黎民百姓的日常生活直接相关。嵊州甘霖上杜山村的小黄山,堪称是其中最为典型的代表。小黄山因出土了10000年前后的水稻栽培遗存、彩陶遗存和村落遗存,而于2005年成为中国年度"十大重大考古发现",又于2006年与上山遗址一起,被命名为上山文化,成为世界稻作文化、彩陶文化与酿酒文化的故乡,成为中国最早的村落。

绍兴的很多山,与文人墨客有着千丝万缕的联系。东晋时,南渡的中原士子一来到这里,便惊诧于这里山水的独特之美。王羲之"初渡浙江,便有终焉之志"[5],发出了"从山阴道上行,犹如镜中游"[6]的赞叹。唐代时,不下400位的大诗人纷至沓来,形成了中国历史上空前绝后的一大文化现象,谱写了中华大地上空前绝后的一部宏伟诗篇,走出了一条以越州为中心、声名远播、影响至今的浙东唐诗之路。这些文人墨客的诗文歌赋,对这里的秀美山水起到了锦上添花的作用。

绍兴的很多山,与儒释道的关系十分密切。四明山脉中,独有一峰,名曰秀峰尖岗。秀峰有湾,溪流潺潺;左龙右虎,南水北山;闲云常驻,万物盎然;几多风光,独数小湾。这里一方净土无纤尘,四时锦绣有繁花,高天冷暖蕴神秀,浓雾聚散凝精华,所产秀峰茶堪称天下一绝。这里的秀峰寺,早在1000年前,便已梵香缭绕。"秀峰尖岗,堆高山上。有道是、净土一方。千年时光,无量佛光。惜风雨交,星斗移,人事亡。改革开放,事业兴旺。时运转、重显辉煌。千古灵光,无限风光。盼天行健,地势坤,民安康"[7]。道教三十六小洞天中,绍兴占了3处,七十二福地中,绍兴占了4处,它们都在绍兴相关的山中。

绍兴的很多山,与历史上的帝王紧密相连。举世闻名的会稽山,是中华祖山,中华民族的先祖尧、舜、禹都在这里留下了大量的文化遗存,会稽山之名,更因大禹在此会稽诸侯而来[8]。越国是绍兴历史上第一个发展的高峰,勾践是越国历史上第一位伟大的君王,绍兴沿用至今、与各类名人相关的地名中,因越国与勾践而来的地名是最多的。与秦始皇相关的山名,也有不少,如刻石山、秦望山、望秦山、酒瓮山等。

七

我写以上这些有关绍兴山的内容,主要的目的,是为了给《绍兴名山》的读者提供一些有关绍兴名山的背景,介绍一些有关名山成名的原因。

《绍兴名山》一书的编写出版,体现了组织者、编写者与出版者的文化自觉、生态意识与家国情怀。这是绍兴历史上第一部集中介绍绍兴名山的专著,因而具有开创性的意义。

一是精选重点。绍兴俗称"七山一水两分田""四山三盆两江一平原",山地丘陵占了市域面积的十分之六强,具体的山峰林林总总、数不胜数。组织者拨开云雾,精心挑选,选出了其中最具代表性的74座名山。这些名山,或因云物明秀形胜而名,或因文化底蕴深厚而名,或因利用潜力巨大而名,是实至名归的名山。它们无疑为读者在较短的时间内了解绍兴的山,提供了一个个极佳的窗口。

二是文风清新。书中介绍每座名山的标题,都用七个字来加以表述。这七个字富有诗意,简明易记,是名山之所以"名"的精髓之所在。标题下面,正文前面,均有一段文字,既是题目的简介,又是文章的提要,十分方便阅读。文章的文字也很实在,叙述过往人事,有根有据,不空穴来风;描写自然风光,有板有眼,不虚无缥缈;介绍风土物产,有血有肉,不镜花水月。

三是图文并茂。每座名山的介绍中,均配有相应的图片。这些图片,拍摄水平高超,是美图配美文,美图释美文,与文章珠联璧合,门当户对。不仅如此,图片的排版也很好,大小不一,错落有致,这是编辑人员敬业负责、良苦用心的生动体现。

我祝贺《绍兴名山》的出版发行,更期待着读者朋友能够通过这本书,来更好地知我绍兴,爱我绍兴,为我绍兴!

2024 年 12 月 6 日,大雪,

晚,成稿于寓所

注释:

1. 参阅浙江省地质矿产局《浙江省区域地质志》,地质出版社 1989 年版,第449-551 页;水涛《华夏碰撞造山带》,《浙江地质》1995 年第 2 期,第 25—32 页。

2.3.4.参阅任桂全总纂《绍兴市志》第一册,浙江人民出版社1996年版,第190页、第190—191页、第192—196页。

5.《晋书》卷八十《王羲之传》。

6.[北魏]郦道元《水经注》卷四十《浙江水》。

7.拙文《秀峰尖岗》,拙著《绍兴有意思》,浙江工商大学出版社2021年版,第15页。

8.参阅《史记》卷二《夏本纪》;《左传·哀公》"哀公七年";《竹书纪年》卷上;《韩非子》卷五《饰邪》;《吴越春秋》卷六《越王无余外传》。

目 录

会稽山:越中胜景任悠游

作为中国古代九大名山之首、五大镇山之一,会稽山风景秀美、文脉悠长。绍兴古有"会稽"之名,亦与此山名有关。《晋书·王羲之传》载:"会稽有佳山水,名士多居之,谢安未仕时亦居焉。"会稽山水非凡,引得东晋名士王羲之等人在此流连忘返。东晋画圣顾恺之也曾向人称道此地山川之美,称其"千岩竞秀,万壑争流,草木蒙笼其上,若云兴霞蔚"。南朝梁诗人王籍以"蝉噪林逾静,鸟鸣山更幽"之巧句描摹会稽幽景。唐朝诗人元稹向白居易寄诗赞誉道:"天下风光数会稽。"白居易亦曾有诗云此地为"稽山镜水欢游地"。古往今来,无数文人墨客皆为会稽山献上了文思。

会稽山,原名茅山,又称苗山、防山、镇山、涂山、南山、栋山等,位于浙江省中东部、绍兴市区东南部,南北山脉长达百余公里。作为浦阳、曹娥二江的分水岭,会稽山堪称"绍兴地形骨架的脊梁"。《史记·夏本纪》载:"禹会诸侯江南,计功而崩,因葬焉,命曰会稽。"清代吴乘权《纲鉴易知录》亦载:"大会计,爵有德,封有功,更名茅山曰会稽,会稽者,会计也。"此即会稽山名由来。

会稽山的空间所指有三种含义,或指整个会稽山脉,或指会稽山脉北部以秦望山为中心的群山,或指以香炉峰为中心的南镇会稽山。绍兴会稽山旅游度假区则主要由大禹陵、百鸟苑和香炉峰三大景区组成,其间有听雨轩、弥勒岩、升仙台、阳明洞天、石帆天街、筠溪竹海、古香榧群、耶溪福地等著名景点。

炉峰烟雨:雾生炉顶汇云烟

香炉峰是会稽诸峰之一,因其巍然矗立,形若天柱,又名"天柱山"。香炉峰顶有巨石挺立,形态奇异,仿若倾盖香炉,故此山得名曰"香炉峰"。香炉峰重岩陡崖,山下有阳明洞、仙人坛,峰顶有炉峰禅寺。炉峰禅寺始建于南朝宋(420—479)年间,古时名为"天柱精舍""天柱山寺""南天竺"等。《康熙会稽县志》载:"南天竺庵,在南镇之东山顶上,旧名朝南门堂。"此处有"越中佛国""天竺胜景"之美誉。

香炉峰上有一奇绝之景,名唤"炉峰烟雨",位列"越中十二胜景"之一。若逢朝暮云雾缭绕、四季细雨绵绵时,香炉峰顶便烟霭缠绕、云雨交织,恰如香炉燃烟,升腾袅袅。南宋王十朋在《会稽风俗赋(并序)》中对此烟雾缭绕之景倍加推崇,称"香炉自烟,天柱可梯"。

历史上曾有许多文人墨客在此地吟赏烟霞,留下不朽诗篇。白居易将此峰与仙药之臼作比,称其为"石凹仙药臼,峰峭佛香炉"。元稹亦怀揣奇思描摹其形道:"堤形弯熨斗,峰势踊香炉。"孟浩然拾级而上,吟道:"户外一峰秀,阶前众壑深。"徐凝轻扣炉峰禅寺,诗曰:"香炉一峰绝,顶在寺门前。尽是玲珑石,时生旦暮烟。"王阳明曾登香炉峰作诗二首,其一《登香炉峰次萝石韵》曰:"曾从炉鼎蹑天风,下数天南百二峰。胜事纵为多病阻,幽怀还与故人同。旌旗影动星辰北,鼓角声回沧海东。世故茫茫浑未定,且乘溪月放归蓬。"其二为《观从吾登炉峰绝顶戏赠》,诗曰:"道人不奈登山癖,日暮犹思绝栈云。岩底独行窝虎穴,峰头清啸乱猿群。清溪月出时寻寺,归棹城隅夜款门。可笑中郎无好兴,独留松院坐黄昏。"

秦望积雪:寒锁稽山尚白头

秦望山位于会稽山国家森林公园炉峰片区的西南方。因秦始皇曾登临此山远望海潮,故称"秦望山"。《史记·秦始皇本纪》载:"三十七年十月癸丑,始皇出游。左丞相斯从,右丞相去疾守。少子胡亥爱慕请从,上许之。十一月,行至云梦,望祀虞舜于九疑山。浮江下,观籍柯,渡海渚。过丹阳,至钱唐。临浙江,水波恶,乃西百二十里从狭中渡。上会稽,祭大禹,望于南海,而立石刻颂秦德。"

秦望山景曾吸引不少诗客流连。唐代诗人薛据曾在《登秦望山》中描摹日照天水之景,诗曰:"南登秦望山,目极大海空。朝阳半荡漾,晃朗天水红。"萧翼则在《秦望山》中将笔锋聚焦千仞崖壁、遮日云烟:"绝顶高峰路不分,岚烟长锁绿苔纹。猕猴推落临崖石,打破下方遮日云。"被誉为"词中之龙"的辛弃疾也曾登临会稽蓬莱阁,俯瞰雨中秦望山。其词曰:"秦望山头,看乱云急雨,倒立江湖。不知云者为雨,雨者

会稽山

云乎？长空万里，被西风变灭须臾。回首听月明天籁，人间万窍号呼。"除此以外，秦望山上还流传有不少文人趣事。陆游便曾在秦望山中偶得一杖，此后三十年里，他携木杖远行陇蜀，步履万里未曾相弃。晚年时，陆游便戏赋长句赠此木杖曰："珍重从今常倚壁，住庵吾欲过浮生。"

　　除了日照天水之澎湃、云烟遮日之缥缈、乱云急雨之淋漓，秦望山之美还在于苍山负雪之雅意。作为"越中十二景"之一，"秦望积雪"堪称此地一绝，其又名"秦望观海""秦望探胜"等。清嘉庆年间诗人、周恩来的高祖周元棠曾为此胜景撰诗道："东风有信倩谁投？寒锁稽山尚白头。玉女调脂新晕印，藐姑傅粉旧痕留。添多柳絮影偏住，剩有梅花香已收。深僻云岩春到晚，梦成高士尽悠悠。"

　　相传秦始皇在秦望观海时曾立刻石歌功颂德，世称"秦皇碑刻"。《史记·秦始皇本纪》载，秦始皇"上会稽，祭大禹，望于南海，而立石刻颂秦德"。秦皇碑刻又名"秦会稽刻石"，由时任丞相的李斯书丹，小篆书体。碑文歌颂了秦始皇荡平宇内、废分封制、设立郡县等功绩。《越绝书》载有此事，称秦始皇东游会稽时"取钱塘浙江岑石，石长丈四尺，南北面广尺六，两面广尺六寸，刻丈六于越东山上。其道九曲，去县二十一里"。除了秦皇碑刻，会稽山还存有唐代贺知章等名士题刻、清代康熙与乾隆等帝王题刻以及近代蔡元培等大家题刻等。

文旅融合：会稽山水绘新图

刘孝标《会稽郡记》载："会稽境特多名山水，峰崿隆峻，吐纳云雾，松栝枫柏，擢干竦条。潭壑镜澈，清流泻注。王子敬见之曰：'山水之美，使人应接不暇。'"作为中国城市山水园林的发源地之一，会稽山坐拥得天独厚的自然资源。随着时代的进步与发展，政府及社会各界积极行动，致力于将这些珍贵的自然资源进行创造性转化、创新性发展。他们不仅着眼于对自然景观原始风貌的保护与宣传，更巧妙地将文化艺术、现代理念融入其中，以期推动会稽山及周边区域稳定发展。

20世纪90年代，会稽山便成为浙江省政府首批三个省级旅游度假区之一，会稽山旅游度假区管委会成立，百鸟乐园、水中树景、九龙坛、祭禹广场等景点相继开发。2006年，会稽山特有的南镇庙会被列入第一批绍兴市非物质文化遗产名录。2019年，位于会稽山脉中北部的会稽山国家森林公园获批成立，设有炉峰片区、秦望片区和月华片区三大片区，以"名山""名树""名人""名诗""名寺"的风景资源为特色。

时至今日，会稽山正逐渐发展成为集生态观光、朝圣祈福、文化研学、休闲度假于一体的综合性旅游度假区。近年来，会稽山旅游度假区不断修编最新总体规划，在旅游度假区规划、生态环境保护、文化传承创新等方面皆有所改进，旨在争创国家级旅游度假区，并以"打造浙东唐诗之路度假新胜地、长三角文旅深度融合发展新高地、中华历史文化保护传承新阵地、世界级休闲旅游康养新目的地"为总体定位。整合大禹文化、魏晋名士文化、唐诗之路文化、阳明文化等优秀文化资源，构建以大禹文化为核心，以若耶溪—洄涌湖唐诗文化游乐带、大禹陵—香炉峰传统文化朝圣带、紫云庐—青藤湾康养修心颐居带为特色，以会稽文化传承体验区、森林户外养身运动区、若耶怡情康体休闲片、城南共富田园颐养片为主要旅游片区的"一核三带四区"空间格局。

越中胜景之美，在会稽山中尽可任意悠游领略。静观香炉峰顶的烟雨，仍能从烟帘雨幕中听到自禅思中荡出的渺渺禅音。远眺秦望山上的浮雪，尚可遥想秦皇观海的宏达气象、壮阔胸襟。在会稽山麓、若耶溪畔，犹能窥见王羲之于兰亭挥墨、曲水流觞的雅集余韵。在九里溪头、梅花屋边，似又得见"煮石山农"王冕闲手洗砚、提笔描梅的隐居风雅。在文旅融合的时代背景下，会稽山将以其丰富的自然与人文资源，勾勒出更具特色的山水画卷。

九里山：石室造像写风流

　　小小的九里山，浓缩见证了绍兴历史地理的演变和几次重大历史事件的进程。海进海退，沧海桑田，吴越刀光剑影，古鉴湖的两千年兴废，山、会两县千年分界，加上勾践、马臻、贺知章、王冕、刘伯温、张岱等风流人物在此地跨时空雅聚，尚不计大禹传说及无以细数的唐代大诗人们，真真切切是经历了一次恢宏激动的时空之旅。历史烟云已经散去，但地理坐标依然矗立。一座九里山，半部绍兴史，一点都不为过。

　　九里山，位于绍兴市越城区城南街道九里村东侧，法印寺位于其山脚，属于香炉峰的西侧支脉尾闾，有古步道可直通香炉峰顶。当地九里村民称其为"九里山"的极少，更多人将此地统称为"大吞""大吞山里"。事实上，南宋时方志中已有"九里"地名的记载，相传贺知章墓就在山巅。元末开始，乡人文献中出现了"九里山"一名的记载。元代大画家王冕在此营筑梅花屋隐居，明末一金和尚来此结茅弘法，后张汝霖建表胜庵及书院，名僧雪窦做住持时，又改称石屋禅院。新中国成立后，仍存"寒泉寺"遗址。

　　九里山的历史人文刻痕至深，这是一座少为人知却又无法绕开的绍兴历史文化名山。

山名疑团：深藏文籍少人知

　　明清两代会稽、山阴县志的山川志中均未见有"九里山"的条目，可谓"不见记载的九里山"。

　　"九里"地名在南宋嘉泰《会稽志》中就已出现，卷六有记："贺知章墓在山阴县东南九里，其地因名九里，墓在山巅，乡人呼为贺墓""吕显谟正已墓在九里"。显然，南宋时，九里只是地名，而非山名。元末王冕自编的《竹斋集》中有组诗《九里山中三首》，诗题中的"九里山"一词，根据上下文宜理解成"九里的山"。撰于同一时期的《保越录》中也只记"九里"而无记"九里山"。

直到明末，在绍兴大文人张岱的文字中，开始出现"九里山"这一山名。他在《有明于越三不朽名贤图赞》中写道："王元章，诸暨人，隐居九里山。"在祁彪佳的《越中园亭记》中，也有"山，名九里"的记述。因此，明末时，这一香炉峰尾闾小山开始被村人称作"九里山"了。

然而在今天，当地人却几乎不提及"九里山"一名。"九里山"，在张岱、祁彪佳文中忽闪了一下，却不见了踪影。

九里石室：勾践的复国龙兴

在九里山山顶，广泛分布着火山碎屑岩和砂岩裸露的痕迹，至今尚存几处"洞天""石室"。这里可能就是春秋最后霸主勾践忍辱复国时郊游的石室所在。

《越绝书》卷八中有这样的记载："乐野者，越之戈猎处，大乐，故曰乐野。其山上石室，勾践所休谋也。去县七里。""（勾践）过历马丘，射于乐野之衢；走犬若耶，休谋石室；食於冰厨。""去县七里""走犬若耶"，大概是指这里距城七里、离若耶溪也不远，再联系九里山山腰及山顶的两处天然砂石岩洞，不由得让人猜想这里极有可能就是春秋末期勾践的乐野之地。

《吴越春秋》卷八另载："燕台在於石室"，下注："《越旧经》：宴台在州东南十里。"乐野去县七里，石室（冰厨、冰室）在其山上，把山路算在内，大概就是九十里光景，而宴台在州东南十里，这五个古地名显然指向同一地，即今天的九里山。《吴越春秋》此条后记道："勾践之出游也，休息食室於冰厨，越王乃召相国范蠡、大夫种、大夫郢"，看来，九里山石室（冰厨、冰室）之地，更乃是越国君臣"十年生聚、十年教训"，忍辱复国的龙兴地。

九里溪头：王冕的心灵归处

九里山是元末大画家王冕的最后隐居地。至正八年(1348)，王冕从大都南归后就开始半隐于九里山，到至正十六年(1356)，决意"买山自得居山趣"，并于至正十七年(1357)前后"携妻孥隐九里山"，全家定居，自此不再外游。至正十九年(1359)四月己巳(初七)，王冕在九里山被朱元璋手下将领谢再兴乱军所执，不几日后，病卒。

王冕存世的诗文作品《竹斋集》有"九里山"地名信息的诗作是《九里山中三首》，其一有写"买山自得居山趣，处世浑无济世才"，其二有写"九里先生两鬓皤，今年贫胜去年多"，其三有写"九里溪头晚雨晴，松风瑟瑟水泠泠"。

元末混乱，浙东富庶一方，自然被各家豪强所觊觎。在绍兴路境内，元江浙行省、东吴张士诚，后来者朱元璋集团，一并上演暗合、对抗大戏，另有方国珍政权遣兵侵掠属县。身在九里山中的王冕，虽贫居僻壤，但信息不无顺畅，处于这样的混世中，可谓身心疲惫。于是，他日日种菜浇地，赏梅作画，在九里山度过了近十年的闲暇且清苦的最后时光，直至遇兵乱而离奇去世。

表胜庵：张岱的家族遗痕

到了明朝隆庆、万历年间，一金和尚来九里山弘法。他认定这里就是自己漂泊半生的归宿之地，于是在此倚石为庐，建起寺庙，并称之为"天瓦庵"。徐渭曾来此游历，并留下了"因石以覆，则为天瓦"的诗句。后一金和尚移居柯桥的融光寺，天瓦庵渐废，张岱的祖父张汝霖将它改造成表胜庵，并延请一金和尚来做住持。一金圆寂后，张汝霖又将其改建为书院，还邀请当时的一批文人墨客来此吟诗酬唱，王阳明就曾到此一游。

九里山张家所建书院及其附属园林，很快就成为张汝霖与文人墨客雅聚的场所。祁彪佳的《越中园亭记》中有记载："表胜，庵也，而列之园，则张肃之先生精舍在焉。山，名九里，以香亭居庵之左，研阁、钟楼，若断若续。俱崖壑为之。"张家在山趾建有溪山草亭，疑即王冕梅花屋遗址左近。山腰建有天瓦

九里山

山房,即张岱读书处。山上孤悬"一片石",鸥虎轩建于另外旁边两块大奇石之上,矼阁、钟楼依临崖小径而建。

石屋禅院:神秘的佛国造像

张岱家修建的表胜庵及其后的石屋书院经历了岁月洗礼,至名僧雪窦做住持时,又改称石屋禅院,院内还设有房屋四进及廊址共 18 间。至清朝康熙元年(1662),石屋禅院达到辉煌,不仅有前、中、后三大殿,而且香火兴盛。1950 年后寺废,仅存下遗址。目前尚存崖壁上的七尊造像可供人们追怀念想当年的繁荣。

西侧山壁上(现建有屋宇)凿有三尊佛像,自东向西依次是药师如来、释迦慈父、无量寿佛,释迦佛像两侧还有一副对联,有缺字不清,应该是"不必远求,知此即灵"。宝殿东面山崖上,另有三尊佛像。两龛为观音立像,观音像的旁边,是一尊袒腹露胸喜笑颜开的弥勒佛像。再往前数十米,还有一尊地藏王菩萨的坐像。

据村民回忆,七尊造像所在崖壁的正对上方,是位于山腰的一大块平地,此处原有寒泉寺遗址(可惜,关于这一寺庙无法在清代地方志中找到记载的痕迹),平地后侧的崖壁上原来也存有造像,在 20 世纪 60 年代遭到了人为损坏。九里山下通向石屋禅院的路口有荒坟一处,为定圆和尚之家,立于民国二十三年,这或许可作为九里山曾经香烟缭绕持续 300 多年的明证。

1987 年石屋禅院造像被列为县重点文物保护单位,2017 年升格为省级文物保护单位。

近几年,在九里村热心村民的呼吁下,村里出资对古步道进行了修缮拓宽加固,面貌为之一新。古老神奇而又充满历史文化气息的九里山,将迎来一众追思先哲、寻踪访迹、康养健身的地方文史爱好者。

攒宫山:寻宋解韵访六陵

　　在越城东南的攒宫山,有一处皇陵圣地——宋六陵。此处不仅有翠峦环抱,更有松涛阵阵,引人入胜。一座六陵,半朝南宋,千年风雨到如今。宋六陵的一砖一瓦、一草一木都承载着厚重的历史记忆。古木参天处,仿佛能窥见昔日帝王出行的庄严仪仗;砖石斑驳间,复写着岁月在史书上留下的沧桑巨变。寻宋解韵,游经宋六陵遗址的每一步脚印,都如同踏在历史的根脉上。

　　宋六陵,位于绍兴市越城区富盛镇攒宫山,占地2.25平方千米,东依青龙山,南面紫云山,西倚五峰岭,北向雾连山。因有宋高宗赵构永思陵、宋孝宗赵昚永阜陵、宋光宗赵惇永崇陵、宋宁宗赵扩永茂陵、宋理宗赵昀永穆陵、宋度宗赵禥永绍陵等南宋六帝陵寝,故此地定名为"宋六陵"。宋六陵分南、北两陵区,除南宋六帝外,亦有其他帝后及功臣之墓营建于此。

宋陵遗梦:松涛深处帝王眠

　　在攒宫山的松涛深处、暮鸦声里,依稀可从宋六陵的存在中想见两宋王朝的兴衰之变。公元1127年,金兵南下攻破汴京,掠走徽钦二帝,史称"靖康之难"。康王赵构南渡称帝,庙号高宗,定都于临安,史称南宋。此后,宋高宗驻跸越州,取"绍奕世之宏休,兴百年之丕绪"之意,为新升绍兴府题"绍祚中兴"之匾,意在重振王朝、收复江山。不久,北宋哲宗皇后孟氏驾崩。《嘉泰会稽志》载:"绍兴元年四月十四日,奉隆祐皇太后遗诰:'敛以常服,不得用金玉宝贝,权宜就近择地攒殡,候军事宁息,归葬园陵。所制梓宫,取周吾身,勿拘旧制,以为他日迁奉之便。'"宋高宗遵此遗诰,将太后梓宫暂安宝山南麓,此即攒宫营建之始。太后就近攒殡之旨,正与高宗"绍祚中兴"之意相似,为有朝一日恢复中原、迁回祖陵。自此,南宋帝后陆续攒殡此地。

但在元朝时,宋六陵曾遭盗掘,其中的珍贵文物与陵墓结构均受到一定程度的损毁。《元史·世祖本纪》载:"(杨琏真迦)凡发冢一百有一所。"张岱在《西湖梦寻》中亦曰:"闻杨髡当日住德藏寺,专发古冢。"元朝江南释教都总统杨琏真迦尤善盗墓,至元二十二年(1285),杨琏真迦与宰相桑哥、演福寺僧允泽等人联手盗掘宋陵,掠宝而去,弃骨于野。南宋遗民唐珏等人闻之,收四郊荒骨为替,以假乱真换取诸帝遗骨,将帝王遗骸葬于兰亭,种下冬青树作为标志。洪武二年(1369),明太祖朱元璋颁布诏令,命将诸帝遗骸迁归旧陵,并以臣子所献的《绍兴诸陵图》为本,修葺旧陵,新建孝宗、理宗陵享殿,更为唐珏等人造义士祠,以旌其行。

宋韵遗墨:挽诗如泣诉衷情

南宋国祚 153 年,共历九帝,六陵帝王曾在位时间便有 148 年。不论是帝王攒宫初衷,还是六陵盗掘始末,无不令人沉痛扼腕。自宋六陵惨遭劫掠后,许多南宋遗民诗人集结成社,以咏物言志之诗,寄托对两宋王朝兴衰之变的深切哀婉与无尽怀念。作为历代文人竞相抒写的核心精神,家国情怀如同一条贯穿在六陵诗歌中的鲜明主线,跨越宋元明清的历史长河,非但没有在岁月中埋尘,反而在时光的洗礼下愈显深沉与厚重。从宋末至今,不少文人墨客便以诗笔寄衷情,题咏六陵旧事、松涛旧景,以抒发内心的故国之思、家国之志。

攒宫山

历史上有许多与六陵帝王帝后相关的挽联挽诗,或为君王追思先帝所赋,或为臣子哀悼君王而挽,或为文人墨客叹惋帝后而作。宋理宗便为宁宗皇帝赋挽诗曰:"仙御宾空日,龙飞杳杳间。五云呈瑞彩,九虎敞重关。宝辇扶苍鹤,云韶拥玉班。千年栖佛地,今日睹天颜。"以飞龙、九虎、苍鹤等颇具神性的独特意象,为挽诗创设了庄严虔诚的宏大意境。南宋名臣周必大曾为高宗皇帝作挽词曰:"社稷兴中否,干戈静四溟。生年同艺祖,庆寿似慈宁。人忆庚庚兆,天垂九九龄。向来怀夏禹,今祔越山青。"将夏朝开国君主禹的崇高形象置入诗尾,使宋六陵这座坐落于"越山青"中的陵墓群平添神秘与庄严之感。与此相似的写法还出现于杨万里《高宗圣神武文宪孝皇帝挽诗》二首中,其一曰:"更造今光武,中兴昔武丁。云昭河洛画,天作典谟经。立极余三纪,颐神再一星。尧山邻禹穴,松雪蔚争青。"周必大对孝宗皇帝亦有所挽叹,其诗一曰:"移御重华意,微臣粗探端。思陵三载服,文母万年欢。方侍瑶池宴,俄藏禹穴冠。余生卧江海,空有泪成丹。"其诗二曰:"圣德高难继,天心远莫推。如何尧舜主,不与武宣时。勤政精弥厉,平戎志竟赍。唯留大风句,千古日星垂。"

诗人对宋代诸位帝后亦多有挽词之作。史浩便为宋高宗之母、显仁皇后韦氏赋诗道:"白水神龙跃,苍梧缋翟归。八纮瞻寿母,二纪御慈闱。春酒霞方烂,秋阳露已稀。伤心老莱服,不上赭黄衣。"张纲亦为显仁皇后作挽词曰:"仗去慈宁殿,神归永佑宫。问安迷辇道,洒泣恸宸衷。水逝长江月,天号宰木风。平生尚慈俭,流泽到无穷。"北宋四大家之一的米芾则在《向太后挽词帖》中歌颂哲宗太后温厚、刚廉、仁明等品质,其曰:"温厚同光献,刚廉法宝慈。拥扶乐推圣,照彻托公欺。南纪归忠魄,东朝足素规。仁明存旧幄,常似补天时。"

作为对南宋帝王的经典评价之一,宋六陵挽诗不仅带有南宋王朝整体精神风貌的深刻烙印,还折射出对君臣之道的尊崇与恪守、对家国之义的信仰与推崇。即便在帝王攒殡的特殊历史背景下,宋六陵挽诗亦未曾偏离君臣伦理、家国天下的士大夫信仰。其不仅维系了偌大王朝应有的尊严,更淋漓尽致地展现了宋韵文化的不朽魅力,令后人得以从诗句辞章中窥见彼时君臣对于中兴社稷的崇高追求。

国音承祚:千年文脉扬新声

随着时代发展,宋六陵遗址保护与文化传承工作也越来越受到世人重视,并获得了显著的建设成效。1961年,宋六陵被划为第一批县级重点文物保护单位;1989年,宋六陵入选第三批省级重点文物保护单位;2013年,宋六陵被公布为第七批全国重点文物保护单位;2020年,宋六陵考古遗址公园成功入选浙江省第三批省级考古遗址公园名单;2021年,宋六陵被列入国家文物局《大遗址保护利用"十四五"专项规划》。时至今日,绍兴市正在申报宋六陵国家考古遗址公园,已完成前期准备工作、设立相关组织机构、制定总体规划方案,申报材料已提交至国家文物局进行评定中。

政府与社会各界还加强了对宋六陵考古发掘工作的关注。21世纪以来,中国科学院、教育部、国家文物局下属的遥感考古联合实验室与浙江遥感考古工作站一同开启了宋六陵地下遥感考古研究工程。运用雷达、电法、磁法等物理综合探测技术,对宋六陵文化遗迹进行遥感考古。2012年始,浙江省文物考古研究所副研究员李晖达等人组织考古队进驻宋六陵,正式开展宋六陵考古发掘项目。2022年,杭州西湖博物馆举办"国音承祚——宋六陵考古成果展",将浙江省文物考古研究所、绍兴市文物考古研究所、北京大学等单位在十年间先后勘探发掘的考古成果对外展出,共展出宋六陵出土遗物159件,涵盖众多名窑瓷器、石制器物等。

除了推进考古工作,绍兴在申报非遗、举行祭典等方面也表现出了对宋六陵的高度关注。2019年,"绍兴赵氏宋六陵祭典"入选绍兴市越城区第五批非物质文化遗产名录,体现了当地政府对传承宋六陵祭典历史与文化内涵的重视。2020年,绍兴举行"绍兴南宋文化暨宋六陵祭祀活动研讨会",绍兴赵氏文化研究会会长针对宋六陵祭典提出"从民祭走向公祭"的建议,意在将宋六陵民间祭典上升到社会层面,借民间力量助力绍兴南宋文化建设。

近年来,浙江省政府工作报告提出:"加快浙江文化标识建设,系统开展宋韵文化研究传承和南宋文化品牌塑造。"宋六陵独特的建筑之美、器物之精、艺术之巧,使其成为后人研究宋代历史文化与建筑艺术的重要实物资料。与此同时,作为江南地区规模最大的皇陵陵寝遗址群,宋六陵还承载着南宋王朝的历史记忆与文化精神,深刻勾勒着中华文明的经纬脉络,是中华文脉绵延不绝的历史见证。从宋六陵挽诗中不难读到社稷中兴的爱国情怀,这一家国天下情怀也将在新时代成为连接历史与现实的精神纽带,时刻唤起人们对宋韵文化的传承,激发人们对家国天下的热爱。

吼山：奇岩幽洞藏诗意

绍兴不仅有"水乡""桥乡"之名，更有"石乡"之称。绍兴境内有不少因石闻名的自然景观，如吼山、柯山、羊山与绕门山等。作为绍兴石文化的杰出代表，吼山不仅坐拥着奇峰异石、深潭幽壑，更流传着丰富的民间传说故事，为世人描绘出了一幅幅绚丽多彩、引人入胜的自然与人文画卷。在吼山风景名胜区内，云石缥缈兀立，恍若仙境掷来，棋盘石静谧无声，若思千年古韵，剩水荡波光潋滟，放生池演绎慈悲。山石草木俱有灵，共同编织着吼山独有的生态景观与人文历史之美。

吼山，原名"犬亭山"，又名"犬山""狗山"。《越绝书》载："勾践罢吴，畜犬猎南山白鹿，欲得献吴，神不可得，故曰犬山。"万历《会稽县志》载："(犬亭山)岁久相延呼为狗山，又曰：吼山。"相传春秋战国时期，越王勾践曾于此地驯犬猎鹿，故此山得名曰"犬山"，民间俗称"狗山"。因当地方言将谐音讹传，后人改称其为"吼山"。吼山风景名胜区主要由吼山园、山水园、水乐园、花果园、瞻仰园五部分组成，共有景观景物 40 余处。

神工造化：云石烟萝皆胜景

自汉伊始，绍兴当地民众就开启了凿山采石的历史篇章。经过千年人工斧凿与自然雕琢，吼山逐渐孕育出孤岩嶙峋、洞壑幽深、深潭静默的绝妙景致，其主要胜景有棋盘石、烟萝洞、剩水荡等。

吼山棋盘石位于半山腰处，相传曾有两位仙人在此石上悠然对弈，留下了不朽的棋局佳话，故得其名。棋盘石高达数十米，周长亦逾十米，底部为方形巨石，瘦削坚挺，呈托举状，顶端为椭圆形巨石，横平上覆，宛如天工雕琢。在棋盘石一侧，有石状如倒靴，高耸兀立，因其形仿若浮云，故称"云石"，石柱北壁上便刻有邑人鲍彬篆书"云石"二字。《康熙会稽县志》载："古吼山有八景,首景是云石。"《越绝书》载："(云石)一笋蠹霄,可数十丈,亭亭如云。"在民间,还有"西施化身为云石"的相关传说。在云石与棋盘石下还有一座鹿苑,相传正是昔日越王勾践猎鹿之所。

千年棋盘依云石,万枝桃花拥烟萝。除了引人瞩目的云石,烟萝洞、龙涎水、一洞天等同样是吼山中令游人流连忘返的名景之一。烟萝洞由明代兵部员外郎陶允宜命名,洞内景致幽深,崖壁陡立,藤萝缠绕,苔藓斑驳。沿小径可通向一汪葫芦形池潭,池畔坐落着古朴亭台与勾践雕像。石宕一侧有石梁横跨其上,长十余丈,梁下分为两处水洞,中可通船。洞壁有流泉悬挂,称"龙涎水",四周另有洞穴若干,其一曰"一洞天"。民间传闻称,"龙涎水"是因青龙斗法后受伤流涎所成,"一洞天"则与东晋葛洪炼丹飞升的传说有关。

不论是别具一格的云石,还是缥缈出尘的烟萝洞,或是碧波荡漾的剩水荡、充满禅意的放生池,无不将吼山的山势之峻、流水之柔、石宕之奇、洞穴之幽诠释得淋漓尽致。除此以外,吼山胜景还有天井、剩水荡、石摇门、蛤蟆石、僧帽石、神犬护山、神龟护亭、神仙浴池、五狗迎宾、青蛙登天等,皆向世人展现着有灵且美的山水画卷,无愧"江南武陵源"之美名。

文人妙笔:诗情画意俱风流

历史上有不少文人墨客都曾到访吼山,并留下了岁月不朽的诗篇。这些咏怀之作不仅丰富了吼山的文化内涵,也与流传在民间的吼山传说相映生辉,使吼山逐渐成了集独特自然景观与丰富人文底蕴为一体的旅游胜地。

在诸多与吼山有关的诗文中,既有诗人访景时对奇峰异石、清泉幽谷的细腻描绘,也有诗人驰骋神思、抒发心境之句。清人袁枚曾在诗中描摹吼山石景道:"绝壁摩苍苍,似将长剑剖。斜削为罴梁,架空拖石纽。偶然謦咳声,千山齐一吼。"形象地展现了吼山的雄奇峻峭。查慎行在《吼山》中言:"天开地坼石峥嵘,一椁穿云入瓮城。唤起清风答长啸,满山松柏尽雷鸣。"极写奇石嶙峋之景。平度在《吼山云石》一诗中将天工造化与神妙传说相结合,曰:"狮子林开峭壁前,吼来惊倒野狐禅。盘陀削就疑双碧,仿佛飞云落九天。"袁宏道则在《吼山观石壁》中反弹琵琶道:"知不是天造,良工匠意成。千年云气老,七日浑沌生。"刘正谊夜泛吼山,在斜阳幽壑里吟咏"一泓寒结绿,千嶂暮围青，候月支兰桨，临风倒玉瓶"等句，徐渭游经石宕，以"江妃水面不禁寒，却来人世开宫殿""红娥粉女同归棹，似带秦人出洞天"等句发挥无限想象、盛赞石宕风光。

吼山中具有丰富多彩的匾额与楹联。如"鲁镇古风""江南武陵源"等石牌坊额，"步云亭""知鱼轩"等手书匾额，"石立青天，白云镂山，谁予魂刻；洞依仙池，缭绕剩水，何人神镂"等石牌坊联，以及"登此亭也，碧山秀水皆尽览；入其壑乎，幽窟奇岩任悠游"等轩亭额联，皆是吼山文化美的经典表现。此间题刻，或镌刻于奇岩异石之上，或悬挂于幽静亭廊之间，以精巧匠心勾勒出吼山的山水风貌，每一笔都蕴含着对自然美景的无限赞美、对诗情画意的由衷阐发。

诚如吼山吉水亭联曰："往来名士尽风流。"吼山曾与许多文人雅士结下了不解之缘，除了陆氏、陶氏等族，还有徐渭、刘宗周、袁宏道、刘正谊、卢镐、陶成章、鲁迅等人。吼山既有陆佃定居、陆傅建庙的历史，又流传着陆游隐居的故事。陆游《世德堂陆氏家谱》载："陆游晚年隐居于吼山，常往来于三山与吼山之间。"除此以外，还有查慎行沉画、周元棠避暑、蔡元培种桃、六烈士埋骨等故事在民间广为传颂。这些文人墨客的足迹与民间传说的流传，共同为吼山绘就了一幅充满诗情画意的文化长卷。

在欣赏吼山幽景之余，更宜品味诗意之韵。世代书香的陶氏家族曾于烟萝洞筑园建阁，如陶延平的"畅鹤园"、陶承学的"酣中阁"、陶望龄的"远曙斋"、陶允嘉的"青棘园"与"歇轩"、陶石景的"丛云阁"、陶文孙的"虹枝阁"等，形成了深厚的文化底蕴与家族传统。陶允宜曾在烟萝洞中写就《镜心堂稿》十五部，陶允嘉的外孙张岱也曾在此留下《陶庵梦忆》的珍贵回忆。张岱在《陶庵梦忆》中对吼山石景推崇备至，不仅将云石、棋盘石称作"越中第一"，还以"谁云鬼刻神镂，竟是残山剩水"等句抒发悠游之情。烟萝洞内外也刻有许多精巧对联，如"洞高但任云飞过，池小能将月送来""双池映日疑碧玉，一洞通天绕烟萝""烟萝剩水寻圣迹，云石仙池觅神踪"

吼山

等,或描摹洞中美景,或抒发游人心境,为烟萝美景平添了几分诗情画意。

今日吼山:桃花灼灼谱新篇

"东风醒大地,春雨催桃花。"著名教育家蔡元培先生曾在吼山开创桃林、引种蟠桃,吼山桃林如今亦是景区特色之一,它有着超过 20 公顷的绚烂花海,汇聚了超过 30 类的桃树品种。自 1996 年吼山首次创设桃花节以来,至今已举办 28 届。每年三至四月"桃花节"时,吼山明媚如画的春日盛景便吸引着四方游客。满怀踏青喜悦的游人纷至沓来,或徒步观山、攀登峰峦,探寻形态各异的奇岩幽洞,或漫游花海、悠然合影,用相机定格枝头的江南春色。吼山的桃花节一年一度,使人们能在鬼斧神工的自然美景中尽览春光、享受诗意。

随着岁月流转,吼山桃花节以其独特的魅力不断焕发出时代光彩。吼山桃花节的活动内容日益丰富,远远超越了传统的观山、观石、观花范畴,而融入了更多的现代元素与创意思想。时至今日,吼山桃花节不仅是一场视觉与心灵的盛宴,更成为社会交流与文化交融的舞台。游客们不仅可以漫步桃林之间,领略天工造化,还可以参与春日涂鸦、制作桃花扇与永生花、观看小丑巡演、游览美学花朝会、欣赏草坪音乐会、体验中式集体婚礼等。

近年来,绍兴市越城区人民政府针对吼山风景名胜区的未来发展,还以征求意见稿的形式拟定了总体规划、保护规划、游赏规划、设施规划等,拟将原先的吼山风景区扩充,使其包含"吼山胜景区""桃源水乡景区""雾连皇陵景区"三大景区,景区规划总面积为 10.89 平方公里,通过对景区资源的深入挖掘与分类规划,该规划方案还将原先的景观景物规划扩充至 54 处,并对景区内的森林植被、古树名木、野生动物、水系水体、地质遗迹、文物古迹等制定相应保护规划。

与此同时,政府积极寻求创新路径,注重挖掘吼山的丰富自然与人文资源,以越窑青瓷的古老窑址、爱国诗人陆游的祖居遗迹,以及越王勾践励精图治、复国雪耻的纪念圣地等为核心人文景观特色,致力于将吼山打造成为集科普教育、历史研究、观光游览、摄影创作、康体休闲等多重功能于一体的综合性智慧文化品牌,让每一位踏入吼山的游客都能感受到吼山的历史积淀与文化韵味,在灼灼桃花下与风景对话,在奇岩幽洞中与文化共鸣。

诸葛仙山：丹井犹存仙气绕

诸葛仙山，又名诸葛山，位于绍兴市越城区富盛镇东隅，是绍兴、上虞两地的分界岭。《康熙会稽县志》中记载："山高数千仞，周亘五十里，悬流百余丈，下射石臼如雷。其麓有诸（葛）道人屋舍基。有丹井，有仙人石，其象如镂，旁有鹰嘴岩，高数十丈，岩上为群鹰窠焉，攫狐兔委诸中，人往往拾其堕者。右有龙池可祷雨。"坊间流传着"香炉峰虽高，不及诸葛山腰"的谚语，这座海拔 572 米的山峰，被誉为浙东第一仙山，是一个集自然风光、人文景观、历史底蕴于一体的旅游胜地。

《万历绍兴府志》载："诸葛山，在县东南六十里，葛洪尝栖于此，此亦曰葛岩，盖会稽第一山也。山高数千仞，周亘五十里，悬流百余丈，下射石臼如雷……"诸葛仙山，又名诸葛山，地处越城与上虞的交界处，在绍兴城东南约 20 公里。据传东晋著名道学家葛洪及其祖父葛玄曾于此求仙访道、炼丹制药，其麓至今仍有葛仙丹井、求雨龙池等遗迹。其海拔 572 米，于此登高望远，可极尽视听之娱，纵览古越府之景。五峰挺拔入云，四周青烟袅袅，云雾缭绕其间，诸葛山被誉为浙东第一仙山，其秀丽的风光与深厚的文化底蕴，吸引了无数游客前来探寻。

仙气环绕：山名由来多奇趣

关于诸葛山命名的由来，大致有两种广为流传的说法。

一种说法，可追溯至三国时期的历史人物诸葛亮之兄诸葛瑾。《绍兴百镇通览》记载："在东汉末年，诸葛亮之兄诸葛瑾游山至此，吩咐下人砌灶制茶，品茶论诗，故称诸葛山。其制茶工艺也流传至今，当地人称之为'诸葛银毫'。"据传诸葛瑾曾游历至此，见山中茶林茂盛，茶叶品质上乘，便命人采摘制茶。诸葛山的名字也因此与这位历史人物和茶叶紧密联系在一起,流传千古。

　　而另一种说法,则与东晋著名道学家葛洪及其祖父葛玄有关。《嘉泰会稽志》记载,"今会稽有仙公钓矶及炼丹井俱在。事载葛稚川神书葛稚川传及旧经",葛仙石在"县东若耶溪"之地,曾有"葛稚川尝投竿坐憩于此",葛仙翁井在"县东南禹穴侧",宋之问曾到访此处,留下"著书惟太史,炼药有仙翁"的诗篇。《康熙会稽县志》也有相关记载,"若耶山,在县东南四十四里""下有采莲田,又有若耶岭下,复有葛仙石"。《乾隆绍兴府志》则进一步记述:"在会稽县南二十里;府城南四十四里,下有采莲田,东有若耶岭。下复有潭,潭上有葛仙石:葛元学道于此,谢敷、何允亦居此;《云门志略》有采莲田、东有若耶岭。旧经云,葛元学道于此。《太平寰宇记》在县东南四十四里,葛元道成所隐。"根据这一说法,诸葛山之所以得名,是因为三国时期的名士葛洪、葛玄曾在此闭关修炼丹药。时至今日,山上仍留有炼丹池的遗迹,成为后人探寻历史、缅怀先贤的重要物证。这一说法不仅得到了史书的支持,更在民间广为流传,成为诸葛山名字起源的主流解释。

　　那么,为什么这座山峰最终被称为"诸葛山"而不是"葛山"或"葛洪山"呢?这背后其实蕴含了深刻的文化内涵和历史背景。首先,古越国时期会稽东南方向就

诸葛仙山

已存在葛山。《吴越春秋》载："勾践种葛于此，采葛人曰：尝胆不苦味，令我采葛以作丝。"其中所言勾践种葛之地便是"葛山"，为防止地名混淆，自然不再命名第二座葛山。其次，历史上曾有葛姓后人在迁徙过程中因避免与原有葛姓宗族重名而改姓为诸葛的先例，如《三国志·吴书》记载：其先葛氏本琅琊诸县人，后徙阳都。阳都先有姓葛者，时谓之诸葛。溯本求源，"诸葛"这一复姓，实乃历史上葛姓族群中的一支，在定居山东诸城后，将地名融入姓氏中而逐渐形成的。综合以上因素，因葛洪、葛玄炼丹之地得名的山峰也只能"退而求其次"改为"诸葛山"。其次，"诸"字在汉字中寓含"各""多"等意思，意味着这座山峰不仅与葛洪、葛玄二人有着深厚的渊源，更与众多道教高士有着不解之缘。《康熙会稽县志》所载"其麓有诸（葛）道人屋舍基"，可以解释为当时有诸位葛姓道人于诸葛山求仙访道。因此，将这座山峰命名为"诸葛山"更为恰当。

锡寺晨钟：古刹钟声传远近

在诸葛仙山之巅，隐匿着一座历史悠久、文化底蕴深厚的佛教寺庙——锡飞寺。这座古刹不仅是信徒们祈福参拜的圣地，更是自然美景与人文情怀的完美融合，吸引着无数游客与朝圣者前来探访。

据《富盛镇志》记载，锡飞寺始建于清同治年间，初名锡飞庵，后扩建为寺，得名锡飞寺。不过旧有之碑祀均已损毁，并无实物可考证锡飞寺的具体建造时间。此寺名之由来更是众说纷纭。一说与清代某位英勇的锡飞迪将军来此落发修行有关，为纪念其功绩而建，不过并无具体史料记载。也有人指出，锡飞寺的建立还要从绍兴市东南70里的黄龙山上的延安寺说起。据《康熙会稽县志》记载，寺始建于北宋建隆元年系敕建，号护国保安院。宋神宗治平三年二月，改赐延安寺。那时的延安寺，庙宇宏伟，香客如云，明代僧人怀襄就曾造访此地，并题诗赞美其美景："天锋结小楼，旭日隔林邱。拂槛石云重，卷帘花雨浮。鹤分双树荫，龙借半潭秋。忽动九江兴，寻诗来上头。"然而到了康熙年间，这座曾经辉煌的寺庙开始走向衰败，房屋破损，僧人离散，寺庙的香火也逐渐凋零。寺中的99位和尚，到最后只剩下一位名叫"锡飞"的和尚。面对寺庙的衰败，锡飞和尚没有选择离开，而是独自上了诸葛山，在山顶上盖了一座草房，继续修行，不问世事。

正所谓"人人有座灵山塔,好向灵山塔下修",在这间草房里,锡飞和尚仍然坚守着佛门清规,潜心修行。他的虔诚和坚韧感动了周围的山民,他们纷纷前来寻求佛的保佑,求一支签,点几炷香火。虽然生活清苦,但锡飞和尚始终保持着一颗慈悲之心,用自己的行动诠释着佛法的真谛。

后人为了纪念这位坚守佛法的锡飞和尚,将他搭筑的草屋称作锡飞庵。随着时间的流逝,锡飞庵的名声逐渐传开,越来越多的信众前来朝拜。到了清乾隆三十二年,锡飞庵得到了扩建,并更名为锡飞寺。

现如今,古寺已毁,然求佛的精神仍存,汇聚民间百姓之力,占地面积600平方米的新庙重新立于山头,古貌苍然。攀缘至顶,走进锡飞寺,首先映入眼帘的是那错落有致的殿堂与僧房。佛殿内供奉着庄严的佛像,慈悲安详,仿佛在默默地注视着每一位信徒与游客。信徒们虔诚地跪拜、祈福,祈求平安与幸福。而游客们则被这份宁静与庄严所感染,纷纷驻足观赏,感受这一份"万籁此都寂,但余钟磬音"的禅意。

除了宗教氛围浓厚之外,锡飞寺的自然环境和人文古迹也是亮点。穿过竹海云梯,踏野径通幽处,熏沐那"花木深"的禅房。从祥云亭至诸葛峰共有28道弯,1000余阶石阶,虽然道路陡峭且曲折迂回,但沿途景色秀美,打卡葛仙丹井、求雨龙池,在距山顶30米处找寻那仙人留下的棋盘石和足迹。拾级而上,登临山顶,只见四周云雾缭绕、山峦起伏,放眼可见小舜江水库、香炉峰及钱塘江,纵览古越风光,尽情领略大自然的鬼斧神工与人文历史的无限厚重。

仙山新貌:今日游人访胜园

漫步于诸葛仙山的小径上,感受着每一寸土地所承载的深厚历史与文化。随着《富盛镇诸葛仙山旅游区总体规划》的提出与实施,诸葛仙山迎来了新的发展机遇,成为新时代人们探寻历史、体验自然、追求心灵宁静的胜地。

在旅游区的建设过程中,越城区富盛镇充分尊重自然与历史。山门落成,巍峨壮观;道人葛洪的雕像庄严矗立,述说着诸葛山与仙风道骨的不解之缘。游步道、旅游指示系统、停车场等基础设施一应俱全,为游客提供了便捷舒适的游览环境。

塔山：飞来峰上千寻塔

　　塔山，位于绍兴城南，与龙山、蕺山鼎足而立，共筑城中名山之胜景。山上有一座晋代建造的应天塔，故而名之"塔山"。又据《吴越春秋》载，范蠡所筑之城既成，"琅琊东武海中山一夕自来，故名怪山"，因而得名"怪山"和"飞来山"，而又因其形状如龟称之为"龟山"。南朝时，惠基法师在山上建宝林寺，故又名宝林山。在这座山上，历史的痕迹随处可见，如巨人迹、锡杖痕、宝林寺、圣母阁、灵鳗井等，皆承载着深厚之历史文化底蕴，成为人们探寻历史、领略古代建筑之美的绝佳之地。随着城市的发展，绍兴市政府在保持塔山历史文化底蕴的基础上，对塔山景观进行了修整，修复了应天塔，恢复了东武亭，重修了清凉寺，并且积极地引入了新业态，为游客们提供了更加丰富的旅行体验。

　　"山有金木鸟兽之殷，水有鱼盐珠蚌之饶，物有种养工贸之丰，城有山水人文之绝"，绍兴以其厚重的历史文化底蕴和典型的江南水乡风格引得"山阴道上，游人络绎不绝"。在名人故居星罗棋布的绍兴城，常人游历，多倾向于造访文学巨擘、革命先驱相关之故居，而塔山鲜少列入其行程，虽承载千秋历史，蕴藏诸多佳话，然而于绍兴显赫之名人故居中，往往为游人所忽略。虽然这是一座海拔并不高，声名也不够显赫的小山，其背后却蕴藏着神秘的传说，见证了一个春秋霸国的崛起，以其独特的静谧和历史的厚重，给予来访者别样的感受。

神秘传说：千寻古塔镇怪山

　　塔山，亦称飞来山、宝林山、怪山、龟山等，而飞来山之名来源于一个奇异的传说。

　　相传在春秋战国时期，越王勾践与大夫文种、范蠡等人在宫中商议国家大事。时值傍晚，一山突然从琅琊东武海中飞来，落于城南。《嘉泰会稽志》中也有相关记载："在府东南二里，一名飞来，一名宝林，一名怪山。"《水经注》亦云："县西门外有怪山，本琅部郡之东武县山也，飞来徙此。吴越春秋称怪山者东武海中山也，一名'自来山'，百姓怪之，号曰怪山。越王无疆为楚所伐，去琅琊山东武人随居山下，远望此山其形似龟，故有龟山之称。"太卜急觐越王勾践，认为天象异变乃大凶之兆。越王闻之，急召范蠡、文种大夫及诸重臣，共议其策。经议，文种提出两条对策：一乃当于异山之上建塔，以镇此灾；且望大王日后遇事，皆能忍之。王虽疑虑，然势急矣，遂允之，命范蠡督造。蠡受命，日夜兼程，集众工之力，筑塔于飞来山之巅。虽然该塔没能如之所愿，为越国避祸挡灾，吴国大军的步伐如期而至，越王勾践被俘至吴20年。但是既败之后，勾践乃学隐忍之术，卧薪尝胆二十载，未尝忘国之耻。终一举剿灭吴国，遂成春秋五霸之一也，倒是应验了文种"且望大王日后遇事，皆能忍之"之期。

此外，在这座古老的小山上，还藏匿着诸多带有神秘色彩的历史痕迹，怪游台、巨人迹、灵鳗井、锡杖痕、应天寺、圣母阁等，单单名字便足以引起人们的好奇心与无尽的遐想。

怪游台，东汉的《越绝书》上记载着"龟山者，勾践起怪游台也……"。据传是越王勾践为观测天文而筑，高耸于山顶，俯瞰整个绍兴城，仿佛一位历史的守望者，静静地注视着这片土地的变迁。每当夜幕降临，星辰闪烁，人们仿佛可以听到历史的回声，在怪游台上回荡。

灵鳗井，更是一口充满传奇色彩的古井，隐匿于山巅之间，其存在宛如自然赐予的瑰宝。井栏之上，镌刻着四个隶书大字——"宝灵鳗井"，字迹清晰，笔法古朴，透露出岁月的沧桑与历史的沉淀。《嘉泰会稽志》中描述了山中灵鳗的形象："如鳗而有鳞，两耳甚大，尾有刃迹，相传黄巢尝以剑刺之，凡鳗出游越中，必有水旱疫疠之灾。"传说井中的灵鳗能够预知灾害，每当重大事件即将发生，灵鳗便会出现。唐代农民革命领袖黄巢曾登临塔山，恰逢灵鳗浮出水面，黄巢不信鬼神之说，持剑击伤灵鳗，伤及鳗尾，鳗乃遁入井中。自此，人复见此鳗，其尾有痕。虽然这一说法无从考证，但井中清澈的泉水和古老的传说，仍然吸引着无数游客前来探寻。宋朝诗人林景熙就曾探寻此井，作《宝林鳗井诗》诗云："云根藏海眼，灵物此中蟠。吐沫晴岩雨，飞阴夏木寒。何年化龙去：半日待潮看。消长从谁问，微吟倚石阑。"

塔山

宝塔经年：诗韵应天锁云烟

应天塔，始建于东晋，唐时随宝林寺的更名改称为应天塔。后又经宋代的重建和明嘉靖的续修，更加凸显其古朴典雅之美。然而，1910年的一场大火，几乎将塔内的木质结构化为灰烬，仅留下坚固的石质塔身。今塔系1984年重修。

应天塔见证了东晋末年的繁华与变迁，承载了宝林禅寺的虔诚与庄严。每当晨曦初露，塔影婆娑，仿佛能听到古刹的钟声回荡在山谷之间，悠扬而深远。塔身砖造木檐楼阁式结构，六面七层，高30.97米，十拱飞檐，透露出一种稳重与和谐。每层转角处的圆柱倚撑，更是增添了塔身的肃穆与庄严。凿井式结构给游客提供了充足的观赏空间，走进塔内，沿着木制缘梯拾级而上，每一步都仿佛踏在历史的尘埃之上,感受着岁月的流转。

　　每当风起云涌,塔影摇曳,仿佛在低语着过往的辉煌与沧桑,引得无数文人骚客驻足瞻仰,挥毫泼墨,留下无数赞美与哀思的篇章。从唐代徐浩的《宝林寺作》中,我们得以窥见应天塔最初的模样,"兹山昔飞来,远自琅琊台",飞来之山自天而降,"塔庙崇其巅,规模称壮哉",应天塔屹立山巅,庄严肃穆。钱倧在《再游应天寺圣母阁》中,用细腻的笔触描绘了应天塔的美丽与神秘。"越地灵踪多少处,伽蓝难尚此楼台。"他赞美应天塔在越地的众多名胜中独树一帜,历经风雨沧桑,依旧挺拔不屈。每当风起,仿佛可以听到海浪的声音;每当月升,仿佛可以看到山影的轮廓。北宋的蒋堂和张伯玉也留下了关于应天塔的佳作。蒋堂有感于应天塔与飞来山的神秘传说,在《飞来山》中写道:"有山昔飞来,神怪安可测。"而张伯玉在《书应天寺壁》中则写道:"一峰来海上,高塔起天心。"他赞美应天塔高耸入云,宛如从海上崛起的一座山峰,直插天心,登上塔顶,眼前豁然开朗,万山朝宗,云海翻腾,整个绍兴城美景映入眼帘。在宋代诗人王安石的诗意描绘中,应天塔被赋予了无尽的豪情与宏伟的壮志。他的诗句"飞来山上千寻塔,闻说鸡鸣见日升"不仅彰显了塔的高耸入云,更描绘出诗人登高远眺的壮阔画面。他站在塔顶,俯瞰四方,仿佛能够洞察整个世界。此刻的他吟诵着"不畏浮云遮望眼,自缘身在最高层",豪情满怀,壮志凌云。而潘阆的《登应天寺塔》则让我们感受到了另一种宁静与超脱。"闲上应天寺里塔,九层突兀入幽云。"他悠闲地登上应天塔,看到九层塔身突兀入云,仿佛与天地融为一体。在这里,他可以远离红尘的喧嚣,与天地对话,感受大自然的宁静与美好。少年鲁迅也常踏访塔山,徜徉于山水之间,探寻自然之奥秘。自南京求学归来后,他偕同朋友章运水共登应天塔之巅,欲览天地之辽阔。然而,当二人攀登至四层之际,狂风骤起,吹拂得塔身摇曳,二人遂决定下塔避险。未曾想,时至1900年盂兰盆会,塔上香火鼎盛,却因不慎而燃起熊熊大火。火势迅猛,楼板楼梯尽皆化为灰烬,塔身亦因此变得空洞无物。然而,在这废墟之中,塔壁内各层的石刻经文与造像,却如同历经劫难的瑰宝,依然完整地保留着,借由归有光之说"殆有神护也"。

塔山新貌:漫步其间乐悠然

　　行走在塔山的小径上,脚下是岁月的痕迹,眼前却是崭新的风景。塔山,这座曾经静默于岁月长河中的古老之地，如今正焕发出新的生机。

1961年，应天塔被列入绍兴第一批29处文物保护单位之一。从1982年以来，绍兴文物园林部门就相继整修了塔山的绿化布局，恢复东武亭，重建清凉寺，新建山门，铺设山林小径，为游客们提供了更为舒适、方便的游览环境。1984年，绍兴市人民政府为应天塔的修复工作投入专款，并聘请上海同济大学建筑系路秉杰教授、著名土建园林专家陈从周教授等担任顾问。

如今的塔山，不仅有着古朴典雅的历史底蕴，更有着现代园林的清新与活力。沿着山间小径漫步，林木苍翠，花香袭人。偶尔可见的古亭石凳，重新修建的楼阁长廊，供游客小憩片刻。登上山顶，重新修复的应天塔巍峨耸立，在此可感受人文历史的厚重与自然美景的和谐交汇；登高望远，便可瞭望绍兴古城之风光，极尽视听之娱。

随着城市的发展，绍兴市政府在保持塔山历史文化底蕴的基础上，积极地引入了新业态，为游客们提供了更加丰富的旅行体验。在塔山周边的商业街区，游客们可以品尝到地道的绍兴美食，也可漫步于花鸟集市，购买手工作品。周末或节假日来到塔山，或登山观景，或品茶聊天，享受着这份难得的宁静与悠闲，暂时忘却城市的喧嚣与繁忙，感受历史与自然的和谐美好。

府山:千年古越悠悠史

王十朋《会稽风俗赋》中写道:"八山中藏,千峰周回。彭鲍名存,蛾马迹迷。"这里的"八山"指的就是明代散文大家张岱在《越山五佚记》中所载的:"越城以外,万壑千岩,屈指难尽,城以内,其为山者八:一卧龙,二戒珠,三怪山,四白马,五彭山,六火珠,七鲍郎,八峨眉……"其八山之首卧龙山,便是如今的府山。府山在绍兴城区西隅,占地22公顷,主峰海拔近78米。山势自东北至东南呈圆弧状延伸,以其位于古越大地的重要位置,见证了古越文化的发展演变,在历史、政治、文化等诸多要素上都与古越大地同频共振,并始终在绵绵的历史岁月中守护一方水土。

府山,又名种山、卧龙山。吴越时期,因大夫文种死后葬于此处,故有"种山"之名;南宋时,绍兴升州为府,因府衙定署于卧龙山麓,因而民间称之为"府山"。而后,以其成为历来府治所在,便习惯称之为"府山"。府山至今保存着众多形式多样的历史文化遗迹,如越王台、清白堂、文种墓、摩崖石刻、西园、韩家池……因而吸引了大量外地游客到此游览观赏;而又因其位于越城区中缘,地理位置便利、环境幽美,又成了广大居民的休闲娱乐之所,与绍兴、绍兴人紧密结合在了一起,见证了绍兴文化的源远流长。

历史源流变迁的观照

府山历史文化悠久,其核心建筑越王台、越王殿等则最早可追溯至春秋时的越国卧龙山王城。越王台属于高台建筑,高台建筑本是古越民族建筑文化的一大特色,其渊源一直可以追溯到河姆渡文化中的干栏式民居和良渚文化中的土筑祭坛。

越国时期,越王勾践就起造了离台、灵台、中宿台、驾台、燕台、斋台、贺台等一大批高台建筑,越王宫台是范蠡依托卧龙山地势修筑的,也是越国高台建筑中最为重要的一座。据《越绝书》载,越王宫"今仓库是其宫台处也。周六百二十步,柱长三丈五尺三寸。溜高丈六,宫有百户、高丈二尺五寸"。到了汉代,王宫遗址尚存。据《嘉泰会稽志》载:"晋太元中,谢輶(谢灵运之从祖)为郡守,掘郡厅社下,深八尺,得古铜器,可容数斗,题作越王。字文甚分明,是今隶书,余不可识,輶以为范蠡厌胜之术,遂理之,今不识其处。"可见乃至晋代,王宫遗物尚存。直到唐代,李自尚有诗云:"越王勾践破吴归,义士还乡尽锦衣。宫女如春满殿,而今只见鹧鸪飞。"

除了春秋时的越国以外,隋、唐、南宋等统治者均曾在此不断修筑建城,使得府山不断发展完善。

隋开皇时(581—600)的越国公杨素就曾在府山修子城。子城周十里,东面高二丈二尺,厚四丈一尺。南面高二丈五尺,厚二丈九尺。而唐天复二年(902)五月,钱镠受封越王。天祐元年(904)在卧龙山始建王宫。钱镠治钱塘后,以杭州为西都,越州为东都。钱镠卒,其子孙相继践吴越王位,至978年止,在卧龙山设王宫达74年。

南宋时,南宋王室也对其进行了多次修缮整改。宋高宗在府山设皇宫一年又八个月。建炎三年(1129)十月,宋高宗南渡到越州,驻跸卧龙山州治,同年十二月,退至温州,次年四月再返越州,仍以原州治做行宫。至绍兴二年(1132)正月重回临安。同年(1132)闰四月,宋高宗下诏曰:"行宫复作州治",认为"时方艰难,若不赐与,则须别建,赐之所以宽民力也"。即以原皇宫作为越州州治。宋宁宗嘉定十五年(1222),绍兴知府汪纲以近民亭遗址建造越王台。这座越王台台高十丈,"气象开器,目及里,为一郡登临之胜"。元代贡性之有诗赞曰:"曙光晴散越王台,万壑千岩锦绣开。鼓枕僧钟云外落,卷帘渔唱镜中来。"

但先代越王台建筑曾经过多次变易,直到清圣祖康熙五十二年(1713),绍兴知府俞卿重修绍兴府治,把大门易为洞门。清高宗乾隆五十年(1785)后,更在洞门上建造门楼,《乾隆绍兴府志》中把此处名为"府头门",今天越王台的前身才逐步出现。

作为古越大地上"八山之首"的府山,静静地守卫在越城的西北角,以亲历者的视角见证了中国历史的代际变更,也在沧海桑田中见证着一方古越文化的汨汨源流、绵绵不绝。

越中风情的旁观与亲历

府山作为越州多个时期的王城、府治之所,不仅是越地悠久文化的见证者,也以其独特的历史价值、厚重的文化内涵、动人的风景等吸引并记录了越地文化的繁荣变迁。

府山

丰富的诗文作品记录着这一份府山的文化亲历年册。

望海亭，即飞翼楼，作为府山的主要建筑之一，是越城的制高点，所以成为历代文人雅士登临览胜佳处。唐代元稹《酬郑从事四年九月宴望海亭，次用旧韵》诗云："海亭树木何茏葱，寒光透坼秋玲珑。湖山四面争气色，旷望不与人间同。"李绅也有《望海亭》诗："湖镜坐隅看匣满，海涛生处辨云齐。夕岚明灭江帆小，烟雨苍茫客思迷。"清康熙帝曾在望海亭上"驻跸久之"，并赋诗云："周览山川历井疆，越峰突兀见青苍。争流万壑通城郭，一一看来在下方。"

除此之外，宋人姜夔《同朴翁登卧龙山》写道："龙尾回平野，檐牙出翠微。望山怜绿远，坐树觉春归。草合平吴路，鸥忘霸越机。午凉松影乱，白羽对禅衣。"宋人吴文英《高阳台·过种山》中的"帆落回潮，人归故国，山椒感慨重游。弓折霜寒，机心已堕沙鸥。灯前宝剑清风断，正五湖，雨笠扁舟。最无情岩上闲花，腥染春愁。　　当时白石苍松路，解勒回玉辇，雾掩山羞。木客歌阑，青春一梦荒丘。年年古苑西风到，雁怨啼。绿水秋。莫登临，几树残烟，西北高楼"也都详细地写出了诗人在府山临高而望、贪恋越地美景的情况。

府山以旁观者的角度见证了不胜枚举的优秀诗文作品的诞生与发展，也在历史文脉的浸润下以亲历者的身份培育出了越地的特色文化精神。

其中，曾于府山为官的范仲淹与其创育代表的清白官道精神至今仍然是越地文化的主要组成部分。

宝元二年，范仲淹被贬到越州任知州。他在越王台下发现并疏浚了清白泉。范仲淹爱此水"清白而有德义"，认为其"可为官师之规"，故将它命名为"清白泉"，又将其居住的地方命名为"清白堂"，并在堂侧建造"清白亭"，以规劝自己"庶几居斯堂，登斯亭，而无忝其名哉"。虽然范仲淹只在越州做官一年，但"为官为民"始终是他不变的为官准则，他践行着"清白""忧民"的思想，做事始终为长远考虑，为一方百姓谋利。

他在越州兴办教育，创建卧龙山稽山书院，聘学者石待旦主持书院，邀请李觏于公元1040年"往越州赴范高平公招"，为越地教育奠定了基础。此后，越州办学之风大兴，学堂、私塾竞相出现。即使是在百年之后的乾道六年(1170)，稽山书院依然影响其广，朱熹来到浙东担任提举常平茶盐公事一职时，也选择于此讲学。

范仲淹"清白实事""一心为民""为长远计"的为官之道得到了越地百姓的高度赞扬。在范仲淹离开越州后,越州人民改"清白亭"为"希范亭",并在郡前立"百代师表"坊以此纪念,认为"自汉迄今,守兹土者无虑数百人,莫贤于范公",陆游一句:"有越逾千载,何人不宦游?向来惟一范,真足壮吾州"亦是道尽了他对范仲淹的赞赏。

范仲淹为民办实事的作风,清白而有德义的官道极受后人尊崇。王十朋有诗"钱清地古思刘宠,泉白堂虚忆范公。印绶纷纷会稽守,谁能无愧二贤风"表达自己对范公的敬佩。赵飞霞《清白泉吟——范仲淹在越州》一书,挖掘整理了范公知越时的政事政绩,对"清白德义"的历史价值与"清白泉"的时代内涵加以阐述。千年虽已过,但府山之上孕育出的清廉思想与清正风骨依然深刻影响越地,成为越地文化的主要组成部分,与越地一同发展。

日常化的古山新貌

府山上的建筑古迹早已在历史岁月的沉浮中磨去了原有的色彩,变得斑驳与腐朽。近年来,在绍兴市政府的大力抢修重建下,府山上的建筑又重焕生机,以全新的面貌回到了绍兴人民的生活视野中。随着党风廉政建设的不断推进,绍兴市充分挖掘提炼"清白泉"蕴含的"清白廉洁,润泽廉政"的内涵,创设"清白泉"清廉文化品牌,建设清白泉廉洁文化园。一片古山千载悠悠,高楼戏台草木葳蕤,在悠悠的岁月里重新孕育培养起这一片廉洁文化。

如今的府山是游客登临望景的越中风景之地,也是市民日常休闲娱乐的山上公园。山中林木葳蕤,百草竞生。亭台耸立,檐角高翘。古墙虽犹在,新韵早已育。这一座西北的府山,继续俯视着、记录着一片古越悠悠。

蕺山：文景直上最高峰

明代散文大家张岱在《越山五佚记》中所载的："越城以外，万壑千岩，屈指难尽，城以内，其为山者八：一卧龙，二戒珠，三怪山，四白马，五彭山，六火珠，七鲍郎，八峨眉……"其中的戒珠，指的就是今天的蕺山。蕺山在绍兴古城东北部，环城河北河的南侧，解放路与中兴路之间，海拔 52.5 米，占地约 6 公顷，下临萧绍运河，与府山、塔山并称为绍兴古城三大山之一，见证着一方山水文化的变革演化。

假如一个外地游客第一次来到绍兴，看到"蕺山"二字，也许会产生疑惑："这是什么字？怎么读？又是什么意思？"这时，假如告诉他们"蕺"读"jí"，但是又随即拿出"稽山"二字，可能又会让游客产生新的疑惑："'蕺山'与'稽山'难道是同一个山吗？"答案当然是否定的。

山名何来？蕺草明珠

蕺山为绍兴古城内三座主要小山之一，也是绍兴的主要历史名山。蕺山之名源于蕺，即蕺草，也称岑草。《吴越春秋·勾践入臣外传》中云："越王从尝粪恶之后，遂病口臭，范蠡乃令左右皆食岑草，以乱其气。"《越中杂识》又载："蕺山，在卧龙山东北三里，产蕺(草)。"宋代诗人王十朋《咏蕺》诗："十九年间胆厌尝，盘馐野味当含香。春风又长新芽甲，好撷青青荐越王。"张侃《采蕺歌》："声名在世多相忌，最厌薰莸同一器。我歌采蕺非虚辞，采蕺歌中有深意。"因此，蕺山之名最早源于其物产蕺草。当然，在千年的历史沿革中，蕺山还有很多"曾用名"。

《越中杂识》载："晋王羲之宅在焉，后舍宅为戒珠寺，故又名王家山。"这句话就是说，由于东晋时期绍兴的书法大家王羲之的故居就在蕺山山脚，因此蕺山又名王家山。

后又因王羲之舍宅为寺,因寺名戒珠,山亦随之又名"戒珠山"。山上原有王家塔、蕺山亭、董昌生祠、三范祠、北天竺、蕺山书院等很多历史建筑,可见当时盛况非同一般。但由于历史原因,山中古迹大多被毁,仅有摩崖题刻等少许得以保存。山上已经修复的主要建筑物有文笔塔、蕺山书院、蕺山亭、冷然池与冷然亭等。

山以观文,山亦育文

蕺山历史悠久,文化底蕴丰厚,见证了无数名家名作的诞生。其中必须提到的一定是王羲之与刘宗周。

自公元 351 年,王羲之被任命为右军将军、会稽内史,迁居会稽郡之后,他的一生便与蕺山牢牢结合在一起。王羲之故宅(戒珠寺)、墨池、王右军祠、题扇桥、躲婆弄……王羲之在蕺山留下了无数的典故与遗迹。

其中,王羲之故居位于西街 72 号。后舍宅为寺,初名安昌寺,唐大中六年(852)改称戒珠寺。几经兴废,今存墨池、山门、大殿和东厢等建筑,寺在 1983 年重修。坐北朝南,背依蕺山,占地面积 1470 平方米。现为绍兴市文物保护单位。

关于蕺山戒珠寺的由来,在绍兴可谓家喻户晓。据说因王羲之养的大白鹅误食王放在茶几上的宝珠而冤死了一位来访的僧人,以此王羲之才舍宅为寺取名戒珠以表忏悔。其实这只是以讹传讹的民间传说。据宋宝庆《会稽续志》卷三记载,王羲之舍宅建寺时,寺名"昌安",并非"戒珠",至唐会昌年间灭佛之祸时废圮。至唐大中初又复建,大中六年(852)六月,方始改寺名为戒珠,这是王羲之死后 500 多年的事,应该说是风马牛不相及的事。

除了戒珠寺外,书圣故里还有很多关于王羲之的典故与建筑遗迹。《绍兴府志》载:"蕺山上有王家塔。"其中的王家塔也得名于王羲之家族。该塔于 1942 年绍兴沦陷后被拆毁,后于 2003 年重建,因山上曾有蕺山书院,文风颇盛,后遂命名为文笔塔。据南宋《嘉泰会稽志》载,现在位于绍兴市越城区蕺山街道蕺山街的题扇桥、躲婆弄均是因王羲之得名。题扇桥是王羲之帮助老妪题字卖扇之处,后人还在桥畔立了"晋王楼题扇桥"碑;一旁的躲婆弄则是王羲之因老妪天天求字,不堪其扰而趁机逃跑的地方。既饱含了文化的书香文韵,又不乏历史的深沉厚重。

除了典故名作之外，王羲之在书法、文笔等多方面的成就以及他个人的历史魅力也吸引着后世文人政客来此拜访缅怀，促进了蕺山之地的文化创作，也进一步丰富了越地的墨香文韵。宋人苏舜钦曾拜访戒珠寺，并写下《戒珠寺上方》一诗："跻攀出上楹，叠势与云平。日暮苍烟合，秋来远水明。幽轩开极望，疏磬落馀清。便有飞腾意，俄嗟俗虑萦。"宋代大儒朱熹也曾游戒珠寺，

蕺山

并在诗歌中梳理墨池、兰亭修禊、书成换鹅等典故表达自己对王羲之的缅怀。他在《游戒珠寺悼王右军宅》中写道："因山盛启浮屠舍，遗像仍留内史祠。笔冢近应为塔冢，墨池今已化莲池。书楼观在人随远，兰渚亭存世几移。数纸黄庭谁不重，退之犹笑博鹅时。"

在戒珠寺后不远处，一幢崭新的现代化教学大楼拔地而起，蕺山中心小学内千余名学子书声琅琅，这里就是原蕺山书院的旧址。

南宋孝宗乾道年间(1165—1173)，理学大师韩度曾在蕺山书院结庐讲学，到了明代，这里办起了蕺山书院，刘宗周罢官归里之后也在此讲学，被人尊称为"蕺山先生"，而蕺山书院也成了当时蕺山学派的大本营，一时知名学者负笈而至，黄宗羲、陈确等均云集门墙。蕺山书院一侧的亭子名为蕺山亭，亭柱上的楹联为："山间淑气催桃李，蕺里书声出院墙。"绍兴山阴、会稽两县的考生凡考中状元者均可将名字刻在亭柱子上，所以又名"状元亭"。

清初，蕺山书院逐渐衰落，一度被绍剧艺人占据并办成"老郎庙"，供奉戏曲界的祖师爷唐明皇神座。康熙五十五年(1716)俞卿出任绍兴知府。他自捐俸银赎回蕺

山书院,并修葺扩建,恢复学院培养学子的功能,使蕺山书院又存活了200年之久。此后,蕺山书院代有名师掌教,徐廷槐、全祖望、孙人龙、李慈铭均主过讲席,人才辈出,历200年不衰。光绪二十七年(1901),蕺山书院改办县学堂,徐锡麟曾来担任过教职,而在这个学堂求过学的名家人物有史学大家范文澜、数学大家陈建功、文学大家许钦文等。民国时期,为绍兴县立第一小学,新中国成立时,县立小学均由军管会接管,县立一小改称市立西街小学。撤销军管会后,改为蕺山小学。

蕺山远眺,古今之遇

蕺山上见证了会稽的千年文化史,镌刻着满满的历史古韵。直到今日,蕺山街区与蕺山山中仍保存着众多的古建筑遗迹。

在戒珠山麓,尚有为钱镠所建的"天王寺";用以祀越大夫范蠡、范仲淹与范纯礼的"三范祠";覆于董昌生祠题记摩崖石刻与为保护石刻而建的董昌生祠题记摩崖亭。

在蕺山街区,除了书圣故里大街区外,刘宗周故里位于西街18号。据《嘉泰会稽志》卷七记载:"唐景福元年,岁在壬子,准敕建节度使相国陇西公生祠堂,其年十二月十六日,兴功开山建立,盖董昌生祠也,昌败祠废。后唐天成四年,吴叔千端梦神人求祠宇,或言祠本古天王院,有鱼池,因建天王院。"今池仍在,青石砌成,共长约百米,董昌生祠今亦存。

早岁,此山也屡遭战乱,特别是日军侵华占领绍兴时,山上林木被砍伐殆尽,草木葳蕤、林木秀美之貌不复存。但在新中国成立植树造林、封山育林的保护之下,今日的蕺山山上已浓荫密布,似乎将人带入了百年前的那天,渲染着一次与古人的奇妙相遇。登一登蕺山,历史的厚重感、沧桑感,文化的传承感油然而生,令人回味无穷,感慨万千。

在蕺山街区保护工程的实施之后,绍兴市政府对蕺山街区进行了大规模的整修,再现蕺山昔日辉煌。"蕺山晴眺"曾是绍兴古城内的主要景观之一。

今日登高远眺,蕺山以北是绍兴交通密集之地,铁路、公路、水路的对外连接,大多出于此地。须晴日,登临蕺山之巅,极目远眺,水乡景色,以静观动,皆立于此。我们伫立的地方是千年来厚重的会稽史,看到的则是不断流动发展着的绍兴城。

梅山:湖畔山色总相宜

梅山,位于绍兴镜湖国家城市湿地公园内,是绍兴中心城市"绿心"的制高点。主峰高79.6米,次峰高40.1米,山势呈西北东南走向。梅山与会稽山一脉相承,平地起峰,并有浙东古运河蜿蜒而过,形成山水相连、山拥水抱的优美景观。梅山因梅福而得名,因陆佃《适南亭记》而名传于世,是越中胜景之一。

绍兴古城内名山众多,府山、塔山、蕺山呈三足鼎立之势。"梅山"之名,人们似乎不常提及,又因此名太过常见,常被人混淆。这个默默无闻的小山历经千载,蕴含着悠悠古韵,正向我们诉说着它的故事……

古越遗韵:巫山云烟掩陈迹

梅山,在城区北5公里,原名巫山。"巫山"之名,与越国的一位巫师有关。据《越绝书》记载:"巫山者,神巫之官也,死葬其上。"更有传言,巫山是越国的一处宗教场所,越王勾践在山上建有斋戒台,曾于此祭祀天地。今人考古发现,梅山之上多汉、六朝古墓遗迹,亦有越国原始青瓷与印纹陶残片等出土。这不仅能够说明巫山曾是越人活动的场所,也为今人探寻古越遗韵增添了一个绝佳之地。

巫山之上还有一段关于越王翳的故事。《乾隆绍兴府志》载:"巫山一名梅山,朱育对濮阳兴曰:'越王翳逊位,逃于巫山之穴,越人薰而出之。'"越王翳是勾践的玄孙,因"贤不欲为王"而逃巫山中。其所逃之穴称作金牛洞,此洞能容纳数人,后因开山取石被毁,今已无法再寻。

越国遗迹与越王翳的故事为梅山增添了一份独特的历史意蕴。当人们漫步山中,领略巫山风光的同时,或能发现藏在山水之中的古越陈迹,心中不免回忆起那段旧事,进而感受到古越文化的独特韵味和深厚底蕴。

有仙则名:子真泉中存仁心

"梅山"之名,因何而来?这与西汉末年的隐士梅福有关。据《汉书·梅福传》记载,梅福,字子真,九江寿春(今安徽寿县)人。梅福身处西汉与东汉交替之际,朝廷高层夺权造势,矛盾激烈;汉成帝刘骜纵情声色,朝政腐败,大权落入外戚王莽手中。但梅福心中一直秉持着"天下兴亡,匹夫有责""处江湖之远则忧其君"的士大夫精神,虽距朝廷千里,但仍不忘提笔进谏"士者,国之重器,得士则重,失士则轻"。他凭县尉身份上书朝廷,指陈政事得失,并讽刺王莽,因而被朝廷斥为"边部小吏,妄议朝政",险遭杀身之祸。就此,梅福挂冠而去,隐居山林。

据记载,梅福隐居之地不定,今南昌、宁波、绍兴等地都有他的足迹。他在浙东四明山搭建草棚,修筑石库,修道炼丹,为山民治病。在此期间,他与绍兴也结下不解之缘。一年秋天,会稽境内以梁弄为中心,流行一种名叫"四日两头卖柴病"(医学上称疟疾伤寒)的疾病,该病肆虐,众多村民患病。得"卖柴病"的村民,轻者发寒发热,重者意识不清。梅福常为附近山民治病,因而被许多山民熟知。因此,当梁弄的西孙弄族长召集房头商议疟疾对策时,有一位山民报告说:"东山有位老者叫梅福,他能治这种病。"于是房头们即刻前往寻求梅福相助。梅福向来关爱百姓,视民为本,得知此事后将自己采摘配制的"甘草、乌梅、甜茶、槟榔"四味草药,加以井水煎制成药,让房头们发放至每一个病患手中。不出几日,疟疾被控制,不久就得以解除。

自此梅福声名大噪,梁弄一带的山民把梅福奉为"仙人"化身。与"梅福"相关的地名接踵而来,"梅山"便是其中之一。相传梅福在此筑屋隐居,终老未去。另一种说法认为,梅福隐居在今绍兴城区西7公里的梅里,山名梅里尖,山中有梅福庙、梅福丹井等。千年来有许多诗人踏访此地写下诗篇,用诗歌再现了这一段故事,如唐代诗人张乔《书梅福殿壁》:"梅真从羽化,万古是须臾。此地名空在,西山云亦孤。井痕平野水,坛级上春荒。纵有双飞鹤,多年松已枯。"宋代陆游《梅子真丹井》:"佛头浓共晓山青,读尽黄庭一卷经。洗药水常含瘴气,烹茶烟亦带龙腥。时闻地策潮生浦,日睹天花雨散汀。不识先生何处去,他年相聚话浮萍。"

梅山中也有许多古迹因纪念梅福而建,有的保留至今,有的已经圮废。后唐年间,节度经略副使谢思恭舍宅建立梅山寺,又名永觉寺、本觉寺。宋代赵抃与明代王守仁都曾写下《本觉寺》一诗,"上方金碧冠诸峰,知是蓬莱第几宫。画舫去寻湖面阔,危亭登望海门通""春风吹画舫,载酒入青山。云散晴湖曲,江深绿树湾"。可以看出,纵使时光流转,梅山山景依旧。该寺历经千载,经过数次重修。1925年重修后有寺屋数十间,另有堂、亭、所等,寺前祀梅福,寺内原有石人石马,至20世纪50年代尚有佛事活动。

梅山的西南麓还有一汪清泉,名叫梅子真泉,保存至今。泉旁有一碑石,上镌陆游《梅山子真泉铭》:"梅公之去汉,犹鸱夷子之去越也。变姓名,弃妻子,舟车所通,何所不阅。彼吴市门人偶传之,而作史者因著其说。倘信吴市而疑斯山,不几乎执一而废百。梅公之去,如怀安于一方,则是以颈血丹莽之斧钺也。山麓之泉,甘寒澄澈,珠琲玉雪,与子徘徊,酌泉饮之,亦足以尽公之高而叹其决也。"从碑文中可知,陆游亲览梅山之景,饮梅子真泉水,感叹梅福事迹。此外,梅山南麓曾有明代礼部尚书孙鑨墓,墓前竖石翁仲、石马,今已不存。

今日梅山:梅园风雅显新姿

如今的梅山已成为市民日常休闲的公园,园中林木翁郁,亭台矗立,漫山苍翠欲滴,烟岚升腾如人间仙境。乘坐绍兴地铁到梅山广场站,步行十余分钟便可抵达梅山公园。映入眼帘的是一乌底金字匾额,上书"梅山仙苑",匾额两侧的楹联为"万顷镜湖寻越水,千秋仙迹壮梅山"。步行上山的途中,可以见到梅子真泉以及泉旁的《梅子真泉铭》。泉水历经千年仍清冽澄澈,微波粼粼。在山麓南侧,今人还建造了一片碑林,记录了梅山文化以及历代众多文人有关梅山的诗篇,如盛唐诗人孟浩然的《适越留别谯县张主簿申屠少府》《久滞越中贻谢南池会稽贺少府》,中唐诗僧皎然的《贻李汤》等,字句中都饱含了对梅福的钦羡与赞叹。诗人陆游更是多次踏访梅山,留下众多诗篇,如《好事近·登梅仙山绝顶望海》中"挥袖上西峰,孤绝去天无尺。挂杖下临鲸海,数烟帆历历",仅用寥寥数笔勾勒出了辽阔缥缈的画面,又如诗作《朝中措·冬冬傩鼓饯流年》中"明月梅山笛夜,和风禹庙莺天",营造出梅山的夜晚明月当空、笛声悠扬的静谧之美……

遥望山巅,有一红亭耸立于苍翠之间,名为适南亭。登上山巅,步入亭中,俯瞰全园,万千景致尽收眼底,诗人描绘的意境真实地出现在我们的眼前。此亭由北宋

梅山

越州知州程师孟主持建造，南宋绍兴知府汪纲重新修葺。陆游的祖父陆佃为之撰写《适南亭记》，文中阐明"适南"之名的由来，它取自庄周《逍遥游》中大鹏图南的寓意；提到了梅山旧迹，"山西南有永觉寺、梅子真泉、适南亭、竹径、茶坞"。不仅如此，陆佃还称赞梅山"峰峦如削，间见层出""俯仰之间，海气浮楼台，野气堕宫阙，云霞无定，其彩五色，少顷百变"，是"词人画史不能写也"，足以见得梅山景色之胜。此外，陆佃还写下《题适南亭子呈程给事》二首，留下"从此鉴中登望好，却应浑胜水晶宫""贺老湖光浮枕簟，梅家山色染楼台"的佳句。经自一出，梅山名噪一时，成为越中胜景之一。明代越中名士祁彪佳也在《越中园亭记》中盛赞梅山是"北胜之景"。

梅山之"梅"虽与梅花无直接关联，但经过今人的设计与建造，冬日的梅山公园早已成为一处热门打卡地。梅园巧妙地以"梅"为核心，运用穿、透、掩、映等中国古典园林艺术，全方位、多角度地展现出梅花的色彩之美、风韵之雅。园内有梅花两千余株，涵盖六大品系、九大品种。一到冬日，园内梅花竞相绽放，美不胜收，远远望去好似一片梅海。值得一提的是，梅园中还有一方印章景观，与鲁迅先生的"只有梅花是知己"印章遥相呼应，更添绍兴韵味。

大雾尖:云雾缭绕山峰尖

　　大雾尖在福全、型塘、漓渚之间,是福全镇与湖塘街道界山,山间常有云雾缭绕的景象,"山在雾间、峰在雾尖",故被称为"大雾尖",又名豆腐尖,吴凤翯《梓里记》中又称大坞尖,立于群山之间,是周围十里的标高,海拔 348 米,山巅有香山寺,始建于明朝,为越州有名的古刹之一。

　　香山寺立于大雾尖山巅,颇有"会当凌绝顶,一览众山小"的开阔气势。通往大雾尖山巅的路有数条,从福全新迪埠村上山,可开车经碧水如翡的塔溪水库,盘山水泥路直通大半山腰,再经石阶林荫步道登山十几分钟,方可至山顶香山寺;从福全容山村上山,可开车经扑落虎水库,盘山柏油路直通半山腰云泉寺,再经石阶游步道登山三四十分钟,方可至山顶香山寺;从湖塘街道型塘戴家村上山,一路古游步道可直通山顶。路上有几个亭子,柱刻楹联,其中一副是:"返大雾,听经言,迷津大悟;回香山,思佛语,智囊广开。"

　　大雾尖春天生机勃勃、绿意盎然,夏天郁郁葱葱、凉风习习,秋天层林尽染、叠翠流金,冬天寂静神秘、雪景怡人。四季景色各有不同,春日踏青可闻泉水叮咚,夏日露营共赴日出之约,秋日漫步共赏香山红枫,冬日踏雪可见琼枝玉树。夕阳下的大雾尖,犹如一位披着面纱的姑娘,火红热烈却又透着丝丝娇羞;夜空下的香山寺,繁星环绕,格外静谧,漫步在璀璨星空下,和煦山风轻轻拂过,俯视灯火通明的繁华城市,会让人瞬间看尽尘世浮沉,褪去内心浮躁,唤醒内心深处那份尘封已久的明朗与淡然。

　　大雾尖不仅有着醉人的诗画美景,还有着深厚的文化底蕴,其大雾缭绕如仙境般的美景,曾吸引众多文人骚客流连忘返。明代文学家徐渭曾游历大雾尖,作诗《游大尖》:"万松滴千山,妙翠不可染;割取武陵源,固是天所遣;秦人迹无有,云中叫鸡犬;夜泊渔舟来,下山寻不见。"徐公笔下呈现出了诗画般的大雾尖美景,表达了徐公对大雾尖自然风光的热爱和对隐逸生活的向往。清朝诗人吴寿昌作诗《大坞尖》:"如笋秀崚嶒,诸山俯视凭;其灵出云雨,于派俨高曾;日饱凭楼眺,偏悭蜡屐登;春来香市近,寄语上方僧。"这首诗的前半部分将大雾尖高耸挺拔的气势描写得淋漓尽致,细细品读,仿佛你我此刻就置身于这座灵秀的山中,登高眺望,饱览秀丽风光。

宋代诗人陆游曾作诗《湖山·容山》:"山崦桑麻路,柴门鸟雀声;老巫祈社雨,小妇饷春耕。"陆游曾语:"镜湖之西,如花径,容山诸处,弥望连岗接岭皆桃李,略无杂木,方春时,花盛发,如锦绣裹山谷,照水乳云霞,恍然异境。"在陆游的诗句和话语里,便可想象容山村沁人心脾的美景。

大雾尖之巅的香山寺,四周秀丽群山环绕,风景犹如水墨画,是观赏日出美景的绝佳之处,如今是绍兴和杭州周边年轻人观赏日出美景的最佳网红打卡地。香山寺原为道观,名曰"云霞观",至今民间仍有许多关于香山寺娘娘的美好传说。相传香山寺娘娘菩萨是诸暨横阔人,一心以读书修身养性,终身不嫁,常对当地村民行施乐善,后上大雾尖修炼,49天后化鹤而去,人们供奉她为娘娘菩萨,后又发生了许多消灾、解旱的传说故事,因此至今香火旺盛。云霞观后改为寺,有屋19间。民国二十六年(1937),有僧人做住持。20世纪50年代,有宗教活动。60年代至70年代,停止宗教活动。80年代当地群众募款修葺,1989年由住持释大义(觉仁)四处募化,港澳同胞捐资乐助,佛教信徒出工出力,增建三层殿堂一座,进山门辟有天王殿、地藏庙、祖世堂、斋堂。1997年,觉仁圆寂,由僧印诚继任住持,每年除夕夜至春节期间香火旺盛。

从容山扑落虎水库通往大雾尖山巅,有一条古游步道,因年久失修,上山路段不易行走。2020年,福全街道投资300余万元,实施了大雾尖游步道建设工程,新建、提升、完善了一条1500余石阶的游步道,提升了沿线绿化,新建了5处景观亭和1处公共洗手间,完善了排水系统。游步道主线全长约3.5公里,宽1.5米,整体游步道绕山连接,实现环山而行,大雾尖游步道项目既保留了原有的自然风貌和生态景观,也为该区域的村民提供了一处亲近自然、休闲健身的场所。2023年,街道相继投资600余万元,修建了扑落虎水库水上栈道和环水库休闲步道,对通往云泉禅寺道路进行了提档升级,修建了上山柏油公路,实施了亮化和绿化工程,沿线新建2座亭子、1座休息驿站、3处停车场、部分观景平台石护栏等。2024年,街道计划投

大雾尖

资 300 万元,再次提升游步道,打造具有福全当地"福文化"特色的大雾尖精品祈福线路。

随着大雾尖基础配套设施的不断提升完善,周末与节假日,前来打卡的游客人气爆满。游客们循着明代文学家徐渭的游历足迹,走进福全大雾尖游步道,置身于徐公笔下"万松滴千山,妙翠不可染"的诗画美景,顺着西子曾顾步流连的绿荫古道,进入一方空灵幽美的人间仙境,邂逅灵魂深处的宁静与美丽。伴着山涧空谷的啾啾鸟鸣和沁人心脾的自然芬芳,一路拾级而上,清泉叮咚,树影斑驳,1500 余级石阶步步相叠,行至半途漫步松下,前路尽显陡峭。静思望远,树树皆秋色,山山唯落晖。登高祈福,愿山河无恙,福满天下,世人皆安。立于山巅,倚栏远眺,群山连绵起伏,耳边诗意漫漫,惆怅如烟随风散……古刹香山寺闻名绍兴,寻一处静地轻叩心扉,一壶清茶,褪去一世浮尘,心之所向,皆是人间美好。

如今,柯诸高速途经大雾尖山脚的容山村和新迪埠村,因工程建设需要,现远看群山景观略有破坏,待高速建成、群山覆绿之后,大雾尖周边群山有"金龙绕山"之势。随着福全街道对大雾尖景观建设的不断投入,在保护山水资源的基础上,将会打造更为优质的游客旅游环境。

宝林山：人间净土仙香飘

　　位于绍兴市柯桥区湖塘街道，境内有很多景点，包括大香林、龙华寺、兜率天宫等。这里寺院众多，佛教文化渊源深厚。这里有古桂花树群落，桂花林香飘九秋。这里还是鉴湖的源头，源远流长。由于这里山清水秀，景色宜人，因此成为游客来绍兴旅游的打卡地。

　　山不在高，有仙则灵。位于绍兴市柯桥区湖塘街道的宝林山（旧时也称柯山）海拔不到 400 米，但宝林峰顶的那个大莲花，足够显眼，像给山峰戴上了皇冠。兜率天宫的紫金莲花台直径 56.7 米、高 16 米，48 片莲花瓣锻铜贴金，在阳光下熠熠生辉。别说是在宝林山，即便放眼整个浙江，都是地标性建筑物。在佛教中，上天有三界二十七天。其中欲界的兜率天，在二十七天中受到特别重视，因为这里住着弥勒佛。

　　大莲花内当然得有弥勒佛，那是天宫千人大讲堂——善法堂。里面装饰成天宫模样，金碧辉煌。明明是室内，穹顶却像天空，四周围的壁画，无论哪个角度看，都给人天界浩渺无边的空间感。善法堂供奉的是"看得见"的佛——天冠弥勒像。这座 33 米高的佛像，是目前世界最大的室内坐佛。

　　龙华树，汉传佛教说是桂花树。宝林山上拥有全国最大的桂花树林。兜率天宫对面，就是龙华寺。天宫（天上净土）和龙华寺（人间净土）两大建筑群隔海相望——香水海，南北纵跨了宝林山的三个山峰，遥相呼应，蔚为壮观，号称"江南布达拉宫"，中轴线长达 2500 米、占地 1600 亩、建筑面积达 10 余万平方米，是目前国内单体最大的皇家风格的佛教寺院。

　　从晋代起，弥勒菩萨、弥勒净土的信仰已在中国流行开来，唐代著名高僧玄奘、著名诗人白居易，都是弥勒菩萨的信仰者。知道玄奘去西天取什么经吗？取的经叫

《瑜伽师地论》，据说是弥勒亲口说的经，而玄奘毕生修行的愿望，是希望往生到兜率天"内院"。白居易的诗《答客说》，也清楚地表明了自己的弥勒信仰："吾学空门非学仙，恐君此说是虚传。海山不是我归处，归即应归兜率天。"诗后注："予晚年结弥勒上生业，故云。"

唐代以后，佛典中的兜率天宫也被区分为兜率"内院"与"外院"，内院成为弥勒信仰者的最后归依处。如今的龙华寺，雕梁画栋、气势恢宏，可不造围墙。这也是颇有深意，体现了佛教的开放包容。值得一提的是，龙华寺内的佛像，均出自国家级工艺美术大师之手，审美在线。而龙华寺的佛像，是得到过高人指点的，引领目前国内佛教造像艺术的最高水准，能让礼佛者顿生"恭敬心"。

龙华寺—兜率天宫佛教建筑群，为何出现在湖塘宝林山？可别小看了宝林山，之所以能成为佛教名山，可不是因为山上有一座龙华寺、一座兜率天宫。这里可是聚集着十几个古刹的。"南朝四百八十寺，多少楼台烟雨中"的那个时代，小小的宝林山竟藏着16座寺庵。后世广为人知的香林古寺、宝林古寺、寂静古寺等均建于此。

香林寺，初名宝林庵，时属宝林院（香林禅寺）之附属庵。始建于后汉乾祐三年（950），为千年古刹。重修之前的残寺坐北朝南，有屋5间，砖木结构。寺中立有乾隆年间（1736—1795）《重修碑记》一方，上篆"宝林"二字。碑文损毁严重，所幸首尾尚能辨读。在《重修碑记》旁，还立有清朝光绪十三年（1887）六月住持华门金氏的《置田禁碑》一方。前任住持去世，为防止后人变卖庵业，立碑以示禁止。此碑主要记述自同治六年（1867）以后二十一年所置的一切庵业。民国时期至解放初，一些信奉"长生道"的人，曾在该寺活动。1972年以后，僧开见离开钱清浮峰寺驻锡该寺。1980年，先后翻建韦驮殿7间及斋堂数间。1983年正式命名宝林寺。1993年，重建大雄宝殿及山门的改建工程，形成四合院式的寺庙格局。1998年，大雄宝殿再次翻建，现明间主供奉"观音菩萨"。

更有名的，是临济宗道场寂静寺。寂静寺是宝林山现代佛教事业的中心。宝林山各大小寺院庵堂皆以寂静禅寺为根本道场。由一代高僧密参大师一手创建。从1979年10月破土动工开始，密参禅师在这里住持并圆寂，留下200多颗舍利子珍藏塔内，在佛教界闻名遐迩。寺后东北角有密参禅师舍利塔院，一方高大厚重的黑色花岗岩石碑，正中镌"密参禅师灵塔"六个大字，由台湾著名学者南怀瑾先生题写。新建的禅堂,门柱上楹联曰:"念佛是谁莫把光阴遮面目,明心见性常将生死挂眉头。"此联为中国佛教协会副会长、江苏省佛教协会会长、定慧寺方丈茗山法师亲撰并书。

密参禅师与宝林山之间的善缘,堪称佳话。密参禅师当时已是上海市佛教协会理事,历任扬州高旻寺首座、高旻寺下院——上海莲花寺住持。而他选中了绍兴宝林山来开辟道场,因为受徒弟道雨比丘尼之邀。道雨比丘尼以卖去上海住屋所得2000元人民币之赀,延请其师由沪入山造寺。密参禅师在此山谷寻得甜泉一眼,观山中森秀气象为国内少见,即定于此建茅棚数间,以作大众修持之所。此后十多年岁月里,密参禅师一面带领僧徒开荒种作,自食其力;一面广弘佛法,普结善缘,

宝林山

募集香资,建起了禅堂、厢房等,使道场初具规模。密参禅师作为禅宗泰斗,可却一生俭朴,淡泊名利,临终安详,令人敬佩。密参禅师圆寂后,寂静寺住持开始是其弟子昌旭师父住持,现在则由其另一弟子——宝林山千年古刹香林寺的住持昌融师父兼管。他们继承大师"心无旁骛,潜心研佛"的传承,形成了独特的佛教文化氛围。

宝林山上种植于宋代的古桂花树群落远近闻名。国家4A级旅游区大香林风景区就坐落于此,内有"中国最大古桂群",其中有一株桂花树,据桂花专家向其柏先生考证,已有千年树龄,被称为"中国桂花王"。《嘉泰会稽志》记载,自宋治平三年(1066)以来,当地金鲍两姓村民据山川之利,在宝林山内广植桂子。千百年积累,成就了如今宝林山广袤数里的1.4万株桂花树。其中的东桂王、南桂王、西桂王、北桂王、天桂王、地桂王六大桂王最为珍贵。历史上文人名士多会于此,留下诸多文章。著名诗人陆游就在多篇诗作当中描写过这里的桂花,如《嘉阳绝无木犀偶得一枝戏作》:"久客红尘不自怜,眼明初见广寒仙。只饶篱菊同时出,尚占江梅一著先。重露湿香幽径晓,斜阳烘蕊小窗妍。何人更与蒸沉水,金鸭华灯恼醉眠。"

陆游说的"木犀",就是桂花树,亦写作"木樨",一说其木质纹理如犀角,遂称之"木犀"。南宋学者范成大则认为,寻常树木内心只有一条纵向纹理,而桂树有两条,形状与古代祭祀用的玉圭相似,故得名"桂"。《山海经·西山经》写道:"皋涂之山多桂木",而今长江流域不少地区都有大规模的古桂群落,《山海经》中记载的"多桂之山",不会就是宝林山吧!桂花在传统文化中,包含了诸多美好寓意。战国时,燕、韩两国就以互赠桂花表示友好,桂花便成了友好和吉祥的象征。《酉阳杂俎》中的月宫桂花,需要有人不停地砍伐。现实中,"折桂"寓意着考试名列前茅。晋朝的郤诜应试时,自喻为"犹桂林之一枝,昆山之片玉"。再如《元曲选郑德辉〈王粲登楼〉二》:"寒窗书剑十年苦,指望蟾宫折桂枝。"

宝林山还是鉴湖的源头。鉴湖被称为绍兴的"母亲湖",东汉会稽太守马臻拦堤筑湖,东起上虞嵩坝,西至绍兴钱清,全长127里,汇集会稽、山阴36源之水而成。宝林山中深藏一池圣水,被称为"鉴湖第一源"。鉴湖源头36处,为何宝林山这一处能称第一?因为宝林山的水汇入型塘江,与湖塘相距最近,是鉴湖主要水源。著名的历史地理学家陈桥驿先生在旁边题写了"鉴湖第一源"。鉴湖之水,是酿制著名的绍兴黄酒的独特"原料"。"汲取门前鉴湖水,酿得绍酒万里香",清澈的鉴湖水,酿就了绍兴黄酒独特的风骨。如今宝林山—鉴湖一带,被开发成了"黄酒小镇",这里正在恢复世代相传所酿制的黄酒,坚持古法纯手工酿造,悉心栽培,把当地的传统酿酒工艺发挥到极致。

渊源深厚的佛教文化、香飘九秋的桂花林,山清水秀的鉴湖源头,让宝林山成为古唐诗之路的必经之地。470 多位唐代诗人留下了 3000 多首脍炙人口的赞美会稽山的美丽诗篇,其中不乏描写宝林山的。到了宋代,陆游也留下了《小饮罢行至湖塘而归》:"社酒真如粥面浓,朱颜顷刻换衰容。霜轻已觉树摇落,云起始知山叠重。梅市鱼归冲雨棹,宝林人定隔城钟。"清代的学者李慈铭,更是想把这里作为自己退休生活的桃源。

骆家尖·龙头顶:登顶一脚踏三地

> 龙头顶位于稽东镇焦坞村南,是柯桥区的最南端,是会稽山脉北段的最高峰。从焦坞村沿步道一直向上,约 1 小时到龙头顶,这是柯桥区、嵊州市、诸暨市三地交界点,海拔 737 米;早在 1997 年,国务院便在此处立有界碑及国家测量标志柱(2023 年更新界碑)。近年山顶上修建了"龙头顶亭"。

　　骆家尖与龙头顶相邻,地处柯桥区稽东镇,骆家尖海拔 747 米,为柯桥区境内最高峰,也是绍兴市柯桥区、诸暨市、嵊州市三地分界的地理标志。顶上也新建亭子一座,两个山头以新建的步道相连。在两山头间的凹底,一南一北两条路分别通到下面两个村庄。南边是小路,到诸暨的钟家岭村,北边是新建的游步道,向下回到焦坞村。从焦坞上去下来形成一条环线。这里是香榧之乡,树龄千年以上的古树和后来陆续栽培的大小苗木布满山坡谷地、家前屋后。山上也有竹和茶也有荒坡,步道有几段就是从荒坡柴山中开辟穿越。

　　骆家尖—龙头顶是大自然留给这片土地的馈赠,是稽东十二景——龙岗登顶的所在地,这里山势巍峨,峰峦叠嶂,云雾缭绕。是柯桥区南部山区的最高峰,位于稽东镇龙西村焦坞西南面,沿会稽山脉逶迤曲折向北延伸,主脉上还有姐妹峰龙塘岗、越大山等,成为柯桥与诸暨的分界线。另一支向东北延伸,过谷树尖、大小西岭至王坛。骆家尖——龙头顶,由绍兴县人民政府设置一个三角形航标,又称界牌。上书嵊具、诸暨、绍兴几个字,正所谓龙岗登顶,脚踏三地,故这里曾有"一脚踏三县"之称。

　　沿山路蜿蜒而上,可以发现一处森林健康游步道。龙头顶森林健身游步道位于稽东香榧主产区龙西焦坞自然村,是围绕"一尖一顶"——骆家尖、龙头顶的循环路

骆家尖—龙头顶

线,可对接诸暨、嵊州、柯桥三地古道,向南与月华山顶连接,也可与大坪头、上阳岭头形成循环,总长5.4公里。步道沿途森林茂密,古树成林,在焦坞自然村边有一棵浙江第一檫树王,这棵檫树高26米,胸围540厘米,其平均冠幅达9米,树龄在800年以上。每年二三月开黄色花朵,香气四溢,算得上檫树界的老寿星。《新民晚报》等媒体曾作过报道,20世纪80年代末90年代初,全省森林资源调查,将其列为浙檫1号,是迄今浙江省境内所发现的最大的檫树。还有树龄900年的红豆杉和树龄近千年的雄香榧树,三株古树邻近生长,俗称三圣树。该步道较陡,适合探险猎奇的人士攀爬,是攀登第一高峰,一览众山小的极佳之地。

登上这座高耸云端的柯桥区最高峰,俯瞰四周,有许多青山奇石匍匐,云海茫茫,"一览众山小",仿佛整个世界都在脚下延伸。登过山顶者目睹顶上,树木粗矮,草丛稀稀,这是上古地质和风沙侵入的缘故。登高远眺,钱塘江水面依稀可见;近处群山环绕,蜿蜒西伸。骆家尖山腰无论土壤、气候,还是温湿度,都为香榧树的自然生长创造了独特的地理环境。这里有一片千年香榧林,是当代稽东百姓的"摇钱树"。

相传古时候，焦坞有位姓钱的大伯，每次在山上开山，心里总要发愁，他到一株常青树旁，面对这株树说："骆家尖的土地公公，我家里穷，这山上几株树能生出钱多好，如果树上生钱了，我一定重谢公公。"某年秋天，一日晚上梦见一老翁告诉他，钱已生在树上，你年年可去采摘"钱"，第二天，他又到山上，果然，见树上挂满了一棵棵"青果"，摘回处理，晒干炒熟，食来味美清香，后来，村民们给这"青果"取名为香榧。从此，钱姓的祖先经过精心栽培，薪火相传，这山村如今已是稽东一方盛产香榧最多的村落，成了远近闻名的香榧村。香榧真的变了"摇钱树"。只要你科学栽培管理，就会有取之不尽、用之不竭的财富。虽然是传说，但如今的骆家尖满山都是千年香榧树却是事实。

会稽山脉巍然屹立，连绵起伏，而位于柯桥区最高峰的骆家尖——龙头顶如今俨然成了当地百姓登高祈福的"圣地"，薄雾笼罩，朝阳初生，披一身霞光，踏遍群山之上，在龙头登顶，在"脚踏三地"之处祈福，岁月静好，万里长空。登高远眺，满山的香榧林点缀在群山之上，成为当地百姓赖以生存的"摇钱树"和"致富林"，自然与人文交织下在古越大地上构成了一幅生机盎然的画卷。2024 年，稽东镇在此拍摄了微短剧《龙头顶 许愿灵》，一经发布，广受赞誉。

木窝尖：万亩红豆霞满天

　　木窝尖是会稽山脉的主要高峰和名山，位于浙江省嵊州市谷来镇横路坑村之晚坪岭上和柯桥区稽东镇童家岭村之铜钱坪左侧，海拔667米。此山四周巨石峻立，峭壁如削，隽秀挺拔，重峦叠嶂，危岩峥嵘。两面奇山环抱，绿树成荫。沿着山上的游步道拾级而上，可直至顶峰。在顶峰之上，屹立着一座雕刻精致、工艺独特的亭子，亭子檐下写着"木窝尖"三个大字。眺望四周，近处可把稽东、谷来两镇的山水及村庄尽收眼底，并与五百岗遥相呼应，在晴朗的日子里还能看到绍兴城区一带的景色。亭子中间立有一小块立碑，上面有国家测量标志"严禁碰动"等字样和省公安厅、省军区司令部、省测绘局落款。周边有红豆仙霞景区等。

　　木窝尖在柯桥区与嵊州市之间，处稽东镇东南。原山路已不好走，近年建设森林休闲步道，木窝尖被列入其中。步道西接童家岭村，在山上绕行后，到东边的霞堡。从童家岭车路的南侧上山，起先是水泥路，两边是竹林。后为步道，右边山体，左边深坡，竹林与松林交替，有少量红薯地。上面主要是荒山。山路起始陡，后来较缓，上面有几处乱石。顶端设"国家测量标志"，省公安、军区、测绘三部门立牌，表明"严禁碰动"。现在顶上在建亭子。山顶四望，一览无余。步道沿山脊向东北延伸，山脊略微起伏，长达数里。左边见到重修后的石级时，便是下山的步道。到山腰分两路，一到外高墩，一到霞堡。山腰下满山遍坡都是栽种不久的红豆杉苗。木窝尖下的童家岭因地势较高，又通风，夏天无蚊，以前有民谚"七世修到童家岭，一世不闻蚊子声"。距童家岭不远有金山村，又名金家山。民间传说，金兵南犯到此，询问地名，当地人告以"童家岭""金家山"，金人误听作"铜浇岭，金浇山"，以为此地固若金汤，因而退兵。

　　木窝尖步道围绕最高峰木窝尖（海拔667米）及裕田红豆杉基地建设，上山路极为陡峭,山下风景秀丽,总长 11.3 公里(包括红豆杉基地内线路),是徒步攀登的经典线路。包括从龙东霞堡到童家岭,一路经过红豆杉仙霞景区、龙王塘、木窝尖顶等景点。红豆杉基地种植了近万亩红豆杉,秋天,红豆杉结出的红豆,色如朱砂,漫山遍野如云霞般渲染着山林,让人感觉来到仙境,稽东十二景之一、国家 3A 级旅游景区——红豆仙霞景区由此而名。

景区距离绍兴城区 42 公里,环境清幽,气候宜人,湿润温和,适合南方红豆杉生长,并有 300 年以上野生植株 20 余株。此地的红豆杉基地由浙江裕田红豆杉科技有限公司投资建设,至目前基地总面积已超过 1.2 万亩,已经种植红豆杉 8000 多亩、近百万棵,昔日的柴竹山、荒坡地,变成了可赏、可游的乡村休闲、生态旅游胜地。

经过景区的山门,一处奇特的建筑吸引了不少游人的目光。据介绍,这处建筑名为走马楼,房屋四周都有走廊可通行,甚至可以骑马在里面畅行无阻,因而得名。走马楼由当地九间闲置房屋改造而成,租赁面积达 720 平方米,共可以容纳 300 余人就餐,走马楼中间还有一处戏台,每逢周末,或是一些特殊节日时,都会有送戏下乡的表演,为附近的居民带来一场文化盛宴。

在景区中拾级而上,随处可见红豆烂漫,那一颗颗摇曳在枝头的"红色玛瑙",仿

木窝尖

佛寄托着一个个动人心魄的爱情故事。漫步在这充满诗意的相思之路上,哪怕只是随意地走走停停,也能享受到一股浪漫的气息在心头萦绕,令人陶醉。"玲珑骰子安红豆,入骨相思知不知。"一颗小小的红豆,倾注了古人含蓄的爱意。

"红豆生南国,春来发几枝。愿君多采撷,此物最相思。"唐代诗人王维的这首《相思》,可谓脍炙人口的名篇佳作。红豆杉在象征着坚贞爱情的同时,也展现其独一无二的药用价值。红豆杉又称紫杉,也称赤柏松,是第四纪冰川遗留下来的古老树种,国家一级珍稀保护树种。当地种植的万亩红豆杉基地,为当地的百姓提供了红豆看护、采摘等工作岗位,让红豆仙霞在见证诸多爱情的同时,也承载了当地老百姓的笑容,在带领山区群众走向共同富裕的道路上发挥出了其不可替代的作用。

红豆仙霞景区中其他的事物,仿佛也蒙上了一层浪漫的"滤镜"。山间的一枚奇石,造型奇特,仿佛经过岁月的侵蚀而千疮百孔。它的名字为"海枯石烂",虽然外表残破不堪,但它的内心依然稳固,坚守着初心和本真,正是对于真挚爱情的写照。翠竹林旁有一块天然从中间裂开的巨石,传说是王母娘娘不小心遗落的明珠。据说,一对夫妻见到明珠,随后在一旁等待失主,结果失主迟迟没有出现,夫妻俩却化入了明珠之中。王母怜其情,带着这对夫妻前往仙界享福,遗下的明珠也化为石头,成为人们祈福爱情美满,婚姻相宜的场所……

入夜,月色下的红豆仙霞也别有一番风情。在位于会稽山腹地的望裕亭观月,远处天宇澄澈,眼下山川苍莽,近处松竹婆娑,"裕亭霁雪"之美尽现眼前。在山岗上仰望,看繁星点点,犹如白砂糖般洒满天空。景区最开阔处是直升机停机坪,也是浙东唐诗之路空中游线的关键节点之一。该停机坪建在景区山间广阔平地处,用于开展直升机观光游览。

通过乘坐直升机,游客可以在蔚蓝的天空中俯瞰绍兴这座文化古城,领略不同角度下绍兴的魅力。

除了充满寓意的景点,红豆仙霞亦不乏秀丽风光。经过一段攀登,老鹰尖出现在了众人的眼前。此地突兀于群山之间,除了红豆杉,还有松竹等植被,高耸秀美。天气好的时候,近处的平水江水库,远处迪荡新城的高楼都能一览无余。据说此地最佳的观景时刻为冬日或早春雪后初晴之时,在附近开阔地带,看着余晖下的山岭林树银装素裹的样子,山林之间云雾袅袅,会有身处仙境之感。

雪窦岭:堪比江南小九寨

> 雪窦岭位于柯桥区南部山区稽东镇,雪窦岭曾是稽东去龙峰的必经之岭,于是古人沿着溪流筑了一条山路,山路全长三公里左右,至今保存完好。据地质专家说,雪窦岭原是火山口,火山爆发时岩浆形成的沟就是现在的溪涧。溪涧夹在两山之间,终年少有阳光,溪水特别清洌,是避暑的好地方。雪窦岭峰、嶂、涧、瀑与古道融为一体,体现了古、雅、幽、奇、险五大特色。

作为柯桥区最热门的网红打卡地之一,雪窦岭一直以其四季独特的景致吸引着游客慕名而来。雪窦岭境内峰、嶂、岭、涧、瀑、渠、水,十分壮观,山光水色融为一体,充分体现了雅、幽、奇、险四大特色。雪窦岭自然风光极美。峡谷全长约3公里,谷内石阶延绵而上,两旁悬崖峭壁、巨石遍布,有"狮子石""合掌石""雄鸡石""秤砣石"等。"秤砣石"上刻"钱塘江为天下第一大秤秤杆",此石系该"秤秤砣"。还有雪窦岭水库、二级电站、"龙喷水"、瀑布、休闲凉亭等景观。

雪窦岭位于柯桥区稽东镇,属会稽山脉。会稽山是中国历代帝王加封祭祀四镇山之一的"南镇",与五岳齐名。因大禹会诸侯于此,计功行赏而得名。司马迁在《史记》描述:"大会计,爵有德,封有功,会稽者,会计也。"华夏历史对山脉的崇拜,始于会稽山。秦始皇上会稽,祭大禹,望于海,丞相李斯立石刻颂秦德,这就是著名的会稽刻石。

综观雪窦岭,翠峰环抱,林木扶疏,青山隐隐,碧水涟涟,怪石嶙峋,独具一色,朝霞暮霭,明月光辉,山涧瀑布,水花飞溅。春可赏花观瀑,夏可避暑探幽,秋可登高尝果,冬可踏雪狩猎,实系越中胜景。

雪窦岭古称膝头岭,意思是岭很陡,台阶非常高,一脚登在台阶上,再向上的那个台阶竟在人的膝盖处,而绍兴称膝盖为膝头,故当地山民称其膝头岭。新中国成立后改名为雪头岭。在绍兴有些村落文化资料中,经常把雪窦岭写成雪头岭,是因为这里山高,一下雪,山头就变白。

据地质专家考证,雪窦岭原是火山口,火山爆发时岩浆形成的沟就是现在的溪涧。溪涧夹在两山之间,终年少有阳光,溪水特别清冽。而窦,是孔、山洞的意思。因此根据地貌特征再次改名为雪窦岭。

雪窦岭古道始建于唐代,山岭上有田岙村、上王村、范家山、沈家山、钱家村、杨家门、谢家湾村等村庄,在公路未通的年代山里人进出,都要从雪窦岭经竹田头达平水,在上灶埠头上船,这条古道是必经之路。古道从止步坑村开始,到峰顶的安村水库结束,全长3公里。说起止步坑村还有个典故:传说岭上的安村出了一个安驸马,驸马衣锦还乡时,沿溪往上行走到雪窦岭断了路,止步坑因此而得名。

雪窦岭景区目前为2A级旅游风景区,以“古道、飞瀑、奇石、红杉”而闻名,春日飞瀑流泉,夏日荫凉避暑,秋日层林尽染,冬日红装素裹,四季皆景。岭路两侧峡谷如门,20世纪80年代修起公路,从寨营口绕行,基本上不再有过路人往来,岭里有石景、小瀑布、小石桥,坡上有水渠,是当年艰苦创业的见证。止步坑海拔低,安村高,山路是一路向上。上面是水库,长有水杉,岭路成为户外探胜的去处,从水库向左边走约半里就是安村。

原来一直未进行开发,以自然景观的游览为主。近年来,由浙江盛和文旅集团有限公司负责运营开发,雪窦岭止步·小半城项目配套有止步·小半城十碗头餐饮、民居民宿、红色党建基地及20个自然景观。规划冰雪防空洞、农人电商园、文创园、土特产一条街、影视拍摄基地、禅定双桂庵、茶香露营地、虎妈妈养殖园、熊爸爸手作坊、憨宝宝采摘乐、极客娇山地秋千等项目,打造一条全长7.5公里闭环的红绿双色步道;其中绿色步道以游览雪窦岭自然景观为主线,红色步道以观瞻“富民书记”商阿大事迹为主线。

沿着雪窦岭古道拾级而上,在半山处卧有一巨大石狮,栩栩如生。据传,这一狮子曾横行霸道,四处为非作歹,村民敢怒不敢言。幸得东海龙王巡游此地,见此狮子作恶多端,便将其降伏,命官守护当地的老百姓以赎其犯下的罪。于是狮子就每日卧于古道边,守护着这方土地上的百姓。沧海桑田,狮子已经石化,然而非凡气势不减当年。

在雪窦岭古道半山腰，有一处突兀的巨石，悬于10余米处。上有一深长细孔。此处传说有条剧毒无比的蛇，每到晨曦之时，它就会潜出洞穴，喷出浑浊的毒气，吸纳天地之灵气。久而久之，洞口形成了青绿色的痕迹，留下了此处遗迹。

继续往上，越上岭之顶端，如登飞梯，站在水坝桥上，举目眺望，前面是两边光秃秃的千仞悬崖，犹如两扇石门，大有一夫当关，万

雪窦岭

人莫敌之威，左侧石峰上有一"雄鸡岩"，酷如雄鸡，伸颈在啼，好像是烽火台上的守卫者，在奏凯歌。雄鸡岩的后面是安村水库，碧波荡漾。半山腰溪涧中有一座拔地而起的山石。据传此石乃是钱塘江的定潮石，能定住钱塘江之潮水。若移走此石，将引发洪灾，故石旁特立有一禁碑，碑上横出"禁谕"两字，碑文大意为"此山有关杭城风水，毋须拔草砍柴，违者拿究"。故被称为"定潮神石"。又因其形似秤砣，当地人称它为"秤砣石"。

登顶雪窦岭，能看到一座水库。水库位于雪窦岭之巅，狭长弯曲以玉带，水皆缥碧，可直视潭底。两岸葱翠绿树倒映水中，水面更显碧色，犹如翡翠镶于山顶，目光所射之处，熠熠生辉。沿岸之堤坝就地取材，由大块石砌成，固若金汤，立于其上，水光山色一览无余。该水库建于二十世纪六七十年代，是当时一项较大的水利工程。水库上游为一片杉树林，每到丰水期，杉林碧水交相辉映，"江南小九寨"之名由此而来。

月华山：仙人洞前榧香浓

月华山位于稽东镇南部，占岙村南，处香榧之乡。因旅游开发，上山筑了水泥台阶，很整齐，路边是榧树林。半山上面路在崖边，可见几个岩洞，称仙人洞。又有贴壁蜿蜒而上的藤树。上面有新建的亭子。下来可沿另一条路，接水泥山道。旁边是沟壑，沟壑中大小乱石像是翻滚下来后刚刚静止，在车路上下之间的坡上留有以前的古道。沿车路向上，是月华山里厂。村里有玄坛庙，祀解灾的财神赵公明。庙里供奉神像两尊，分别称"坐宫"和"行宫"，以前遇大旱天村民抬"行宫"像出行祈雨。

　　在月亮升起的地方有一座山，叫月华山，这里是中国香榧的原始种植区。月华山因月色出名，这里的月色确实有惊人之美，夜幕降临，月华如洗，织娘满山鸣叫，顿显群山俱寂，忽觉有天地为庐、人与山化之感。清晨早起看日出，眼前铺开一幅壮美稽山图。眼底草木葱茏，远处叠巘清佳，苍苍凉凉红日生，郁郁葱葱佳气横。

　　传说，此山与儒家推崇的古代圣贤——虞舜有关，原名重华山。据地方史料记载，舜起于民间，曾生活在古代的余姚、上虞一带。相传，有一次，舜正在挖井，他的父亲瞽叟与弟弟竟然往井里填土，差点把舜活埋在里面。幸亏舜及时自救，挖了一条通道逃了出来。舜由此陷入了困顿与迷茫，是不是自己一生奉行的孝道不对。渡过一劫的舜，没有马上回家，而是沿小舜江一直走到了会稽山的深处，看到当地老百姓男耕女织，父慈子孝，其乐融融，这时，一个小孩用方言唱着童谣从舜旁边走过。舜仔细一听，童谣的意思是："黄瓜秧，着地生，外婆摘摘请外甥，舅妈脸孔急绷绷，舅舅回来掼家生，外婆话勿可这样，千朵桃花一树生。"

　　舜恍然大悟，原来推行孝道还需要社会教化，一个人的力量太渺小了，从此更加坚定了自己的人生理念。凡耕作中遇到纠纷，舜都主动帮助退让；在小舜江边捕鱼，他把好的捕鱼位让给别人,还把烧制陶器的技艺无偿传授给别人。因此,部落里的人都喜欢跟着他。

舜接受尧的禅让后,部落把舜帝悟道的大山叫作重华山。后来,舜帝南巡,不幸病死于湖南九嶷山。舜去世后,依然心怀故土。在一个皓月当空的晚上,重华山下的老百姓听到一阵淅淅沥沥的声音。第二天一早,细心的居民在自家门口捡到了许多样子像美女眼睛一样的坚果,吃起来十分香甜。坚果落地成长成为大树时,人们又发现,这月亮上掉下来的新种,一年中"果、幼果、花"三代同堂,便是现如今在月华山一带广泛种植的经济作物"香榧"。为了感恩月亮和舜帝送来了香榧圣果,当地人便把重华山改名为月华山。

月华山一带还存有一片会稽山古香榧群,从稽东镇政府驻地竹田头村往南5公里处,公路上有块耸立的牌坊,上书"峰秀榧香"四个大字,此处便进入稽东会稽山千年香榧林·月华山景区。千年香榧林,东有连接龙峰的西岭为屏障,南接嵊州北部山地,西邻诸暨东部山区,包括石岙、陈村、占岙3个行政村,是柯桥、诸暨、嵊州三区(市)交界处,平均海拔在400米以上,雨水充沛,阳光充足,气候温和温润,气温日较差偏大,适宜栽培香榧树。园区内以姿态奇异、观赏价值极高的古香榧树为特色,其中被认定为全球最古老的香榧王,树龄已达1570多年。2012年,森林公园被评为国家级3A级景区;2013年,作为全球首个以山地经济林果为主要特征的农业文化遗产利用系统,会稽山古香榧群先后被农业部和联合国粮农组织认定为中国重要农业文化遗产和全球重要农业文化遗产;2017年入选"中国最美森林"。

其间的会稽山香榧古道,被命名为"浙江十大经典古道""浙江智慧古道",并在2022年入选全省第二批大花园耀眼明珠名单。千百年来,会稽山人与香榧结下了不解之缘,而且香榧也融进了当地人饮食、医药、婚嫁等生活的方方面面。在当地,每当新人结婚,总会摆上一盘染成红绿两色的香榧,寓意成双成对。以往当地老百姓造房子,总要放入一根香榧木作为柱子,后来随着香榧木越来越受到保护,木材越来越难得,建新房放榧木柱子的习俗逐渐简化成放一根榧木椽子。香榧生长缓慢,四五十年才能真正进入果实盛产期,往往是爷爷种树孙子尝,所以也被称为"三代果",取三代同堂之意。香榧树寿命可长达千年,亦有"寿星树"之称。香榧虽然生长缓慢,但经济寿命很长,盛产期可以延续上千年,所以会稽山区百姓中流传着"一年

月华山

种树千年香""一代种榧,百代乘凉"的谚语。

　　作为全球重要农业文化遗产地,千年香榧林区域内香榧种群遗传多样,栽培历史悠久,香榧栽培面积已达2万余亩,百年以上榧树2万余株,是世界上香榧栽培面积最大、香榧古树最多的地区之一,香榧已成为公园的特色树种,其他为常绿阔叶林、针阔混交林、毛竹林、板栗林、杉木林及残次生林等。区域内动植物资源十分丰富,有高等植物137科424属705种,珍稀濒危植物6种,有脊椎动物344种,隶属5纲35目84科,其中国家一级重点保护野生动物3种,国家二级重点保护野生动物21种。园区内还有7个大小不一的深洞,相传为远古仙人修道之地;有十里长的月华峡谷,有始建于明朝已修复的玄坛庙等。

　　走进千年香榧林,可以在村民的房前屋后、山中的溪流峡谷,看到成片或零星的一棵棵古香榧树,与村落、小溪、山岚构成了一幅幅令人赏心悦目、叹为观止的和谐画卷;顺着古道,漫步在清幽静谧的古榧林游步道,徜徉于郁郁葱葱、苍劲挺拔的古榧树间,呼吸着独属于山间的清新空气,与最高寿的榧王树对话,触摸绍兴独有的会稽山瑰宝。

柯山：柯岩鲁镇景常新

柯岩在柯山脚下,柯山之"柯"来源于柯亭,柯系指常绿乔木,树枝,斧柄。古人建驿亭,因陋就简,以树枝为柱为梁,以青竹为壁为椽,以茅草为瓦为顶,越语称"柯"亭,柯山由柯亭得名。

柯山,在今绍兴市西25里柯桥区境内,横亘一里余,山势不高,却具有岩壁孤峭、潭影清冷、秀丽磅礴的风致,历来为游览和避暑胜地。 柯山原为一个青石山,人们很早就注意到了柯山的秀丽和丰富的岩石资源。在汉之后的魏、蜀、吴三国时期,数以百计的采石工聚集于此,柯山,成了采石山。历史更替,四百年间,近二十代石工不断开凿采石,偌大一座柯山,竟被挖去半座。这也许是天意所在,在被挖去半座石山的区域中,竟留下两"柱"孤岩,浑然兀立。这一奇异的石景,令后来的石工们动容心惊。从此,大规模开采柯山石的局面消失了。石景的突现,使柯岩成为一个响亮的名字,柯山之名渐渐地为柯岩所替代了。这就是柯岩的来历。

柯山东侧成为柯岩风景区,西边与棋盘山相连。东边经历代开宕采石,形成东山春望、炉柱晴烟、七岩观鱼、清潭看竹、石室烹泉、棋枰残雪、南洋秋泛、五桥步月的"柯山八景"。近年在山麓重建普照寺,寺后游步道通向山上。上面是一个平台,置佛像。山坡是自然生长的松树及杂树。

在柯岩众石景中,最让人心动的便是所谓的"云骨"。云骨高30余米,底围仅4米。远观宛若一柱烟霭,袅袅升空,故又称"炉柱晴烟"。远远望去,耸立如锥,袅袅婷婷,如喷薄而出的云岫,故名云骨。云骨这一称谓,极富巧喻神思,集刚柔于一体。相传,云骨石石质奇异,建房筑屋冬暖夏凉。上有光绪年间所刻"云骨"两字,字比人高。顶端古柏苍翠,虬枝横斜,据考证树龄已逾千载。柯岩,不仅有美丽的神话传说,更有许多文人墨客留下脍炙人口的诗篇。

明末小品文作家祁彪佳曾在柯山筑别业名寓园，时为越中名园，柯山名胜。清"江右三大家"之一蒋士铨曾于1766年到达越中，任蕺山书院院长，并遍游稽山镜水。他作有《游柯山寓园七首》，其一云："郭西廿五里，权棹柯山前。仰瞻普照寺，一镜天空县。岑楼嵌虚空，石佛龛其间。观此丈六身，斧凿谁雕镂。顽石俱知觉，托联香火缘。寺东耸云根。孤立不倚偏。矗矗多罗幢，百尺裁青莲。又若真挂龙，转侧鳞鬐旋。俗名石香炉，袅袅霏晴烟。万匠削不尽，一柱空中全。想彼断鳌足，立极撑青天。古迹类如是，何待凿吾言。山风欲动摇，去去岩墙边。"此诗写石佛寺和云骨，展现出人造美景的特有风貌，描写细腻，想象得体，既给读者以实感，又能激发读者的想象。

清代嘉兴诗人朱彝尊曾客居山阴，在此期间曾畅游越中山水，柯山乃其中之一。他的《柯山》诗云："柯山亭下路，修竹暮纷纷，众壑千寻暗，双崖一境分。江光明草树，日气冷红云。更忆中郎笛，寥寥不可闻。"这首诗描写柯山傍晚景色，从山水取景，草木修竹掩映其间，境界宁静。忆及蔡邕，可见作者当时心情。柯山旧有东山春望、南洋秋泛、棋枰残雪、炉柱晴烟、清潭看竹、石室烹泉、七岩观鱼、五桥步月等八景。清山阴诗人周铭鼎写有《柯山八咏》对此进行专门的描绘，其《炉柱晴烟》诗云："神工何代凿，炉顶特超然。暖翠烘朝旭，寒空聚暮烟。有香堪供佛，此柱欲擎天。百丈端严甚，相应拜米颠！"诗从遥问起篇，先写晴烟，再写炉柱，然后以应使颠下拜加以夸张。全诗根据题目构思布局，开合得体，情景相生。

七星岩亦为柯山一胜，此岩在石佛寺西，石岩嵌空，合北斗星之数，故称。清会稽诗人商盘写有《七星岩》诗："北斗悬天上，何年坠太清？探奇三度到，冒险一身轻。冷逼幽禽语，危催警句成。翻令游客意，不复爱空明。"诗以设问起篇，反语作结，情思由天入地，由地入天，使七星岩的出奇景色非常显眼。探奇冒险，冷逼危催，作者对七星岩的激赏之情，表现得淋漓尽致。清代会稽文史学家李慈铭曾在柯山萝庵养过病，对柯山最为熟悉。柯山里村，环境清幽，历来是避暑胜地。李慈铭作有《夏日行柯山里村》诗："溪桥才度厍篷船，村落隐隐不见天。两岸屏山浓绿底，家家凉阁听鸣蝉。"作者将自得之情，诉诸视觉与听觉，给读者如临其境之感。

柯岩鲁镇景区位于柯岩景区东南角，是柯岩风景区的一个主题公园，占地150

柯山

亩,建筑面积3万多平方米。在绍兴的历史上并无鲁镇这个小镇,鲁镇来源于鲁迅的著名小说《孔乙己》中的"鲁镇的酒店的格局,是和别处不同的"。柯岩鲁镇景区总投资1.5亿元,于2003年9月28日建成,并对外开放,是一个反映鲁迅作品《祝福》《故乡》《阿Q正传》和《狂人日记》中典型人物的生活环境以及当时绍兴水乡的民俗风情、建筑风貌、自然风光的主题型景点。源远流长的越文化底蕴和国内外具有影响力的鲁迅文化,折射出绍兴传承文明与现代风韵的结合;乌瓦粉墙的台门和店铺,千姿百态的石桥和栏杆,纵横交叉的水巷和流水,飞檐挑角的古戏台和祠堂庵庙,依傍鉴湖的一河两街的传统建筑风格,形成"人家尽枕河,楼台附舟楫"的水乡风情。

　　鲁镇景区建有传统商铺区、台门布局区和游览服务区三块,区块之间隔河相望,石桥相连,而以入口广场为龙头、双鲁镇面戏台广场为中心、钱府游乐场为龙尾,块块相连,区沟通,集休闲、娱乐、展示、购物、餐饮于一体。鲁四老爷府第、赵太老爷台门、假洋鬼子中西合璧的私宅;土谷祠、静修庵、咸亨酒店、利济当铺、锡箔店、毡帽作场、油烛坊、越瓷商行、古玩商铺等具有浓郁绍兴传统特色的商业街,以及社戏、特技等表演节目和"河埠抢亲""阿Q造反""辫子风波"等街景演艺,都已成为中外游客的看点、卖点和休闲娱乐点。

兰渚山:越王种兰遗雅韵

兰渚山,原名渚山,位于绍兴市西南方,距城25里之南面小山,东临古鉴湖,西背会稽山。因春秋时期越王勾践曾在此植兰,后人把渚山命名为兰渚山。

公元前492年,越王勾践从吴国被释放回国,立志灭吴争霸,报仇雪耻,开始了"十年生聚,十年教训"的卧薪尝胆时期。他为了表示对吴王的"忠心",曾畜犬献吴,选美媚吴,并在渚山建立兰花基地,培育名贵兰花以呈吴王。此事在众多典籍中均有记载,《越绝书》曰:"勾践种兰渚山。"《绍兴府志》有言:"兰渚山,有草焉,长叶白花,花有国馨,其名曰兰,勾践所树。兰渚之水出焉。"《绍兴地志述略》记载:"兰渚山,在城南二十七里,勾践树兰于此。"徐渭也在《兰谷歌》中写道:"勾践种兰必择地,只今兰渚乃其处。"

自勾践种兰后,兰文化成为越文化的一部分。

谢灵运隐居会稽时,写有咏兰的《石室山》诗:"清旦索幽异。放舟越坰郊。莓莓兰渚急。藐藐苔岭高。石室冠林陬。飞泉发山椒。虚泛径千载。峥嵘非一朝。乡村绝闻见。樵苏限风霄。微戎无远览。总笄羡升乔。灵域久韬隐。如与心赏交。合欢不容言。摘芳弄寒条。"

明清以降,兰渚山周边的山民逐渐聚集。由于耕地稀少,山民耕种业和养兰业并重:农忙时种田,农闲时上山挖兰、养兰、卖兰。漓渚及周边的六峰、九板桥、棠棣、古筑、花坞等地出现了大量以兰为业的兰农。夏、秋耕作,冬、春二季上山采兰,通过旱路和水路将兰花运进绍兴城内沿街叫卖。养兰慢慢地成为绍兴城内的一种文化习俗。

《说文》曰:"艺,种也。"因此,古人将种兰、养兰称为"艺兰"。后来"艺"字又引申为才能、技能、工艺、技艺、文艺、艺术等。随着"艺"字的延伸,"艺兰"的内涵也在扩大,它不仅指"种兰""养兰",也包括"赏兰""咏兰""写兰""画兰""评兰""议兰"等。艺兰作为一种民间习俗流传了下来。

"勾践种兰之地,王、谢诸人修禊兰渚亭。"

兰渚山下,汉时建有驿亭,亭亦以兰名,称为兰亭。在勾践种兰800年以后,因为一场享誉古今的文化盛宴,兰渚山下的兰亭声名鹊起,并在岁月长河中熠熠生辉。

南北朝时郦道元在《水经注》中记载:"浙江又东与兰溪合,湖南有天柱山,湖口有亭,号曰兰亭,亦曰兰上里。太守王羲之、谢安兄弟,数往造焉。吴郡太守谢勖封兰亭侯,盖取此亭以为封号也。太守王羲之,移亭在水中。晋司空何无忌之临郡也,起亭于山椒,极高尽眺矣。亭宇虽坏,基陛尚存。"

东晋穆帝永和九年(353)三月初三,时任会稽内史、右军将军的王羲之邀谢安、

兰渚山

孙绰、孙统等41位文人雅士聚于兰亭修禊，饮酒作诗。他们在酒杯里倒上酒让它从曲水上游缓缓漂下来，如果漂到谁面前停住了，谁就要饮酒作诗，作不出的则要罚酒三觥，一觥相当于半斤。活动中共有11个人各作诗两首，15个人各作诗1首，16个人因没有作出诗而罚了酒，总共成诗37首，汇集成册，称为《兰亭集》，推荐主人王羲之为之作序，王羲之欣然答应，趁着酒兴，用鼠须笔和蚕茧纸一气呵成《兰亭集序》，通篇28行，324字，凡有重复的字，皆变化不一，精美绝伦，后被称为"天下第一行书"，这个帖子在唐代以前一直保存在秦望山下的云门寺里。

《兰亭集序》以旷达舒朗、不卑不亢的"文人风骨"激荡人心，兰亭雅集的文脉由此绵延千年，兰亭山水也更添"水墨"意境，成为史上文人雅士钟情之地。每年农历三月三，一大批来自海内外的书法家聚会于书法圣地——兰亭，谒书圣，访古迹，饮酒赋诗，泼墨挥毫。

今兰渚山下建有兰亭风景区，是集自然风光、人文景观于一体的旅游胜地，吸引着无数游客前来探访。

在兰亭风景区西面，山南麓有上灰灶、下灰灶村，现属兰渚山行政村。这一带曾是建筑材料石灰的生产地，早已停产，村中尚有灰窑遗存。村外有车路通向"中国兰亭文化艺术村"工地，工地侧后便是上兰渚山的游步道，山顶是华岩尖，当地人都叫作"花岩景"（方言发音）。步道建成不久，整洁漂亮，半山是毛竹林，另有机耕路可使车辆开到山腰。步道每间隔一段设休息亭，亭的式样各不相同，其中一个用竹子建成。接近顶上，步道分左右两路，分别通到下面的谢坞村停车场，形成环线。1985年，在景区内发现古道遗迹。古道在地下2米处，中铺石板，两旁砌"人"字形砖，据介绍，年代在南北朝时期，可见现在这里的面貌与那时相差较大。

如今的兰亭，不喧哗，自有声。鹅池、兰亭石碑，是园中旧物。此地依旧崇山峻岭，茂林修竹，竹中仍有白鹅数只，为王羲之最爱。

兰亭盛会也在此处延绵不绝，1981年适逢王羲之1660周年诞辰之际，修复一新的兰亭迎来了新中国第一次书法盛会——"辛酉兰亭书会"。这场新中国书法史上的盛典，激活了一项盛会——兰亭书法节，兰亭亦就此成为中国书法文化的一个核心地。

笔架山：形如笔架传诗文

笔架山，主峰又名笔架峰、笔架尖，海拔 203 米，地处越城区鉴湖街道与柯桥区兰亭街道交界处，位于兰亭街道里木栅村东南面，绍兴山阴古道兰渚山东五里。东邻坡塘狮子山，西贴印山越国王陵，南与丘陵相连，北与湿地相伴，因山头形似笔架，故得名。

20 世纪 90 年代末，考古工作者在笔架山脚下的印山小丘，发现了印山越国王陵，有专家据此判断印山就是历史上著名的木客山。据《吴越春秋》记载，勾践命令士兵在今笔架山、木客山一带伐木数年，士兵们人心思归，"皆有怨望之心，而歌木客之吟"。木客者，伐木工也，当年的笔架山是越国重要的木材供应基地，木客所伐的木料有些用来造船筑殿，有些远送吴国，而有些在今日的王陵中依然能看到。

里木栅村向南一条机耕路通向笔架山，山下建亭，上山已建公路。山上踞笔架峰寺，始建于唐朝，清乾隆十二年(1747)高僧恒广法师募集资金重新修建，殿内有三组摩崖石刻，具有较高的艺术价值。

改革开放以后，随着经济形势好转，许多善男信女捐资捐物，先后造起大佛殿三间，观音殿三间，宿舍楼三楼三底，财神殿、食堂、灶间共六间，外加两间平屋，一间韦驮殿。"大雄宝殿"廊柱上刻有对联"笔下无尽颂六年苦行，笔剩皮骨歌雪岭修因"。2002 年，笔架峰寺被批准为绍兴县重点文物保护单位。

如今的笔架峰寺为一体两处，原址为 1996 年里木栅村村民修复，坐落于山顶，由观音殿、大雄宝殿、配殿及附属建筑组成，在殿前平台上倚栏俯视，但见水库凝碧、茶山连绵、丘陵起伏。山谷间坐落着许多村庄，国道上车来车往，视野广阔、风景甚好。山脚还有一处山门，为天王殿，面阔一间，供奉弥勒和韦驮，硬山造屋面，寺前正对着笔架尖山塘。夏季时，水质湛绿，塘畔生长着许多绿色植被，山风拂面，令人心旷神怡。

据传说,古时香炉峰所在为"南天竺雄金牛地",九龙盘顶;笔架峰所在为"西天竺雌金牛地",内围有九龙盘顶,外围有99个山头。笔炉两峰,隔山相连。笔架峰山高水秀,奇峰雄伟,壮丽怪诞。

笔架峰地势陡峭,要开出平地造屋,工程艰巨,从山脚到山顶有好几里路,在2015年前这里装上了电灯,后又接通了电话。近年来,笔架峰寺香火旺盛,上山公路也已修缮完工。

从笔架峰下行另有山道,与水泥路平行,是一条沿着山势蜿蜒而上的石板路,系笔架山步道的一段,以一路台阶为主,也有平铺的小石块路,路中间有亭,看上去显得结实,山坡植被茂盛。下来是坡塘村,村中坡上有一座望潮亭,传说这里可望到潮水,现为村民祀神处。

2017年,笔架山步道修建完工,位于里木栅村、兰亭村,由笔架山脉、董坞段和部分村建、茶园道组成,东连坡塘上埠的石羊山塘,此塘因筑坝时发现石羊而得名,西接笔架尖山塘,制高点为笔架峰,总长约3公里,沿途风光秀丽、植被茂密、绿茶飘香,大部分为生态步道,是森林休闲探险的绝佳之处。

里木栅村内山清水秀,风光秀丽,是历代名人墓葬风水宝地。笔架山西北有印

笔架山

山、姜婆山，分别坐落着两处全国重点文物保护单位——印山越国王陵和徐渭墓。"北有秦宫，南有印山"，印山越国王陵是1998年全国十大考古新发现之一，旧称"木客大冢"，传为勾践父允常陵墓。《越绝书》载："木客大冢者，勾践父允常冢也。"《嘉庆山阴县志》载："越王允常在县南十五里木客山。"这是一具以巨型圆木挖成的独木大棺，是全国迄今所见的最大的独木棺。"徐渭墓在城西南十五里里木栅山。"现徐渭墓为1986年重修，东西向，方形，黄土封顶，前立长方形墓碑，上镌"明徐文长先生之墓"八字。

因东晋"天下第一行书"兰亭集序，兰亭得以闻名于世，群山环绕，仍留有"此地有崇山峻岭，茂林修竹，又有清流激湍，映带左右"之美，笔架山地处兰亭，地理位置优越，距兰亭风景区约4公里，周边另有兰亭森林动物王国、阳明文化园、印山越国王陵等景点。

2020年，依托兰亭文化旅游度假区对"大兰亭"的开发，一条长3.6公里的乡村公路兰陵路横穿里木栅村境内，串联起笔架山、印山越国王陵、徐渭墓，并通往兰亭风景区，道路的拓宽也方便了茶叶的运输。近年来，里木栅村立足兰陵路大力开展沿线提升、活动赋能，坚持以一条公路串起一带风景，富裕一村百姓。在兰陵路沿线，村里补种了绿化，并开垦荒废茶山100亩、荒地200亩，引进印山人家生态农庄，打造印山茶叶共富工坊，在兰陵路沿线开发数百亩果园、茶园，种植有水蜜桃、蓝莓、桃形李、猕猴桃、葡萄等四季鲜果。

如今，兰陵路成了兰渚雅韵带的重要组成部分，无人机从空中俯瞰，兰陵路犹如一条玉带横贯，车行或徒步其间，看两旁山色美景、茶园风光，惬意而舒心。特别是春暖花开时节，茶园边上的桃园桃花盛开，远远望去犹如天边的粉色带子。2023年5月，"迎亚运·走进美丽乡村"2023浙江省水墨兰亭趣味定向赛在里木栅村的兰亭印山木客茶园欢乐开跑，吸引200多位选手参加，通过比赛成功宣传推介了里木栅村的山水资源，吸引更多的户外运动爱好者来到笔架山徒步体验。

妃子岭:宋韵山岭秀筠溪

妃子岭,位于绍兴市越城区鉴湖街道与柯桥区兰亭街道、平水镇三地交界处,属于秦望山腹地支脉,海拔241米。乡人口中的妃子岭,一般指的是西接兰亭紫洪山村、东连鉴湖街道秦望村筠溪自然村的"妃子岭古道"。此地钟灵毓秀,风景秀美,溪水潺潺,留存了错落有致的古宅民居,古迹众多。其中,妃子岭步道起点于紫洪山村303公交车终点站,穿过新式廊桥,绕行千年银杏大树,路过古朴雄伟的关公殿和明朝万历年代建造的石拱桥——起凤桥。仰望兰亭镇的大水库——高湾水库,行进碎石小道进入妃子岭。

相传北宋京都汴梁(今河南开封)被金兵攻陷,掳走徽钦二帝,康王赵构仓皇南渡,率残兵过黄河一路朝南方逃跑,直至会稽山脉。一日当午,行至紫洪山村与甘溪村交界的山区又疲又饿,奄奄一息,适逢几个正在砍柴的村姑,其中一位叫陈州的姑娘,心地善良,遂发恻隐之心,扶起赵构,又将自己所带的午饭予以充饥,赵构在应天府登基做了皇帝,号宋高宗,为南宋之始。赵构忆起当初陈州救命之恩,便册封陈州为妃,派人前来迎接,但不幸陈州于年前病故,于是赵构下旨在与陈州相遇之地建庙立碑,诰命妃子庙,内立泥塑美丽的妃子娘娘神像,后来又增立了释迦牟尼等诸佛像,成为相当规模的庙宇。每逢农历六月初六妃子娘娘生日,各路善男信女都前来朝拜,香火鼎盛,建庙1000多年以来,虽经几度战乱,多次修葺,妃子娘娘庙香火不断,现已成为绍兴著名景点,省级保护的文化古迹。

登妃子岭,游客往往选择从筠溪上。筠溪自然村,旧称甘溪(方言中,筠读作"gān"),位于越城区鉴湖街道秦望村,村舍沿溪而建,民居错落有致,从下游村口到上游,依次是庄屋湾、外许、中许、下周家、中周家、上周家等小自然村,再往里还有杜家、蒋家塔、娄家、吞底许等，绵延达十里，故名"十里筠溪"。

筠溪村口的庄屋湾小地名，又有"葬屋湾"一说，这里安葬着乾隆十三年(1748)状元梁国治，原留有安葬、守灵、祭祀所用之屋，故称。筠溪村是绍兴有名的"华侨村"，当年村人挑着货郎担闯南洋，发迹后便回家乡造屋修路，所以到如今沿着溪流上溯，一溜儿是规整古朴的老台门。重檐立面，穿斗梁架，石窟与砖雕门楼，花格门窗，三合土地面拼花，尽显低奢内敛。村容古雅，朴质清新，满是晚清民国的气息。据谢云飞先生考证，筠溪村一带还是绍兴传统酱业源地，绍兴人在外地经营酱业的，多为旧时绍兴县南池乡筠溪、紫洪山、岭下(即陈家岭下)一带山区的人，如绍兴"酱业巨头"许松龄就出自筠溪村。

再往上，便到了大焦庙，又称"大蕉庙"，位于筠溪村尾近妃子岭入口处，是筠溪自然村的土地庙，背靠"大嶕岭"。前行穿过杭绍台高速、过娄家后，逐渐来到山脚，

妃子岭

至此山路分左右两条,左侧为上山老路,右侧是香港爱心人士捐建的游步道,皆能到山顶妃子庙。在此,还可以翻越大岗岭,下到平水镇五联村兵康自然村。兵康,相传是越王勾践的藏兵地。古道长约 2 公里,穿行在竹林之间,舒适惬意。

山路在妃子庙这里分开,有路牌指路,一侧去往王现村,一侧下到紫洪山村。与筠溪村一样,紫洪山是一个久负盛名的"华侨村",由于村内人多地少,很多村民很早外出谋生创业,足迹遍布全世界,全柯桥区70%的旅港侨胞都是从紫洪山村走出去的,已故著名乡贤、绍兴旅港同乡会永远名誉会长章传信先生就是紫洪山村人。

紫洪山村有"五古":古岭道、古民居、古树、古溪、古民风。村口的古银杏,相传已有1600多岁了,体硕根深、枝繁叶茂。据传,这棵银杏树是东晋隆安四年(400)从紫洪岭顶移栽来的,移栽它的是大名鼎鼎的谢道韫,即书圣王羲次子王凝之之妻、东晋大臣谢安的侄女。古建筑是紫洪山村的另一大特色,至今尚存20多个明清风格的古建筑群,其中12处保存较完整,而且每处都有典故和特色。在烟雨中漫步古村落,会有一番别样体会。

一条妃子岭,东西连着筠溪、紫洪山两个古村落,中间留存着大焦庙、妃子庙两处古迹,还有兵康、大嶕岭等富含越文化底蕴的地名,不仅见证了古越国的兴衰,更串起了绍兴历史。

马鞍山·驼峰山：马鞍十景驼峰幽

　　马鞍山和驼峰山是位于马鞍街道的两座山丘，彼此相邻，在马鞍街道南部连成丘陵地带，属于绍兴稽东骆家尖三条分支中的第三条分支——西干山脉的三条支脉的余脉散落在平原上的孤丘。其中马鞍山海拔196米，传说又名晾网山，《嘉泰会稽志》载："马鞍山以形似马鞍也。"地乃以山名。驼峰山海拔225.9米，层峦秀列，山峰奇特，视之有三峰，看似狮头蓬松，形似骆驼，故有驼峰之美称。

　　据记载，外塘未建之前此山尚在海中。当时马鞍处在钱清江、曹娥江、钱塘江三江汇合之地，绵延数十里的驼峰山就是抵御海潮的"天然屏障"。《嘉庆山阴县志》载："驼峰山为郡治后障，越城之捍门水口，与下马、禹山并为沿海要区……"山顶有兰若溪，终年不涸，山东侧有凤鸣山、蒙槌山等，山脚与驼峰山相连。

　　马鞍山在远古时，尚是汪洋大海中一座小岛（和驼峰山、亭山形成三岛），俗称"琅网山"，乃是古越渔民猎鱼、琅网、休闲之地，渔舟临时停泊，避风港湾。马鞍山是绍兴古村落发源地，在马鞍山西北坡有寺桥村凤凰墩古文化遗址，遗址范围约6000米，1983年马鞍砖瓦厂在该处取土时发现。1984年发掘400平方米，出土完整的和可以并补复原的器物共有120余件。石器有镞、凿、耜冠、钺、砺石和狩猎用的石箭头等。装饰用的玉器有玉管、玉珠、玉镯等。陶系有夹砂红陶、泥质灰陶和泥质黑皮陶。纹饰仅见镂孔和附加堆纹，工艺水平明显高于河姆渡陶制品。器形有鼎、甗、豆、罐、盆、盘、壶、杯、瓷、器盖等。并发现红底黑彩的彩陶壶碎片三片。陶器以横断面呈"Y"形足的鼎，形式多样的豆和大圈足盆组成最常见的器物群。此遗址中发现几何形印纹硬陶，是全国最早发现的印纹硬陶。从这些出土文物分析，凤凰墩遗址的文化面貌，与良渚文化有诸多相似之处。距今已有4000余年历史，也是绍兴已发现的最早的新石器时代的村落遗址。

　　清马鞍文人沈香岩在《鞍村杂咏》一文中,记述了秦始皇凿山的传说:"村口有山,其形如马,秦始皇时,望气者云,南海有五色气,遂发卒千人,凿断山之岗阜,形如马鞍,附山居民,遂以名村。"还写道:"至今,山顶凿痕俱全在,其凿下残石,后人垒成石窟,大者可藏十余人,小者亦容六七人,以避风潮之患。父老相传,谓之,救难洞。今山北,大悲庵左右,遗迹尚存。"20世纪60年代,在大悲庵西下,石窟尚在,分布有三四排,每排长度6米—8米,高约1米,据传是在台风大潮来时古人避难所用,现已毁坏。

　　马鞍山的古刹庵庙建筑也较多,除上述两庵各建在两边半山中外,其余尚建在马鞍山延山山脚上,有莲花庵、青龙庵、斗姆阁、玄坛殿、广福庵等多座。

　　驼峰山是马鞍最雄伟的山脉,为越北最高山脉,该山呈三峰,自东至西分列东

驼峰山

峰、中峰与南峰,立足马鞍,远视似驼峰,故名。占地方圆10余里,山中不但景点众多,而且有古刹庵庙13座之多。驼峰山,在漫长历史上,因"三喻"而出名。相传,在远古时,驼峰山尚处在海中央,始皇三十七年(前210)秦始皇南巡越州时登山(今秦望山)北眺,浩瀚大海中,驼峰山缥缈浮波,氤氲缭绕,宛如蓬莱仙岛,故历史上又名"蓬莱山"。清雍正年间被喻为"郡治后障",禁止在驼峰山开石;清末民初时,又因庵庙众多,香火鼎盛被喻为"绍兴小普陀山"。

俗话说"天下名山僧占多"。驼峰山松竹葱郁,涧水淙淙,泉池密频布,环境幽雅,古有"吸蒙山清气,听浙水潮声"之誉。鉴于其独特自然环境,史载从宋代开始驼峰山上就筑有兰若古刹、万化古刹、千化古刹、青狮古刹、睡狮禅院、睡狮庵、锦屏庵、他化庵、国清庵等十余座古刹庵庙。所以,凡来马鞍的游客必游庵堂,凡游庵堂者必游驼峰山。山上古庵林立,石级盘绕,翠竹松荫,涧水汩汩,当游客一进入驼峰山,便可感觉到袅袅烟香扑鼻而来,阵阵梵声飘然入耳。马鞍驼峰山确是一处游览胜地,因此必招致文人墨客的青睐。当时曾有清沈香岩《马鞍杂咏》流行。"扶姑唤嫂游蹁跹,行路还推老者先,游过锦屏罗汉殿,玄坛庙内问流年。"这首诗写的正是一家男女老少漫游驼峰山庵堂酣情横溢的场面。现存最高筑于中峰顶上的青狮古刹,从山脚筑有1000多级石级,穿林盘谷直至山门,真可谓佛教圣地,可与绍兴香炉峰媲美。

驼峰山崔巍挺拔,群峰耸立,怪石突兀,环境优美,自然景观遍布。有位于中峰西,挺立于悬崖,形如张口狮子的"狮子岩";有位于驼峰山中部之上,耸立形象逼真,犹如鸡冠状的红岩"鸡冠石";有位于东峰坡下原兰若古刹后进壁上的摩崖弥勒石佛及架在2米多溪涧上的古洞桥;有位于国清古刹上坡的著名古泉"六十亩泉",古有"六十亩泉寒如雪,风炉香试云雾茶"之誉。其他尚有白龙池、石鲗泉、老虎洞、应声石等众多自然景观,给驼峰山增添了活力和神奇。

清代马鞍文人沈香岩拟"马鞍十景",驼峰山就有狮崖旭日、驼峰远眺、锦屏纳凉、鞍岭积雪四景点。另据《嘉庆山阴县志》记载:"驼峰山有'风洞',风洞亦灵异,耕者望之,以占晴雨。峰顶兰若,旧有浴日亭遗址,又有墨池,王尚书读书处。"关于以上史载景点,年深月久,至今尚未发现,有待查实发掘。

刻石山:秦皇刻石古今传

刻石山,又名娥避山、秦皇山、鹅鼻山、娥眉山,在今浙江绍兴市柯桥区平水镇境内,也是柯桥区与诸暨市的界山,海拔 703.8 米。《舆地纪胜》卷十"绍兴府"条有载:刻石山"在会稽西南七十里。晋时王彪有《会稽刻石山》诗"。

"始皇登顶祭禹范,李斯书碑立此山",刻石山因秦始皇曾至此刻石颂德而名。相传公元前 210 年,秦始皇东巡会稽,取钱唐岑石,命丞相李斯手书小篆铭文,登此山刻石记功,世称"会稽刻石"(又名"李斯碑")。《嘉泰会稽志》卷九:"刻石山,在(会稽)县西南七十里,一名鹅鼻山。自诸暨入会稽,此山为最高。晋王彪之《会稽刻石山》诗云:'隆山嵯峨,崇峦蕉峣……宅灵基阿,铭迹峻嵥。'盖秦始皇刻石颂德,宜在此山。"相传秦始皇每次巡游都不忘刻石立碑,彰显自己的丰功伟绩,据传他先后在泰山、邹峄山、芝罘、碣石、琅琊、东观等地刻碑颂德,留下了历史上非常著名的七处刻石,即"秦七刻石","会稽刻石"就是其中一处。

不管当初刻石碑立于何处,无疑都给会稽山带来了一笔珍贵的文化瑰宝。"会稽刻石"碑文以小篆撰写,笔迹工整,四字一句,三句一韵,是铭文文体的代表作,也是研究小篆的重要文献,历史地位极其宝贵,与王羲之的《兰亭集序》一起堪称绍兴最重要的两部书法作品。幸运的是,元代仿制的会稽刻石还可以看到,使我们这些后人能一窥原迹风韵。

"会稽刻石"原碑可能失传于宋。元至正元年(1341),绍兴路总管府推官申屠駉以家藏旧本摹勒,与徐铉所摹《峄山碑》表里相刻,置于府学宫之稽古阁(今稽山中学内)。此碑在清康熙间为石工磨损,乾隆五十七年(1792),绍兴知府李亨特嘱钱泳仍用申屠氏本双钩上石,由刘征重刻,立于原处。碑文后有李亨特自跋及清代学者翁方纲、阮元、陈焯等题记。此碑现存绍兴大禹陵碑廊。

南宋陆游登临鹅鼻山,至绝顶访秦刻石,有诗云:"秦皇马迹散莓苔,如镌非镌凿非凿。残碑不禁野火燎,造物似报焚书虐。"据《万历绍兴府志》云:"刻石山在府城南七十里,自诸暨入会稽此山最高,以秦始皇刻石其山,故名。"《三才图会稽考》:"府城南七十里有刻石山,一名鹅鼻山,上有秦始皇刻石,云李斯书,其地为诸暨界。"又

刻石山

《康熙会稽县志》卷三："刻石山在县西南五十里,一名鹅鼻山,自诸暨入会稽此山最高,以始皇刻石在其上,故名。"《光绪诸暨县志》："案今鹅鼻山顶碑石尚存,其地为诸暨界。俗称会稽大山。山路不可以里计。《西溪丛语》云去越二十里,《三才图考》云府城南七十里;《万历府志》云西南五十里,皆约略言之也。"

会稽刻石虽然已经迁移至别处,但这足以让这座山千古风流。如今的刻石山,已经开发成一处风景区,来到刻石山自然要登山寻古。车行至刻石山下、平水镇岔路口村嵋山自然村,顺着小路上山,沿途有茶园、竹林、绿茵相伴,石阶并非十分平整,一路陡峭惊险,虽然山峰海拔不高,但登山难度一点不小,从山腰村庄到山顶海拔不过 200 多米,而一般需要一个小时才能登顶。

到达刻石山山顶后,便觉眼前豁然开朗。山顶有一巨石仰卧,正如宋人姚宽所云:"石大如屋。"陆游在此诗前序:"登鹅鼻山至绝顶,访秦刻石,且北望大海。山路甚危,人迹所罕至也。"山顶上还有几处造型各异的石床,据说就是当年秦始皇立碑之处。站立山头,一览众山小,若耶溪、绍兴城乡尽收眼底。特别是雨季后山顶上云雾缭绕,犹如仙境一般,无不让人遥想起当年古人登山寻觅古迹的身影,追古思远,可以和古人来一场隔空对话。

2017 年,绍兴刻石山文化旅游发展有限公司落户于此,流转嵋山村闲置农房,并通过挖掘"若耶溪源头"和"会稽刻石"等历史文化资源,以得天独厚的"田、山、石、水、村"为载体,构建具有地域风情的特色生态旅游网,开发"飞拉达"攀岩项目,通过攀岩、索道、玻璃栈道、民宿等的开发,盘活整个山村的资源,成为 2020 年绍兴市"闲置农房激活"最佳实践项目之一,迎接来自五湖四海的游览者。

刻石山,有历史,有文化,有风景,有玩法,值得您去探寻一番。

云门山：五彩祥云耀云门

云门山，在柯桥区平水镇平江村寺里头自然村，属于秦望山的一个支峰。云门山北倚秦望山，南对陶宴岭，傍有刺涪山、何山、明觉山，向来为越中幽胜之地。它实际上为秦望山的一部分，与法华山一样。诚如《嘉泰会稽志》卷九所载："厘而为云门、法华，合而为秦望，其实一山。"山下有一片谷地，溪流潺潺，古称五云溪。溪谷东侧现有云门古寺，溪上跨一座古五云桥。

云门山下云门寺，山与寺，交相辉映。山因寺而名，寺因山更秀。

从典籍记载来看，应是先有寺名后有山名。魏晋时期，文人士大夫们厌倦了仕途生活，纷纷辞官隐居。时值北方战乱，王、谢等北方豪族避乱入越地，泛若耶，访古寻踪，结庐于会稽山深处。史载，晋代大书法家王献之曾隐居若耶溪上游秦望山南，大概就是云门山一带。晋安帝义熙三年(407)某夜，王献之故宅屋顶忽然出现五彩祥云，献之后人将此事上表奏帝，后舍宅为寺。晋安帝得知后下诏赐号将王献之旧宅改建为"云门寺"，门前石桥改名"五云桥"。《嘉泰会稽志》中也载有"王献之云门山旧居，诏建云门寺。""云门寺"意指"祥云临门之寺"，"五云桥"意指"五彩祥云出现之桥"，均缘起于此。

"五云溪"是若耶溪的古名，云门山下这一段溪流只是若耶溪的源头之一，但却是最富传奇色彩的溪段，其得名也与云门山、云门寺相关联。嘉泰《会稽志》卷十中的一条记载，清晰地点出了这一别称的来由：唐徐季海尝游溪，因叹曰："曾子不居胜母之间，吾岂游若邪之溪？"遂改为五云溪。徐浩(703—782)，字季海，越州会稽人，唐代大臣、书法家。意思是说曾参坐车到了眼前的巷子，但因为这个巷子名字叫胜母，他觉得这个名字不好所以就没进去，掉转车头走了。而徐浩到了若邪溪(即若耶溪），也觉得这个名字不好听，就将之改名为五云溪，意指"五彩祥云出现之溪"。

唐初，在云门山下发生了"萧翼赚兰亭"的故事，不久又举行了一场仿兰亭修禊雅集，这两件历史风雅事件为云门山、云门寺声名远播起到了推波助澜的作用。

传说王羲之死后，天下第一行书《兰亭集序》由其子孙收藏，后传至其七世孙山阴永欣寺（梁武帝取智永和惠欣师徒二人名字中各一字，将云门寺改称为永欣寺）僧智永。智永圆寂后，又传与弟子辨才和尚，辨才得序后在梁上凿暗槛藏之。唐太宗喜欢书法，酷爱王羲之的字，唯独因得不到《兰亭集序》而遗憾，后听说辨才和尚藏有《兰亭集序》，便设法得到它。后经尚书仆射房玄龄推荐，唐太宗派监察御史萧翼担当此任。萧翼换装后来到山阴永欣寺，以交友探讨书法艺术为由博得了辨才信任，最终在某个清晨不告而别携走了《兰亭集序》，史称"萧翼赚兰亭"。

"初唐四杰"之一的王勃曾到越州，并在永淳二年（683）上巳日那天，约集了越中名士30余人，来到平水云门山王子敬（献之）山亭，仿晋兰亭"曲水流觞"的故事，主持了一场修禊活动。王勃仿《兰亭集序》写下了名篇《修禊云门献之山亭序》，写尽了山川之美。更写出了人生悲凉。这次云门修禊，是越地继兰亭之后的又一次书法文艺盛会。关于本次雅集的时间，也有上元二年（675）之说。

有唐一代，一众文人雅士蜂拥而至来到云门山，访迹云门寺，怀古抒今，快意人生，使这里成了后世所谓的"浙东唐诗之路"的重要节点。"越山千万云门绝"，这是诗僧皎然题云门山的诗句，也是唐人对云门山绝胜的高度概括性评价。宋之问、

云门山

孟浩然、刘长卿、钱起、皇甫冉、元稹、白居易等诗人,均来此欣赏美景,并留下诗篇,据粗略统计,不下于50篇。宋之问《忆云门》:"树闲烟不破,溪静鹭忘飞。更爱幽奇处,斜日艳翠微。"孟浩然《题云门山寄越府包户曹徐起居》:"……台岭践蹬石,耶溪溯林湍。舍舟入香界,登阁憩游檀。晴山秦望近,春水镜湖宽。远怀伫应接,卑位徒劳安……"元稹《游云门》:"遥泉滴滴度更迟,秋夜霜天入竹扉。明月自随山影去,清风长送白云归。"诗词名句,数不胜数……不少文人专为观五彩祥云而来,并留下优美的诗句。萧翼曰:"猕猴推落临岩石,打破下方遮日云。"皇甫冉曰:"新年芳草遍,终日白云深。"严维曰:"潭空观日定,门静见云多。"姚合曰:"云开上界近,泉落下方迟。"

唐以降,云门山、云门寺盛名不衰。宋代苏舜钦《云门山》:"翠嶂环合封白云,中有萧寺山为邻。老松偃蹇若傲世,飞湍奔薄如避人。……"陆游的父亲陆宰筑有云门别业,曾一度隐居云门。陆游的童年和少年时代,主要就是在云门草堂读书。据《嘉泰会稽志》《康熙会稽志》等文献记载,陆游父子归葬于此,墓均"在云门卢家岙"。元末,刘基曾被羁管于绍兴,两次游览云门诸山,王冕也曾流连于此。明清易代之际,王思任、张岱、陈洪绶等都曾有在云门山的山林、寺庙中避世的经历,成了他们的心灵归处。

《募修云门寺疏碑》,明崇祯三年(1630)立,现存云门寺东厢房北端廊壁间。"疏碑"用太湖石镌刻而成,其碑高1.53米,宽0.82米,行书体。碑文由明代文学家王思任撰写,范允临行书,碑文下方有明末著名书画家董其昌、陈继儒、董象蒙三人的题跋语。碑文记述云门寺地理位置以及募修云门寺经过,是云门寺历史的真实记录。

《康熙会稽县志》里绘录有《云门山图》《云门寺图》,图中标示记绘着辨才塔、王子敬笔冢、洗砚池、铁门限(槛)、火者塔、雪峤塔等名胜古迹的具体位置和形迹,为我们回望这一名山古寺当年的繁华景象提供了文图对照、访古寻迹的宝贵素材。

秀丽的云门山正在拨开迷人的面纱欢迎各方人士访古寻迹。2021年,兰亭文化旅游度假区启动"云门文化苑"建设,平水镇于当年完成了云门寺周边村民房屋征迁工作,重建大幕徐徐拉开。据规划,项目将结合若耶溪、秦望山等周边景点,打造以唐诗文化(诗意)、云门禅学(禅意)、书法文化(书法)、生态环境(山水)为特色,风景游赏、文化体验、研学旅行、康养度假为主导方向的浙东唐诗之路精品旅游目的地。

"今日尚和正成风,但待云门早重开。"云门山、云门寺,未来可期!

日铸岭：此地铸剑一日成

> 日铸岭，地处绍兴东南，柯桥区平水镇境内。南宋《嘉泰会稽志》记载："日铸岭，在会稽县东南五十五里。"日铸岭，因欧冶子铸剑而得名，宋代杨彦龄《杨公笔录》记载："世传越王铸剑，他处皆不成，至此一日而铸成，故谓之日铸。"

相传，越王勾践之父允常命铸剑大师欧冶子造剑，可惜，尽管欧冶子分别从上灶、中灶、下灶和铸铺岙等地，多次冶制，却怎么也铸不出越王满意的宝剑。一日，欧冶子来到一个叫太平岗的地方，见一深潭，水清见底，凭他多年淬火的经验，这是一泓圣水，利于淬火造剑。欧冶子于是立即垒灶生火，按五方之位，采五精之气，精心锻造。说来也怪，多年铸剑不成的欧冶子竟一日铸成越王满意的五把越王剑，分别取名为湛卢、纯钧、胜邪、鱼肠和巨阙。而太平岗也就更名为日铸岭，岭上至今还留有欧冶子铸剑石。

日铸岭属会稽山余脉，呈东南走势，海拔约 516 米，山形陡峭，岩石突兀，岭阶透迤，地形险要，历来系兵家必争之地，也是绍兴南部的交通要道。南宋时，绍兴至平水，翻越日铸岭，经驻跸岭，可到达嵊县。明清时期，一条从绍兴五仙桥经上灶、过梅园锁泗桥，翻日铸岭，经祝家、宋家店、王化、太平里、岭岙，再翻五琶岭、笔山岭、驻跸岭，进入嵊州的古道形成，全长 58.1 公里。路面宽 2.5 米，用鹅卵石或小石头铺成，其中岭路用条石或石块砌成踏步档，半路中建有路亭，供行人歇息、避雨雪。日铸岭顶古茶亭中，有一《日铸庵碑》，为明万历二年(1574)所立，上载："夫岭东连台、温，西接杭、绍、阳明洞、若耶溪。咫尺名山，环卫耸参，往来络绎，商货奔驰，乃今指之道也。"可见其重要和繁忙程度。

日铸岭风景秀丽，物产丰富，最有名的莫过于日铸茶。《嘉泰会稽志》记载："(日铸岭)地产茶最佳……昔欧冶子铸五剑,采金铜之精于山下。时溪涸而无云,千载之远,佳气不泄,蒸于草芽,发为英荣,淳味幽香,为人资养也。"北宋欧阳修《归田录》中记载:"草茶盛于两浙,两浙之品,日注(铸)第一",北宋杨彦龄《杨公笔录》亦有"会稽日铸山,茶品冠江浙",《宋史·食货志》记载:"绍兴之日铸,绝品也",列为"贡茶"。南宋大诗人陆游对故乡日铸茶更是赞不绝口,有诗曰:"囊中日铸传天下,不是名泉不合尝。"

宋代时,在绍兴日铸岭茶区发明了炒青法。陆游在其诗中注曰:"日铸则越茶矣,不团不饼,而曰炒青,曰苍鹰爪,则撮泡矣。"这是中国茶叶史上首次出现"炒青"法,其制成散茶,改蒸为炒,改团茶、叶茶为条形散茶,茶叶的外形内质为之一变,是我国制茶技术史上的又一次重大突破。日铸茶还是茶叶"撮泡"法的开创者,清金武祥《粟香三笔》评价此法,是"遂开千古茶饮之宗"。

清末,一款在日铸茶基础上改制而来的珠茶,畅销欧美,因其集散地在平水,故名平水珠茶。其间,王化人宋周瑞于1845年开办瑞泰茶栈,凭借诚信经营,成为平水珠茶最大的精制商,最多时在日铸岭内开办的瑞字号茶栈达到20余家,年出口茶叶10万担,占平水珠茶出口量的一半。而这10万担茶叶,当年正是依靠挑夫从王化出发,走古道、翻日铸岭后,从上灶上渡船,最后经绍兴到上海,再运抵欧美国家。当时的日铸岭上,每天有数百担茶叶从此经过,再加上其他山货、物资等,日铸岭古道上一片繁忙景象。于是,日铸岭古道成了名副其实的"江南茶马古道"。

中华人民共和国成立后,日铸岭古道依旧发挥着物资运输的重要作用,据当年的日铸挑夫宋汉校回忆,日铸岭段古道上下共有台阶3000余级。1970年1月,平水至王化的平王公路建成通车,全长14.38公里,沙石路面平均宽5.5米,自平水经桃园,翻越日铸岭(盘山公路),过祝家、安心、宋家店至王化(寺前)。从此,王化交通不便的状况得以改变。但随着经济的快速发展,要翻越"九九八十一弯"的平王线公路再次成为阻碍王化经济发展和居民进出的障碍。

日铸岭

2011年,全长1380米的日铸岭隧道通车,平王线不再翻越日铸岭,交通大为改观。

随着平王公路的通车,昔日的日铸岭古道慢慢淡出众人的视野。而随着乡村旅游的兴起,2015年初,日铸岭游步道作为首条"会稽山森林健身游步道"通过验收,日铸岭古道再次进入人们的视野。

而今的日铸岭游步道,起于平水镇梅园村锁泗桥,踩着鹅卵石铺成的路面,只见两边时而芦苇摇摆,时而茶树掩路,经过香茗溪石拱桥后,只见绿荫渐密,已然能见下马桥。下马桥,说是桥,其是亭。相传宋高宗赵构于建炎三年(1129)避金兵行至此处,人疲马乏,骑马过路亭时,人高亭低,头碰亭檐,无法前进,赵构只得在此处下马,故此地名曰"下马亭(桥)"。下马桥旁原有一古树,与亭及亭前石桥、小溪构成一幅优美画面。无奈那棵古树已枯,虽经多方维护,但最终还是倒塌,甚是可惜。

出下马桥后,便开始拾级而上,开始真正意义上的爬山,2米多宽的青石板铺成的古道,沧桑斑驳,仿佛在诉说千年前的故事。往上数百米,有一开阔处,便是议事坪。相传当年赵构行至此处,忽听后面马报,金兵正追赶而来,赵构急召主要官员在此议事。后来人们就把此亭改名为"议事亭(坪)"。议事坪原先也有亭,因年久失修而坍塌,只留下路旁那对石柱,上面赫然写着"自昔人人称日铸,从兹步步入天台"。议事坪往上,是登日铸岭最难处,一来人已疲惫,二来全是大坡度的台阶,故而此处名曰"日铸云梯"。此处过后,岭顶近在眼前,往往能一鼓作气登岭成功。

日铸岭顶,其实就是古道与老平王线交会处。岭下有茶亭,旧为休憩之地,现已成庙,茶亭现存建筑为三开间平屋一幢,两面山墙内镶嵌石碑四通:《重修茶亭》《助茶碑记》《灯烛碑记》和《永远扫雪》。游客行至此处,犹如人生抉择一般,可沿老平王线经兰若寺小道,重回锁泗桥。也可继续走古道至上祝自然村、或沿老平王线下至新平王线隧道口。近年来,在户外人士的开发下,以日铸岭环形道和由"日铸岭古道—万寿山古道—陶宴岭古道"组成的"上青古道",皆是户外热门线路,每年吸引了数十万绍兴本地及长三角地区游客前来,并带动了沿线农家乐、民宿等的发展。位于日铸岭上的老平王线盘山公路,前些年亦被开发为健身步道,并设计了彩色标线等,成为附近居民早晚健身的好去处。

冶公铸剑今已远,此地空余日铸岭。越剑锋芒,日铸名茶,日铸岭的一剑一茶,刚柔相济,意味深长。

陶宴岭：仙风道骨陶隐处

陶宴岭，南宋《嘉泰会稽志》记载："陶宴岭，在(会稽)县东南四十四里。"现位于柯桥区平水镇与王坛镇之间，是古时绍兴城通往嵊县的官道。相传南朝齐梁年间道教思想家、医学家陶弘景曾隐居于此。《嘉泰会稽志》又载："今会稽陶宴岭有先生遗迹，岭由此得名。"故当地又称"陶隐岭""陶元岭"，所在山叫陶山。

陶弘景，字通明，南朝齐梁年间人，道士，精于炼丹、推算、本草、书法等，当时名气很大。越中兼有阳明洞天和若耶溪福地，向为汉朝道家魏伯阳、苏子蔺、任公子、葛玄、葛洪所瞩目，尤其是上古欧冶子铸剑，会稽之山出金出锡出铜，加上千岩万壑、草木繁茂，故是求道求仙的最佳之所。《神农本草经》载药 365 种，陶弘景整理成《本草经集注》，品种增加一倍，多为其首创，在中国药物史上有无可替代的地位。梁朝萧衍未登基之前，就国号征求身边好友意见，陶弘景占卜推算，提出"水丑木"，国号遂定为"梁"。他隐居金陵附近的茅山中，不肯出来做官，梁武帝便上山请教，时称"山中宰相"。陶弘景书法成就卓越，尤工草隶，与梁武帝多次评鉴书法，为书家排位置定高下，曾评价曰"王献之不逊乃父"。

陶弘景文章人格充满魅力，因此，他的隐居地——陶宴岭一直为后人追崇。如南宋陆游祖父陆佃，钟情这一方山水，在陶山开辟修竹书院，晚年隐居于此结楼著书，将诗文集定名为《陶山集》。据宋末元初诗人林景熙《陶山修竹书院记》记载："宋熙宁中，左丞农使陆公(陆佃)，退休绿野，结楼著书，老佚而息藏之，今墓在支峰下。"文中描写陶宴岭下支峰拔地而起，直入云际，下有小楷书，约 65 字，为陆游所题。陆佃过世后，就安葬于此，《嘉泰会稽志》载"陆左臣佃墓在陶宴岭"，《康熙会稽县志》载"陆左臣佃墓，在陶宴岭支峰下"。

　　由于陆佃隐居于此,建造了修竹书院,陆游经常来往于陶宴岭,其诗《自上灶过陶山》就描写了这一带村落生活的景象:"宿雨初收见夕阳,纵横流水入陂塘。蚕家忌客门门闭,茶户供官处处忙。绿树村边停醉帽,紫藤架底倚胡床。不因萧散遗尘事,那觉人间白日长。"诗中提到"蚕家""茶户",说明这一带以茶桑为业。据《嘉泰会稽志》记载,越州日铸茶为江南第一,陶宴岭之高坞茶(又称金家岙茶)是仅次于日铸的名茶。

　　陶宴岭古道呈南北走向,北起平水镇新平阳村金渔岙,南至王坛镇新联村陶赵岙,全长约4公里,古道始建于南朝,完工于明清,上下有1400多级台阶,台阶宽2米多,用青石板铺成,是旧时绍兴南部山区的交通要道。当时,嵊州北乡和绍兴稽东、王坛的茶叶、山货等土特产,都要经王坛、青坛、陶赵岙,翻陶宴岭过金渔岙,到平水埠头,再装船走水路至绍兴城里,而山区所需的布匹、食盐、煤油等日用品亦经此岭运进。最繁忙的时段要数茶运季节,大量的平水珠茶毛茶都要经此岭挑至平水,每日挑运茶叶的挑夫就达数百人,铁头踩柱敲击岭石的"嗒嗒"声,昼夜不绝。岭腰处有路廊,岭顶有庙宇,可供过往行人歇脚,并设施茶摊供茶水。1974年以后,随着山区公路的建设,交通路网的形成,陶宴岭过往行人逐渐减少,但附近山民采茶、砍柴、收板栗仍用此道,所以岭道完好。

　　而今,由"日铸岭古道—万寿山古道—陶宴岭古道"构成的"上青古道"成为户外爱好者的"打卡"胜地。陶宴岭依托独特的山水资源优势和厚重的人文历史底蕴,迸发出新的活力。

　　漫步在陶宴岭古道,两旁竹木苍翠,浓荫蓊郁,穿行

陶宴岭

其间,耳闻静谧山林里传出的山雀啁啾,感到一种生命的快意和心灵的悸动。由平水金渔吞而上,行数里,可见木亭,上书"烂柯亭",今人修建,喻隔世之境也。再往前,路边有圆石,名曰"饭沙石"。相传仙人母子走了一段路已是饥肠辘辘,坐下来吃饭。仙母忽感牙碜,吐出一粒沙,说:"这是一粒活沙。"这颗活着的沙石到目前已长成巨大的圆石,高丈许,上略平,人称"饭沙石"。

拾级而上,便见灵庙,此便是泉水岭。庙左右各一间,红顶红窗,左墙壁书有"清静",边耳房有一石壁,泉水清澈,终日不绝。品此泉,甘甜清凉,沁人心脾。据传,此泉亦是仙人所凿,因其母亲赶路口渴,仙人便施法从岩壁中打出石缝,泉水自缝中涌出,后来人们在泉水旁边建庙,并将此喻为"泉水岭"。再往上约3公里,上立八角亭,迎面柘树两棵,百年有余,下有石盘、石凳,供人歇息。此亭取名"问道亭",有联曰:"山川气韵会高士,草木菁华存道心。"

陶宴岭上,一年四季,景色各异。陆游《陶山遇雪觉林迁庵主见招不果往》中描写了雪景和春色:"山中大雪二尺强,道边虎迹如碗大。衰翁畏虎复畏寒,召唤不来公勿怪。梨花开时好风日,走马寻公作寒食。不须沽酒引陶潜,箭笋蕨芽如蜜甜。"

而陶宴岭最引人入胜的当属秋色。南宋爱国诗人林景熙曾赞叹道"千岩秋色此平分"。每逢深秋,古道旁的枫树几乎毫无间隙地染满整个山岭,至日暮时分,晚霞同山峦于夕阳下红黄相间,构成岭上最佳风景——枫林晚照,也让陶宴岭有了"树枫古道"美誉,成为远近闻名的秋日网红打卡点。

2017年,热爱乡村生活之人秉持"因为喜欢,所以要做"的信念,租下王坛镇新联村的闲置房屋,改造成南方书店,让陶宴岭古道增添了新文化气息。此后,书店运营者多次组织文艺爱好者前来,举办诗词朗诵等活动。这种乡村对书店的滋养和书店对乡村的滋养,不仅让村民接受文化的熏陶,也带动了乡村的经济发展。这样的双向奔赴,令人神往。

"右笑拂青问隐君,千岩秋色此平分。当时宴坐无人识,唯有松风共白云。"宋代林景熙这一描写陶宴岭的诗句,正是对它最好的写照。走陶宴岭古道,踏访的不仅仅是一道风景,而是一段历史、一个传统、一份遥远的记忆。

驻日岭:高宗留宿留美名

> 驻日岭,地处柯桥区平水镇横路村蒋坞自然村与诸暨赵家镇上京村驻日岭自然村之间,地处会稽山腹地,自古以来便是兵家必争之地,是古代会稽县进入诸暨县的主要通道。史载该岭为唐末钱镠讨伐董昌时暗中所凿。据传南宋建炎三年(1129),赵构被金兵追击,逃往会稽落脚,为避人眼,走山间小径,辗转此岭,曾在该岭留宿,后人称此为"驻日岭"。

驻日岭上有古道,走向为平水经横路、蒋坞、驻日岭、檀溪、栎江至诸暨,根据民国《绍兴县志》资料记载:"东郭门经会元桥、平水、横溪到驻日岭与诸暨县分界线54.1里。"古道最早可追溯到唐,是在钱镠征讨刘汉宏的战争中开辟出来的,距今已1100多年。《嘉庆山阴县志》记载:"钱镠遂将兵自诸暨趋平水,凿山开道五百里,出曹娥埭,浙东将鲍君福率众降之,镠进屯丰山,旋克越州,刘汉宏奔台州,杜雄诱汉宏执送昌,斩之。"又《绍兴县交通志》载:"据雍正《浙江通志》记:唐僖宗光启二年(886)钱镠讨刘汉宏,从诸暨出平水,凿山开道五百里,这是军事需要突击抢修道路,大致是诸暨经栎江、檀溪、驻日岭、蒋坞、横溪到平水山间小道。五百里是夸大。"檀溪,即今诸暨赵家镇,横溪指原横溪乡,现横路村旧属横溪乡。为此,《绍兴县交通志》将驻日岭古道定为"唐古道",一直是绍兴陆路交通13条古道之一。

驻日,本意为使太阳停留不行。关于驻日岭一名来源,另有一个传说故事。相传600多年前,明太祖朱元璋南巡,由平水入诸暨,途经此岭时遇上几位农夫正在田边歇息闲谈,于是朱元璋便下马和他们一起谈了起来。刚谈不久,农夫们便要下田作业,朱元璋为了深察民情,执意挽留他们多谈一会,但农夫们解释说要干完余活,趁太阳落山前赶回家中。朱元璋为了不错过良机,向农夫们许愿说让太阳迟点落山,

驻日岭

保证他们在太阳落山前回到家中。农夫们当然不信他的话，但见他如此执着，也只好依了他，又谈了好一会儿。让农夫们奇怪的是，太阳好像真的停在那里没有下落，直到农夫们回到家中，太阳才下了山。从此以后，农夫们每到这里干活，太阳总要迟落山，约等于走十里路的时间，于是人们便把这地方叫"迟十里"。

后来，人们觉得叫"驻日岭"比叫"迟十里"更贴切，又因为绍兴人"驻日岭"和"迟十里"的发音很接近，乍一听还很难分辨出来，这样，"驻日岭"这名就一直传了下来。

其实，在元末徐勉之所著的《保越录》中，已经明确记载了"驻日岭"地名，这是目前我们能看到的这一地名的最早文献出处，同时也证明上面的这个朱元璋称帝后南巡的传说，终究只是传说。《保越录》的记文如下："丁卯，敌兵（此处指朱元璋部下大将胡大海所部明军）自诸暨分三路：一路出枫桥……至亭山；一出缸窑（灶）……至戴旆（旗）山；一出街亭、象路、驻日岭、平水，至九里。"显然，最后所记到的那支东路军（主将是谢再兴）的行军路线与今天的现实地名分布完全吻合。驻日岭古道因其隐秘近便，成了当时谢再兴部出东路合围绍兴城的首选之地。

1972年，平水十二量经岔路口、蒋坞至诸暨赵家的十赵线公路开始修建，驻日岭上有了公路，原有古道多处被公路覆盖、古道功能被公路替代。此后，公路路面浇筑了沥青。2017年，环会稽山国家森林公园美丽公路工程启动，驻日岭段公路再次得到了提升，道路状况大为改善。

而今，自平水公交站可直接乘坐公交车抵达驻日岭下蒋坞自然村，下车后，沿着十赵线公路可上驻日岭。蒋坞村依山而建，站在驻日岭公路上，可俯视村庄全貌。再往上则到岭顶处，有一水库，名曰驻日岭水库，湖水清澈，风景秀丽。再往前，左侧有支路通往稽东镇尉相村相吞自然村，过岭离相吞村半里处，路边有一庵，名曰太平庵。

　　位于诸暨这侧的驻日岭村，现有居民300余人，大多姓陈，是枫桥宅埠陈氏的分支。魏晋以降，北人南迁，陈氏先祖自河南颍川辗转至诸暨枫桥，元末兵乱，百姓流离失所，枫桥陈家也不能幸免，纷纷逃往深山避难，有一支就迁到了这里，故称为"驻日岭陈氏"。

　　村庄以岭命名，名木古树成荫、石拱古桥遍布、台门拱斗巍峨，具有丰富的自然生态和深厚的历史积淀。村庄坐落岭上，东、西、北三面环山，状若"燕子窠"，挡住西北寒风，特殊的地势地貌，使得驻日岭空气清新、凉爽宜居。村口古木成林，有枫树、楠木、榧树、香樟等，遮天蔽日，郁郁葱葱。两条溪流从后山和大湾头自北向南穿村而过，汇聚村口，喷涌岭下。村中溪沟上筑有石拱桥十余座，形态不一，各具特色。其中最具特色的"里洞桥"，是在村子主要溪流上筑石拱桥覆盖，自后山至村子中央，逶迤300米，桥上为主要村道，桥两边居住人家，桥洞口现在成为村民夏天纳凉避暑的天然空调房。

　　这里的百姓世代耕读，名人辈出，如武进士陈绍龙、武举人陈绍凤、文举人陈瀚等。清代道光年间，驻日岭出了一个民间诗人，名陈世传，人称"松岩先生"。他幼时"资质不甚颖悟"，却凭着"人一己百、人十己千"的毅力，潜心诗书，终于水到渠成，于经史百家之说无不了然于胸。他擅长作诗，著有《松岩自怡稿》诗词集。他长年居住在世外桃源般的驻日岭——"或偷闲而徐步，或乘兴而遐观，举凡山之高、岭之峻、岗之平、寒潭之清澈、古刹之幽静、夏竹冬松、春花秋月，耳得之而为声，目遇之而成色"。偶然得句，随手录之，积以成编，于是有了朱岭龙峡、相坪天灯、石潭垂钓、永庆纳凉、鹰岩春游、蝶岗秋望、仰窝雪松、大湾风竹、山涧流泉、石梁架屋等"驻日岭十景"诗。这一首首古诗，也成为记录驻日岭风景最好的写照。

　　驻日岭一带属典型的半山区农业经济，村民主要农作物有水稻、玉米、番薯等，主要经济作物有茶叶、毛竹、栗子等。这些年，驻日岭一带已是会稽山香榧产区，附近是著名的"香榧森林公园"。香榧，简称"榧"，以其色、香、味俱佳而见称，宋代诗人苏东坡也有诗曰"彼美玉山果，餐为金盘食"。它不仅香脆可口，营养丰富，而且还有多种药用价值，具有化痰、止咳、清肺润肠、消痔等功能。

　　"霜染稽山红树晚，霞飞浣水碧波秋。今朝衣振崇峦上，仿佛庄生梦里游。"陈世传先生把故乡驻日岭描写得如此美丽，作为游客的您，不妨来走一走，寻找下陈先生笔下的驻日岭"十景"。

埃码尖:磨尖龙脉伸村后

位于柯桥区平水镇和王坛镇交界处,海拔673米,是柯桥区第二高峰、会稽山化山山脉的最高峰。埃码尖又名挨磨尖,或因远看山顶比较平,像个磨盘,凸起处犹如农村里挨磨的尖而得名,宋家店村谚中提到"磨尖龙脉伸村后",指的就是挨磨尖的两条山脉延伸到村后。埃码尖东面是王化五一,南面是大畔双岭,西面是越联大小岙,北面是陈家岙,东北方延伸至宋家店,西北向则与舜哥山遥相呼应。

埃码尖作为绍兴南部山区一座标志性的山,无论南宋《嘉泰会稽志》、明《万历绍兴府志》还是清《康熙会稽县志》,都没有埃码尖及与其谐音相似的山的名称记载。关于其来历,文史专家认为其就是历史上的太平山。

首先从地理位置来看,《嘉泰会稽志》载:"太平山,在(会稽)县东南七十八里",《万历会稽县志》也载:"太平山,在县东南七十八里"并谓山在"舜哥山东南"。舜哥山,在今平水镇合心村与金渔自然村之间。另据《会稽日铸宋氏宗谱》之《太平里形胜记》中载:"日铸,在会稽东南五十里……又日铸岭之南二十里许,有山曰太平。"故而太平山在绍兴市区东南七十八里、舜哥山东南、日铸岭南二十里处,那么与此相符合的只能是今天所称呼的埃码尖。其次《会稽日铸宋氏宗谱》记载:"日铸宋氏有名琳,号息耕者,家于山之麓,遂以太平名其里",而今之太平里自然村正好在埃码尖山脚,文中所记之山疑即为太平山,也即埃码尖。

南朝文人孔稚圭在越州时写过一首《游太平山》诗,"访逸追幽踪,寻奇赴远辙。制笠度飞泉,援萝上危岖。万壑左右奔,千峰表里绝。曲栈临风听,歌潜倚云穴。石险天貌分,林交日容缺。阴涧落春荣,寒岩留夏雪,昔闻尚平心,今见幽人节。志入青松高,情投白云洁。泛酒乘月还,闲谈待霞灭。接赏聊淹留,方今桂枝发。"而在《会稽日铸宋氏宗谱》之宋朴《铸山筑室记》中亦提及孔稚圭："贺鉴之湖，孔珪之宅，古人名迹往往传之后世，以志不朽。"

今日之王化，在宋代属太平乡。据南宋《嘉泰会稽志》记载："会稽县太平乡，在县东南一百里，管里四：章汀里、全节里、太平里、蒿山里。"另据载宋韩膺胄、韩肖胄墓并在太平乡日铸岭，韩氏谱载膺胄葬太平乡白木原馒头山（俗称韩家庵，今王化大舜庙前）。可见当时之太平乡，范围远不止王化一地，还涵盖汤浦、章镇、蒋镇、上浦和王坛等部分区域，而不论是埃码尖还是太平里，皆属当时的太平乡。

当然除了这种说法，还有一种可能。据《嘉泰会稽志》记载："日铸岭，在会稽县东南五十五里，岭下有僧寺，名资寿。"另据《王化村志》记载："日铸寺，原坐落在王化村大鸡笼，宋代称资国院、资寿院，后改今名。"因此可以认为，日铸岭下资寿寺即今王化村的日铸寺，而寺庙恰好在埃码尖山脚、大鸡笼水库边（原址在水库库底）。所以也有可能，就是埃码尖原统属于日铸岭。

由于埃码尖其特殊的地理位置，也奠定了其作为交通要道的基础。其区域内有多条古道，如大岙古道、小岙古道、东风岭古道和大畈古道等，曾是茶叶等山货进出，以及走亲访友的必经之路。而今，随着乡村旅游兴起，户外登山爱好者将登顶埃码尖作为征服绍兴群山的重要标志之一，为此，地方政府也对原有古道进行了修缮，并增加了指路牌、垃圾桶等设施。

埃码尖登山爱好者大多从王化村五一自然村而上。所谓五一，是1970年由徐盘岸、白岩下、长田塔、五圣堂、馒头炮五个大队合并而

埃码尖

来,这之前,五一又名寺山,其与寺前一样,得名皆与日铸寺有关。王化人更习惯称五一为寺山。

如今欲登埃码尖,可先开车至寺山馒头炮山脚停车场。拾级而上,首先映入眼帘的是大片梅林,青梅也是寺山里人的重要经济作物。再往上,便到了半山腰那几户村民家了,这里也是王化为数不多的高山居民了。由于车子开不到,平时买点东西都得靠肩挑,住的都是一些老人,孩子劝他们搬走,但故土难离,住了一辈子了,习惯了。

沿山路而上,便是茶园了。寺山作为日铸茶的核心产区之一,种茶历史可以追溯到唐宋,现如今依旧有很多人在采茶制茶。比起早些年摘大茶、做珠茶,这两年,爱茶人任晓看中寺山的好环境,觉得堪比福建正山小种原产地——桐木关,因而精心培育了"寺山红"红茶,带动了名优茶的发展,并注册了"埃码尖"品牌,多次荣获国际国内红茶评比金奖,也让"埃码尖"和"寺山"第一次走向全国。任晓的茶园,"野味"十足,梅花、檫树花、野樱花与茶树和谐相处,成就茶叶好品质。

半路,古道与肇湖大畈上来的古道相汇,共同向山顶进发。比起前面馒头片的台阶路,后面则平缓很多,不时穿行于竹林之间,还会攀爬不算很陡峭的岩壁。中途还会路经一潭,名曰"龙潭",据寺山当地人介绍,过去干旱之时,村里人便会来龙潭祈雨,等到旱情缓解后,又会来还愿。而今,龙潭还在,潭水清澈,旁有当年祭祀的石桌,但都已年久失修,犹如这昔日热闹的埃码尖,而今因为经济发展、高山移民等,原著居民已寥寥无几。

再往上,则到山顶,虽山路艰辛,但正所谓"无限风光在险峰",站在山顶,极目远眺,青山脉脉,群山绵绵,还能望见远处之汤浦水库,寺山当地村民说能见度好时能望见钱塘江,或是当年把小舜江误作钱塘江了吧!

登埃码尖,既是一次充满挑战和收获的旅程,也是一次开拓与成长的经历。

羊山：有石似羊佛灵光

位于齐贤街道，境内有石佛景区、羊山公园和羊山石城景区等，据志书记载，隋开皇年间越国公杨素为筑罗城，使其成为残山剩水，四周悬崖峭壁，内有奇岩怪峰，形如一座石城。古代好事者相继在最高的一座孤岩峰，开凿石窟，窟内留石凿成一尊面呈慈祥、气韵生动的弥勒石佛，后依岩筑建石佛禅寺。

　　羊山因山有石似羊而得名，连亘数里，广数百亩，属会稽山余脉伸入山会平原的孤丘。羊山石耐磨耐蚀，抗压力强，是古越采石历史最早、规模最大的采石场地之一。越国大夫范蠡采羊山石而筑山阴山城，隋朝杨素公采羊山石筑越国古都城，清朝为筑钱塘江堤又大量采羊山之石，狭猺湖避塘所用石材，亦采自羊山。到18世纪末，羊山已成为残山剩水，碧涧深潭。从而成为今天千姿百态的羊山石景。现有钱镠兵寨遗址、《西游记》（祈雨凤仙郡）取景地、观音朝佛、羊山天池、群崖奇峰等景观。

　　羊山人文底蕴深厚，留有众多的人文古迹，文旅资源丰富。石佛古刹、摩崖石刻……羊山的山、岩、水、寺有机地串在一起，形成"一寺三峰屹立湖中，佛在石中，石在水中，水在山中"的奇特景观。

　　羊山内羊山湖，面积有2.7万平方米，也是古代采石所遗留下来的岩石湖，此湖深浅不一，最深处可达16.8米，到了晚清时期，羊山已成一方残山剩水，构成了一幅碧波荡漾、孤峰兀立、怪石罗列的奇趣形象，宛如一个巨大的水石大盆景。湖中屹立的三座孤峰，分别叫作灵鹫峰、城隍峰、普渡峰，气势颇为壮观。灵鹫峰，高25.8米，隋唐的能工巧匠开凿石窟，窟中留石凿成一尊石佛，据传说，石佛历经七世凿成，在石佛落成之日，忽有灵鹫鸟在峰顶盘旋飞翔，人们认为是祥瑞之兆，便依岩在此筑建灵鹫禅院以供石佛，灵鹫峰亦因此而得名。城隍峰，峰下是城隍殿，故名叫城隍峰，

羊山

高 20.5 米,它的峰顶犹如佛手,又被称为佛手峰。此峰摩崖石刻鳞次栉比,堪称绍兴摩崖石刻之最。普渡峰高 22 米,峰顶上有四棵苍劲的古柏,以石为母,云雾为乳,年久不衰,奇趣盎然,此风四面环水,像一道风帆,正驶向南海普渡众生,故名为普渡峰,湖中央有一块 2700 平方米的瀛洲,洲旁又有一个蓬莱小岛,四面环水,风景怡人,泛舟湖上,可以穿桥洞、绕孤峰、登绿洲,欣赏湖光山色。

石佛寺是羊山人文的一大亮点。隋朝有人择峰凿石,筑建石佛禅寺,历 30 载而竣工,为江南四大石佛之一。经千年沧桑,风貌依然。呈现在人们面前的是"佛在石中,石在水中,水在山中"寓佛门圣地于旅游胜地之中的一个 80 多万平方米"大盆景"。石佛寺前后列三殿,头殿为天王殿,二殿为大雄宝殿,拾石级而上为三殿,并列城隍殿、大佛殿(即灵鹫殿)在一高 28.5 米石峰中。此山石外形奇诡,内辟为屋,石佛中坐,依石建寺,玲珑精巧,得水石神韵,尽点化之妙。凿成的石佛高约二丈,圆额丰颊,面呈慈祥,气韵生动,两手抚膝,汉目平视。后人来此纷纷留诗,如宋代释南越:"松竹行才尽,香城绝世尘。倚岩开半殿,凿石见全身。钟鼓中天晓,烟花上界春。出门重稽首,愿值下生辰。"清代汪守愚的诗是:"怪峰如莲花,古佛坐其蒂。石室云为门,微风自开闭。昔年采石人,雕凿只随意。妙明出顽矿,是即最初地。千螺释迦髻,十丈修罗臂。石火诗中禅,斧劈画中诣。会从奇险间,拜佛问其谛。"后人在峰壁摩崖刻石,留下大量题刻,其中以"飞跃"最为著名。窟内石壁刻《羊石山石佛庵碑记》,又有明代赵完的诗:"三月相邀探上方,转迤林麓路茫茫。且看春在山如锦,莫问年深石似羊。绝壁高攀瞻法像,小桥斜渡到云房。池边更爱源头水,可待僧来一洗觞。"

越王峥：铁骨铮铮越王山

　　越王峥位于柯桥区西北夏履镇越王峥村北坞自然村内，距离市区约 30 公里，是柯桥区第二批县级风景名胜区，国家 3A 级风景区。越王峥枕柯桥、萧山和诸暨三地，地理位置十分险要，自古兵家必争。系柯桥萧山交界的一座山脊，西边为萧山所前镇夏山埭村，北经跑马岗，与大尖山寺为邻，海拔 354 米。

　　越王峥历史文化内涵积淀深厚，具有强烈的民族文化感召力。《越绝书》曾记载："越栖于会稽之山，吴追而围之。"《乾隆绍兴府志》："越王山，一名越王峥，又名栖山。山阴县旧志：昔越王勾践栖兵于此，又名栖山。"《嘉庆山阴县志》记载："勾践栖兵于此，又名栖山。上有走马冈、伏兵路、洗马池、支更楼故址。"公元前 494 年，勾践兵败，越师残兵五千栖兵于此，勾践在这里卧薪尝胆，励精图治，内修其德，外布其道，十年生聚，十年教训，最终灭吴复越，故越王峥又名栖山，俗称越王寨。

　　至今越王峥山仍留有越王勾践栖兵留下的"沐浴山""饮马池""走马岗""淬剑石""伏兵路""支更楼""仙人洞""九龙盘山顶"等多处古迹。

　　1970 年，墅坞岙内曾出土不少青铜器和瓷器，其中龙虎羽人骑马画像镜为东汉时期的青铜器物，二级文物。现藏于绍兴博物馆。直径 17.80 厘米、厚 0.50 厘米，钮径 3.50 厘米。圆锥形钮。内区以四乳钉间隔成四区，分别饰龙、虎、辟邪、羽人骑马。外区饰栉齿纹及蟠螭纹。近似三角缘。另外发现两处古代文化遗迹，有周代"印纹碎"、东汉晚期"越窑青瓷窑址"，被列为县级重点文物保护单位。

　　越王峥山顶正南面有一个馒头山，谓"九龙盘顶"。所以越王峥自古被誉为"灵山乐地"，有古谚曰"东烧香、西烧香，不到越王峥，一世枉烧香"，也吸引着历代文人墨客为之探古访幽，留下众多人文景观和诗词散文。如嘉靖四十五年（1566）三月，明代文学家、书画家徐渭偕同进士萧鸣凤、好友张鸣教同登越王峥，夜宿深云禅寺，次日上走马岗，游大尖山，有感而发作《越王峥有僧欧兜蜕》：伯图既灰寒，衲蜕亦禅冷。都付塑工泥，迅矣千秋瞬。我来植桃花，有似蝶遗粉。一宿归去来，晨斋饱蔬笋。

明代史学家、文学家张岱曾隐居越王峥深云禅寺三春（年），在住持远明禅师庇护下，潜心撰写石匮书，在山上留下《避兵越王峥留谢远明上人》："避兵走层峦，苍茫履荆棘。住趾越王峥，意欲少歇息。谁知方外人，乃有孙宾硕。僧房幽且深，藏我同复壁。焦饭及酸齑，遂与数晨夕。一子又一奴，竟夺三僧食。萧然昼掩门，十日九不出。寺僧百余人，谋面俱不识。一住过三春，两月生明日。山窗静且闲，因得专著述。再订石匮书，留此龙门笔……"

据《越绝书》记载："昔者，越王勾践困于会稽，叹曰：'我其不伯乎！'欲杀妻子，角战以死。蠡对曰：'殆哉！王失计也，爱其所恶。且吴王贤不离，不肖不去，若卑辞

越王峥

以让之，天若弃彼，彼必许'"，可知此地曾是越国生死存亡之处。相传山上的跑马岗是越王为迷惑围山吴军，用几匹战马在山岗不停地环绕奔跑，伴以兵士嘶吼，仿佛千军万马，使吴军不敢贸然上山，故名。战马跑累了，就到跑马岗北面古树下的水潭洗饮，那水池便叫洗马池。越王峥西北角有一岩洞，当地村民称"仙人洞"。相传为宋葛庆隆藏身修炼之处，死后即葬于峥上，后人以为其已羽化成仙，故名"仙人"。

越王峥山上建有"深云禅寺"，又名"越王峥寺"，始建于元朝顺帝至元元年(1335)，距今已680多年。1943年被日军占据，后被焚毁，1945年春藏青和尚募捐重建，后复毁。1978年由村民在原址上重建。原来寺分三进，有屋九十九间。前进为山门，供弥勒佛，中进为越王殿，有越王勾践塑像，后进为大殿，有释迦牟尼、观世音、地藏王诸菩萨，还有一尊欧兜祖师佛像。据传是肉身成佛。寺门前的一副对联乃徐文长所题："禅宗霸业青山在，越海吴江白雾笼。"1984年7月24日越王峥被绍兴县人民政府公布为县级文物保护单位。之后又通过捐物出资重建寺院，祀奉越王勾践，房屋从无到有，规模从小到大，如今建筑占地面积近千平方米。

如今，越王峥的人文底蕴和自然风光吸引着源源不断的游客慕名前来，越王勾践的胆剑精神也历久弥新，激励着一代又一代人。

牛头山：海水浮来多怪石

一名临江山。海拔 236 米，在杨汛桥街道境东部，东延山峰海拔为 190 米、124 米、74 米至牛尾巴。清《嘉庆山阴县志》卷三记载：牛头山在县西六十五里。唐天宝年(742—756)间曾改名临江山。牛头山是会稽山脉从浙西南一直往东北延伸的末梢处。牛头山，顾名思义，山峰似角，山形像背，山势呈南北走向，高处远眺，确似"大牛头"。

牛头山，其南绵亘诸峰，岗峦簇集，起伏有致。处于钱清、杨汛桥两地接壤之处，在杨汛桥界，跨和尚岗，即有挂壁墩和王家山两峰，顺势敧斜至两峰半山处叠接，形成了鞍形山坳。山坳下两山浑然一体，山坳至山麓高百米许，故东西相向翻越山岭，以过此坳为最近。自两宋始，依坳辟为山中通道。南宋时，新安乡调山立(今杨汛桥街道境内)、萧山履仁乡和广陵里(今钱清一带)，至山阴城，行者挑夫络绎不绝。至明朝，坳顶建云青观，为道士居室，山坳才有道士峧古道与道士坞之名。

位于钱清一侧，则古称"广陵里"。翻"牛"尾巴经山头李，斜穿下堡、东畈，沿西小江，跨念眼桥，即是赴钱清的必经之路。此条道路宽广明亮，山势倾斜，树木稀疏，山坡光秃，山道并不陡峭。朝东面湖头方向为缓坡，全由长短不一的石板铺就，隔丈许才制有一阶梯，拾级而上，至顶为一座凉亭，亭虽不巍峨壮观，但建造得比较考究，全系四方石柱支架，上镌有捐助者姓氏，为过往行人遮风避雨、休憩闲坐、眺望四周的极佳去处。朝西往蒲荡夏方向，是由乱石铺就的阶梯，下来时山坡较陡，隔数尺或丈余才制一级阶梯，道中间是鹅卵石或泥浆石夯实铺平。

1988 年，因杨江公路建成通车，人们出行以车代步，牛头山便很少有人行走，逐渐被淡忘冷落。近年来由于文旅发展，该山道修建为西天竺步道：路线为前梅—大岭下—普香寺—西天竺狮林禅寺—狮林山—牛头山—仙岩洞寺—岭湖村杨绍线。

该线路结合西天竺秀丽风光,寺庙等景观游步道,攀登强度不高。总长 10.7 公里,步行约 3 小时,西天竺高度 247 米。

牛头山,颇有一些历史和人文的渊源。此山曾产"蜂窠石","蜂窠石"就是类似于现在园林绿化、假山盆景之类的景观石,几可与太湖石相媲美。山上原有一延胜寺,寺内有太傅学堂,系陆游高祖陆轸读书之所,陆游曾在《舍北望牛头山》一诗中有过记载:"太傅读书处,秋风右问途。江如青弋险,山自白盐孤。路尽还登岭,岭开忽见湖。草堂无复识,流涕想规模。"

此外,元代的王冕也曾登临此山,并作《临江寺》:"山灵本是爱山农,况是登临重复重。海水浮来多怪石,云霄上接有高松。忘情浅浅溪中鸟,不雨深深洞底龙。带甲如今满天地,烟霞合此寄高从。"山巅另有一处仙岩禅寺,也曾在明代哲学家王阳明的《游牛峰寺》提及。

牛头山是越中胜景之一。王阳明告病归越的第二年,暮春三月之际,王阳明第一次来到牛头山,游历牛峰寺,夜宿延寿寺,写下了《游牛峰寺四首》。从诗中所描写

牛头山

的景物来看,此地应为阳明先生"移疾钱塘西湖"前的中途栖息地。这年的秋天,王阳明从杭州西湖养病返回绍兴途中再次经过了牛头山牛峰寺,又作《又四绝句》,因牛头山的石头入水则浮,且牛头山如浮云临江,王阳明将其改名为浮峰,后来牛峰寺也改名为浮峰寺。不管是浮石,还是浮云,都显示了牛头山虽不高、但却奇的特点。

上面所提及的仙岩禅寺在岭江村牛头山半腰。后周显德三年(956)建,号仙岩禅寺。清同治九年(1870)募资重修,寺内有浙江学政徐致祥撰书佛联一副:"真诚、清净、平等、正觉、慈悲,看破、放下、自在、随缘、念佛。"内有葛仙人洞,乃宋代江湖浪人葛庆龙藏修之处,死后葬于此山,王君理得函骨于石洞。洞外侧有水井二口,峭壁而立,泉水清澈。仙岩洞(即石庵),曾是刘基、王阳明读书处。寺屋二进及侧屋共9间。1979年后,住持僧觉灿等又有所修缮,殿内供奉释迦佛和观世音菩萨,佛像端庄。寺南100米处有尼姑洞、蛤蟆洞。该寺历来因山峻幽胜而为游人和香客所向往,登临峰顶,萧、绍相接的绿野平畴、高楼大厦尽收眼底。

浮峰寺又名延福院,俗呼牛峰寺。在岭江村牛头山之麓。后晋天福三年(938)置。北宋开宝六年(973),钱氏给安国院额。大中祥符元年(1008),改赐浮峰寺,后废。南宋绍兴五年(1135)重建,乾道五年(1169)再建。该寺原为当地乡人读书处。明王阳明亦读书于此。诗人刘基、王守仁曾著有诗篇。明弘治十五年(1502),王阳明所著《游牛峰寺四首》,诗题下自注曰:"牛峰寺今改名浮峰。"过20年,王阳明又有《再游浮峰》《夜宿浮峰》诗。清乾隆十六年(1751),圣驾南巡颁赐各寺庙心经塔,僧本空请领一轴谨藏寺中。民国十三年(1924),地方人士发起重建,有孙坎临等建疏,房屋10余间,寺基2亩。新中国成立后,停止宗教活动。20世纪60年代,一度改作"麻风医院"。后医院迁址,房屋尚存,曾为村山林队所用,而寺已废。

此外,牛头山还有一个传说故事,相传牛头山原是一头金牛所变。很久以前,每当月黑风高的晚上,金牛就会偷偷溜出来到山脚下的牛头湖里喝水。金牛的频繁踩踏影响了当地村民的庄稼收成,就连苗秆都枯萎在田里,唯有一株秕草长得特别壮实。于是有农夫在家里的门厅上挂秕草控诉,后被山上道士看见,透露此草可以把山中的金牛引出来,于是农夫想独吞金牛,便拿草进山引牛,结果方法不对徒劳无功错失机遇,因为农夫的贪财,不仅失去了金牛现世造福人间的机会,还因为牛神发怒,导致牛头山下的西小江连年泛滥成灾,民不聊生。而且因为泄露天机,道士也受天谴得怪病早亡。

关于牛头山的传说是真是假无法考证，不过故事中提到的一些地名和事件，与现实都有些许印证：牛头湖就在山西南的那个山坳；道观遗址尚存，此山岗也因此叫作"道士岭"，当年道士行走的小道，成为山两边的人们往来的古道；牛头山下曾经江水滔滔，这由山坡上的"过江庙"为证，而且历史上确实有西小江洪水泛滥的记载……

说到山脚的牛头湖，又名临江湖、爪沥湖、后山湖。《嘉泰会稽志》有载。湖在牛头山脚，故名牛头湖；牛头山又名临江山，故又名临江湖；因湖形如爪沥，一湖九娄，故又名爪沥湖。牛头湖因牛头山南延一小山，叫和尚岗，挂壁壕敦北延一小山，叫捣米山，障道士岭溪之水而成，东高西低。在湖口建有堤塘长 158 米，因形似一条蒲子，故称蒲塘，后讹称蒲荡。夏氏先人于此灌溉坞田，枕头湖立村，称为蒲荡夏。下有闸，旱闭涝启，调节水量。牛头湖原广 200 余亩，周 5 里，溉田 20 顷。至清季尚有面积 70 多亩，合作化钱蓄水溉田 168 亩。1955 年垦田 28 亩，所剩水面 40 多亩。原以蓄水溉田为主，盛产鱼虾，固有"宁可弃掉田几亩，勿丢掉牛头湖的鲫鱼头"之说。

近年来，蒲荡夏村经过"五星达标村""3A 示范村""微改造、精提升"等一系列创建后，村内牛头湖水光潋滟，牛头山环绕家园，山水相依，风光秀丽，蒲荡夏由内而外实现了华丽蝶变升级。在牛头湖文旅复合基地，可以看到钓鱼码头、游艇码头、湖心秀场、露营基地、一公里彩色跑步道等。夜幕之下，勾勒出牛头形状的环湖灯带氤氲着如梦似幻的诗意。

覆卮山：醉得崖头覆一卮

覆卮山属四明山支脉，海拔 861.3 米，为上虞最高峰。因中国山水诗鼻祖、南朝谢灵运游历至此，"饮酒赋诗毕，覆卮（酒杯）于其上"，山因而得名。覆卮，又谐音"福祉、福至"，是游客乐至祈福的浙东名山。

覆卮山自然资源丰富，山奇、石怪、田异、水特、村幽、果鲜和茶香，堪称覆卮山"七绝"。

山奇。覆卮山不但形似倒置的酒杯，山顶还有一块光滑平坦的天然巨石七丈岩，可容数十人，石上刻"覆卮"二字。遇天爽云淡，登其巅，俯瞰四周江海、群山罗立，远可观及杭州湾。

石怪。山坡石堆累积，似涌浪滔天，俗称石浪、石河。经中国地质科学院地质研究所教授、中国第四纪冰川遗迹陈列馆研究员韩同林考证，为距今约 300 万年的第四纪冰川遗迹，现有梅浪、乌浪等大大小小石河 10 余条，最长的一条石河有 1000 余米，最宽处在 50 米左右，垂直落差达 300 米，被称为"世界奇观，天下一绝"。

田异。千百年来，覆卮山民在海拔 500 米的山腰开垦出 23000 余块梯田，共 2300 余亩。春季，这里千亩油菜花灿烂开放，大片金黄色镶嵌在翠绿底色上，蔚为壮观，华丽养眼，堪与云南元阳梯田媲美。

水特。冰川石浪下有泉眼石，泉声澎湃、清澈冰爽、经岁不竭，和千年梯田下的涓涓细流汇入隐潭溪。

村幽。东澄、梁宅、平山、丁山四村被称为覆卮"里四堡"。村民依山为邻、取石为居，一幢幢石屋依山而建，质朴中蕴含古韵。鹅卵石铺就的村道蜿蜒延伸在村庄内，沿路溪水淙淙，幽远中情趣盎然。

果鲜。覆卮山樱桃先于百果而熟,被称作"春天第一仙果"。另有高山云雾辉白茶、魁栗、猕猴桃、竹笋、笋煮干菜等名扬区内外,还有梨、桃、杨梅、柿子等四季仙果。

茶香。覆卮山土质肥沃、云雾缭绕,古代就有覆卮山茶上乘品牌,清《上虞县志》载"白毛尖,味最隽永",白毛尖就是岭南辉白的前身。新中国成立后,政府专门派茶叶专家到岭南蹲点指导,在龙山片(蒋山、里蒋、油竹坪、苔花岭、白龙潭)开展茶叶栽培,并连片种植,改进制茶方法,"岭南辉白"闻名省内外。2006年,"岭南辉白"获北京马连道茶文化节暨浙江绿茶博览会金奖。2007年,荣获中国(杭州)国际名茶暨第二届浙江绿茶博览会优质奖。在海拔600余米的覆卮山山腰上,还生长着一种野生皋卢即苦丁茶。相传谢灵运当年经常邀朋友,脚蹬"谢公屐",登山顶觥筹交错、吟诗狂歌,并取高山泉水泡野生苦丁而饮。据说饮后优哉游哉,恍若天上之仙,故取名"天茶"。覆卮人的性格也端肃淡定、内敛沉郁,人淡如茶、器如品行。

据地方志记载,古代覆卮山还有台阁岩、洗卮泉、望天亭、天圣香潭、鸡啼岩等诸胜。在海拔600米以上的覆卮山顶地带,还有一片绵延数千米的高山草甸。春天草色青春、野花烂漫,夏季满坡披绿、彩蝶纷飞,秋天银白的芦花在阳光的照射和微风吹动下婀娜多姿,冬枯山野又有一番独特的景观,还不时可见家养野放的黄牛、山羊悠闲自在地满山坡觅食。

覆卮山宏伟壮观、人文灿烂,历代登临者和吟咏者较多。明《万历新修上虞县志》记载:"覆卮山,世传为神仙憩饮之所,或谓谢灵运尝登饮其上饮毕覆卮,或又云其形似也。"历代文人多有咏覆卮山的诗赋,南宋状元王十朋登上覆卮山写有《覆卮山》诗:"四海澄清气朗时,青云顶上采灵芝。登山须记山高处,醉得崖头覆一卮。"清乾隆年间徐殿邦的《题覆卮山》云"卮峰高耸碧重重,可是虞山一岱宗",把覆卮山比作上虞的泰山。另有明葛焜《覆卮山赋》、葛晓《覆卮山龙眠石》、徐宏泰《覆卮》、清竹旦《游覆卮山》、王登墉《游覆卮山怀龟龄先生(三首)》、张越《卮山草舍野语》、王望霖《覆卮山怀谢灵运》、胡舜封《覆卮》等,为雄奇巍丽的覆卮山增添了深厚的人文底蕴。

大自然的鬼斧神工造就了覆卮山独树一帜的山居风光,世代覆卮山民将山居文化演绎生动,并传承至今。代代覆卮人就地取材纹理独特的石头,依山势地形建造冬暖夏凉、玲珑别致的青灰色农家石屋,和覆卮高山、千年梯田、潺潺溪水、蓝天白云相得益彰。这里,古朴石屋错落有致,台门老宅古韵悠扬,卵石小路错落有致,古树名木参天高耸,人民淳朴安居乐业,一派闲适安逸的山居风光。这从张越的《厄山草舍野语》中可见一斑:"覆厄山前溪水绿,覆厄山后雨满谷。溪南溪北数椽屋,屋里有书书可读。老翁锄地种莱菔,老妪携筐采野菊。小儿开门放鸡畜,大儿刈草饲黄犊。春来桑上催布谷,秋后县中输岁粟。百年欢聚亲骨肉,一生不知荣与辱。早起夜眠贫亦足。"这就是覆厄山居的形象写照。

近年来,岭南乡凭借天时地利人和之优势,因地制宜发展乡村旅游,积极创建省级旅游风情小镇,围绕覆厄山景区精心策划举办 10 余届覆厄山生态文化旅游节,千年梯田油菜花节、苔花岭樱花节、樱桃采摘节、攀浪节、"覆厄山"杯器乐邀请赛、激情漂流比赛、摄影大赛、自行车邀请赛、帐篷露营节、农副产品展销周等活动精彩纷呈,做到以山为媒、以节迎客,让游客更深刻地感受谢灵运、王十朋、葛晓等历代文人在此寄情山水的心境。

覆厄山山势雄伟,巨石重叠,天然的地质造就丰富的花岗岩储藏量,其石头色泽美丽、质地坚硬、经久耐用,有 200 余年的开采历史,一度成为岭南人的发家致富产业。新时代,为践行"绿水青山就是金山银山"理念,岭南乡果断关闭石材开采,大力发展乡村旅游。

覆厄山深处迤逦着众多古道,如上苏—下湾、蒋山—下湾、许岙—张家岭、蒋山—大岭、阮庄—大岭、煮炼—大岭、平山—张家岭、东澄—张家岭等,它们从挑夫的"吭呦"声中蜿蜒而来,一头连着故土与家园,一头连着生计与梦想。随着时代变迁,大多古道渐失作用,消失在岁月中,但原始风光、强度适中的古道,正日益成为现代人徒步锻炼、访古探幽、摄影之胜地。

覆厄山还被誉为上虞的"井冈山"。抗日战争时期,这里曾发生著名的"讨田战役",从而为取得解放上虞的决定性胜利打下基础。1945 年 6 月,岭南乡民兵协同新四军浙东游击纵队发起许岙攻坚战,历时 14 天,一举歼灭盘踞在许岙村的伪军田岫山部。1986 年,岭南乡被绍兴市人民政府命名为革命老区。1995 年,许岙战斗纪念馆建造并布展开放,2021 年改造提升后,被命名为浙江省党员教育培训基地和绍兴市党史学习教育基地。每年到此参观的党员干部、青少年络绎不绝,实现了"红绿"协调发展。

目前,覆厄山景区已成功创建为国家 5A 级景区,注册成功"覆厄山樱桃"集体

覆卮山

商标。每年节假日，大批游客前来漫游千年梯田、品摘"醉"美樱桃、垂钓山涧小溪、享受天然氧吧，感受覆卮山风光魅力。覆卮山居、覆卮山·那元、檀香山庄、东澄山庄等民宿供不应求，覆卮山已成为闻名长三角地区的乡村生态休闲旅游胜地。

夏盖山：孤峰独秀上虞北

　　夏盖山独立于虞北平原，其形如盖，孤峰独秀，雄视杭州湾。又叫晾网山、鸡笼山，方言谓之镬盖山、浮盖山，是虞北平原上最北端的一座孤丘，海拔168米，面积0.5平方千米。《於越新编》记述称：世传大禹治水曾驻跸于此，故又称夏驾山、大禹峰。山西北麓的三眼井，为大禹治水时挖掘，称"禹潭名泉"，是盖北最古老的水井。

　　夏盖山一名至晚于南朝已存。史家顾野王记作"夏驾山"。《舆地志》："上虞县北有夏驾山在湖中，湖名即夏驾。"此"夏驾山"即夏盖山。《嘉泰会稽志》卷第九载："夏盖山在县北五十里。旧经云：山如盖，因以为名。"并说："盖、驾音近，传之讹耳。"按照《舆地志》的说法，南朝不但已有"夏盖山"名，而且还有了"夏盖湖"，只不过顾野王按口传语音记录变作了"夏驾山""夏驾湖"而已。

　　但有一点需讲明，那就是《舆地志》说的"夏驾（盖）湖"是海水后退，被山阻挡在低洼处留下面积有限，且浅薄的潟湖，与唐长庆初人工开掘，周边105里的汪洋大湖夏盖湖不是一回事。所惜湖在宋代渐次萎缩，终于在清光绪年间完全消失，换得"湖田萝卜"一个名号让人品咂回味。

　　夏盖山不算高，但坐落在广袤的虞北平原，却是一身霸气，分外雄峻。对此，明代乡绅谢诿《夏盖山赋》这样说："……自坤静之奠轴，巳艮止之休凝；璨婺女之曜宇，炜斗牛之光留。平巅若砥，孤横若舟，霁眜若展绣幄，旷晞若覆苍瓯。干霄出云，凌辰迎旭。兰阜映九峰，逐宾称冈友。临谷塘岹逊岱，舆岞客轮天目。崛弟嵚巇侔灵鹫，崆巃巍巇亚大厦。真太始之秀造，下祇之特毓也……"山上残岩裸露，植被稀疏，基本不长粗壮高大的乔木，倒是像极了一个身披铠甲，横刀立马，不知疲倦守卫在上虞北门海口的将军。

夏盖山是上虞人心目中的一座神山。

相传大禹治水曾到此山，一同协助夏禹前来治水的，还有其夫人涂山氏，和一个叫"辰州娘娘"的女神。

根据现有能查到的史料，夏盖山最早与禹搭上关系的人是南宋张即之。谢说净众教寺碑记说：(寺)"门有张即之书'大禹峰'三字。"元《一统志》也说："相传神禹曾驻于此。"明清方志等史料更是多有记载。谢说《夏盖山赋》说："昔夏后氏夙宵铲垦，胼胝决排。取晏流于汍滠，拯元元于鼍鲑。"《万历新修上虞县志》"夏盖山"条："自湖(蔡林菱湖)至北尽，一峰崒崪，高出天半，其形如盖，曰盖山。又云：大禹东巡驻盖，曰夏盖山。"《光绪上虞县志校续》：(夏盖山)"在县西北六十里……相传神禹曾驻于此"。而康熙绍兴府守俞卿的纪略说得更玄："帝相后缗避羿害居此。""帝相"就是夏代第五位君王姒相。俞卿这话的意思是说，姒相怀有身孕的妻子后缗，为了逃避后羿追杀，曾躲到这里隐居。有了先王禹的庇护，后缗逃过一劫，这才换来日后的"少康中兴"。今山之巅尚有"辰州娘娘"庙，山北坡脚线有"夏盖夫人"庙(俗称朝北庙)，山南有夏盖寺(宋治平三年赐额净众教寺)，都与大禹有关。

当然，要说神性之足，香火之盛，景色之佳，莫过于夏盖夫人庙。每年农历六月十五至七月中旬是其庙会期，此时，周遭远近乡民集聚庙中异常热闹，不但要奏乐伴舞，上供礼拜十分庄重，而其中的娱神节目还要细分迎神、降神、送神三个段落，且各有对应的颂词。兹录《迎神词》："九闾阖兮宵荧荧，涛澜汗兮风冷冷。纷虹幢兮来下，怅鸾驭兮未停。杳翩翩兮奈何，斋献揖兮跪肃。檀炉氲氲兮兰釭，辉铿有闻兮玉珮。"真可谓丝竹悠悠，法鼓朗响，颂偈清发，香火盛大。

庙侧有一处三眼井，相传也由大禹亲手穿凿，得名"禹王潭"。另外，庙周有"北海秋声""南湖春色""古柏笼云""窈洞玉龙""新松偃月""甘泉金鲤"六景，分别有诗以记其事。兹录诗三首：

南湖春色
春水满南湖，鸂鶒各成伍。

时有采蘋舟，晴载桃花雨。

古柏笼云
殿前有古柏，不知几千载。

托根何微微，云枝郁繁翠。

窈洞玉龙

岩下洞窈窈，神龙白如玉。

腾云雨八荒，降我无穷福。

由于夏盖山的独特风景和神奇，古人多有歌咏。明嘉靖举人小越罗康有诗曰："才了东山约，重登夏盖峰。崔嵬隐云雾，出没诧鱼龙。万仞雄乾柱，千年托禹踪。潮声吞日落，身世驾长风。"万历上虞县丞濮阳传有诗曰："夏盖山巅酒一樽，常来应有濮阳墩。酣余指点平湖海，村月无劳犬吠门。"清康熙崧厦乡绅俞得鲤《登盖山绝顶书壁》诗曰："绝巘参天出，柔风拂雨来。凫随双舄至，石似五丁开。海气蟠龙阁，湖光上佛台。衔杯忽长啸，眼看一春巉。"另外还有不少，此不一一列出。

夏盖山依附的大禹传说，本质上反映的是虞北乡民的大无畏抗争精神，这种不屈不挠的英勇气概代代相承。

唐长庆初，虞北五乡民众割田创夏盖湖，其规模之大在越州仅次于鉴湖，开湖挖出的土，在山两侧堆筑拦水堤塘，内固湖泊，外挡潮患，成为浙东海塘的前身。

明嘉靖间，倭寇数度侵袭上虞，烧杀抢掠，井里萧条，官民同仇敌忾，奋起还击，绍兴府通判雷鸣阳在山巅筑亭驻兵，瞭望军情，第一时间将得到的情报传至山下，军民团结屡败倭寇。嘉靖三十五年八月，名将卢镗在夏盖山大战倭寇，俘斩甚众，取得了决定性胜利。此后上虞倭患不再，河清海晏。

七七事变前后，上虞部分热血青年在1936年、1939年，两度登山盟誓，且在山巅巨幅岩壁上题刻"还我河山""前进""卧薪尝胆，湔雪国耻"等宣传标语，以唤起民众，声援抗日。

民国三十四年，日伪独立第四旅蔡廉部，进入夏盖

夏盖山

山东谢塘镇，新四军浙东游击纵队第五支队一大队，在余上县自卫大队配合下，分二路向蔡部发起攻击，敌寇抵挡不住，退至夏盖山麓，又被我军迎头痛击，这次战斗打死打伤敌军60余人。当然，我军也付出了一定代价。

大概是被夏盖山神禹精神召唤，许多英烈长眠于此。1945年，渡海北撤的浙东新四军部分牺牲官兵，安葬于此。1996年，上虞又在山东南麓建起一个1800平方米的烈士陵园，100多位英烈依山而眠，每逢清明，都有学生和各界人士前来祭奠。

20世纪中后期，上虞数万民众幕天席地，胼手胝足开展大规模治江围涂，所用石料相当部分采自夏盖山，以至于东首山体遭毁，当时"炸平夏盖山，开垦后海滩"的口号颇有气概，也算是壮士断腕。当然，后来环保意识觉醒，果断地停止了开山采石工程。截至2017年5月21日，上虞前后48年共围涂34万亩，夏盖山见证了这上虞历史上大气豪壮、可歌可泣的一幕。

治江围涂带来了安居乐业的生存环境，人们在围成的土地上，种出五香榨菜，列为"非遗"；栽培"野藤"葡萄，垦成"江南吐鲁番"；培育出"虞生优梨"——黄花梨与翠冠梨；建起了杭州湾上虞工业园区、杭州湾海上花田生态旅游度假区等，极大地加快了杭州湾南翼的发展速度，提升了前所未有的量级。这也许是当年大禹所不曾想到的。

昔日夏盖山孤处海陬，潮汐直薄，形影相吊。而如今前呼后拥，瓜瓞绵延，百业兴旺，赫赫立于杭州湾畔，装点岁月，尽显神威。其诗曰：

朔风漫雪禹峰劲，不屈不挠盖山魂。

烟波绿野沧海远，旭日红霞气象新。

堆高山:戴家秀峰藏宝寺

堆高山又名戴家山,位于上虞区南端章镇镇秀峰村内,属四明山余脉。四明山脉分三支进入上虞,南支从岭南乡入上虞西行,过覆卮山、天灯盏、堆高山,尽于章镇镇龚岙的曹娥江岸。

堆高山的最高峰秀峰尖海拔 361 米。秀峰尖向北 5000 余米即覆卮山景区,两地有山间小道相连。西、南两面与嵊州的叠石村相邻。

秀峰尖下环形分布着化树湾、猪头坑、小湾、戴家山、猢狲洞五个自然村,各村相距仅一二公里,有冯、郑、董、魏、祝、钟、王七姓。村庄规模都很小,小湾村稍大,住户也仅十余户。村中多为留守老人,年轻人大多已去城镇落户。这五个小自然村合称益丰村。20 世纪 50 年代,因秀峰尖一峰独秀而取村名壹峰,后来改成益丰,寓意粮食丰收。

堆高山应该叫戴家山还是堆高山,当地人也说不出所以然。此地有戴家山村,当地人发音也更接近“戴家山”,山名似乎应叫戴家山为妥,但戴家山住户不姓戴而姓魏,是早年从山下的魏村迁居于此。堆高山从魏村始,山势陡峭,层峦叠嶂,直抵秀峰尖,此山此峰仿佛层层堆叠,越堆越高。从字义上看,堆高山更贴合此山的形貌。

去堆高山,开车经章镇南大桥、龙浦、清潭、魏村,从魏村依盘山公路可直达山上停车场,不过山陡路窄弯急。车子一过清潭村侧,导航仪便交替着提示“你现在已进入嵊州市境内”“你现在已进入上虞区境内”,此地以清潭溪为界,是上虞、嵊州交界处,这里距胡村仅千余米,胡村就是胡兰成的出生地,张爱玲曾为这个浪子写下“愿使岁月静好,现世安稳”。张胡恋,令无数张迷内心五味杂陈、嗟叹不已。也可从魏村依山间小道步行,但见满目苍翠,群山竞秀,微风拂面,山涛阵阵。从半山腰向山下望去，西冷顶水库宛如一块碧绿的翡翠，镶嵌在青山间。不过没有当地人做向导，容易迷路。

堆高山土层深厚，山上竹木茂盛。山中盛产一种小个子的野笋"花头笋"，制成咸笋，酸爽可口，是佐饭神器。也有用盐制成烤笋，便于保存，在夏天用来炖老鸭，清爽可口。这里的笋煮干菜，放个二三年也不会长虫，不知何因。山上不时能看到大片茶园，村民白天采茶，晚上焙炒，制成似圆未圆、卷曲紧实、色泽青亮的辉白。因山上常常云雾缭绕，土质肥沃，茶的汁水青绿浓郁，香气醇厚。山间地势平缓处，是小块状的梯田，以前种植稻麦，现在则大多种植玉米、番薯、萝卜、豆类、青菜等，这里出产的萝卜有淡淡的甜味，与别处不同。农事季节比平原地区稍晚。

山上有各种野花、野果、野生动物。

春天，一丛丛白色、红色、紫色、蓝色、黄色、粉色的野花漫山遍野，我只认得映山红，其余叫不出名字。野花确实好看，好在长得自然，与周边的环境浑然一体。秋天，黄的、白的野菊花开得最为茂盛。冬春时，草兰相继绽放，散发着淡淡的幽香。

春天有一种既好看又好吃的野果"夹公"，当地有谚语"夹公夹婆，摘颗吃颗"，这

堆高山

111

是上虞各地常见的野果,形似草莓。另有一种长在深山密林的"奶油夹公",长在近人高的小灌木上,果实更大更甜。山中有野生猕猴桃,其藤常攀附树木而长,又因其果似梨,山民称之"藤梨",果实比种植的小,口感酸甜,用粟烧浸泡,据说能治病健身。与藤梨成熟期差不多的是板栗,颗粒大,但因价贱,当地已很少有人去采打,三界、章镇的妇人常来此捡拾。有一种较小的野生毛栗,比板栗容易保存。成熟期稍后的柿子,更无人采摘,大概鸟儿也不喜欢吃,深秋时,红彤彤的柿子挂在光秃秃的树上,真是一道好看的风景。初冬时的累酒荛,椭圆形的果实上长满刺,要经霜后变黄才能吃。

林中多鸟,山雀、画眉、黄莺、百灵鸟,叽叽喳喳,清脆悦耳。小溪中有石蟹、石吭。石蟹形体很小,蒸熟后全身通红,好看不好吃。石吭即石蛙,形体比青蛙要大,黑褐色,鸣叫时发出"吭吭"声。未成为保护动物前,山民常把石吭去除内脏后带皮清蒸,肉质鲜美。石亢腿上常有蚂蟥吸附,需小心去除。山中有野鸡、野兔、野猪、角麂。角麂头上长角,山羊大小,形似鹿,多在夜晚觅食,有时会窜入村中。现在角麂属保护动物,不准猎杀。据老猎人介绍,角麂肉炒腌菜,是一道难得的美味。

堆高山在秀峰寺建成前默默无闻,没有名人站台,没有名赋巨篇加持,名不见经传,一直鲜为人知。相传,明末时堆高山上建成秀峰庵。后年久失修,破败不堪。清嘉庆年间,僧人法裕募资重修。民国时颠和尚住持该处,示寂后由居士代管。"文革"时,仅存三间残殿。1994年,释行吉来此重修秀峰庵,山间传说其功力非凡,两手各挟一包水泥,仍健步如飞。1996年,更名秀峰寺。1998年,建立堆高山风景旅游开发区。现在秀峰寺规模宏大,大理石砌成的石阶高大气派,护栏雕刻精细,建筑群相贯38000平方米,鲜亮华丽的寺舍鳞次栉比,大雄宝殿高耸入云,高达2.8米的缅甸玉佛为镇山之宝。寺中香烟袅袅,梵音声声。秀峰寺周边青山翠谷,飞瀑直流,小溪潺潺。雨娘瀑高60米,水势磅礴。小龙瀑古藤横穿,秋冬披霜挂雪。胜龙瀑林木参天,石洞幽深。玉凤溪依山蜿蜒3800米,石阶随溪而行。溪边是野生的樱桃、柿树、榆庄、紫薇、枸骨等植物高大粗壮。

现在的秀峰寺,游客、香客络绎不绝,有上虞、绍兴的,也有宁波、上海的。节假日,有时堵车直至山脚下的魏村。山上冷饮、零食摊前,队伍排得很长。清代至新中国成立初,秀峰尖下的五个自然村都属魏村,实行并村后也叫新魏村,如今因寺兴旺,改名秀峰村。

凤鸣山：山藏古庙雪霜清

在上虞丰惠镇的东南方，矗立着一座名为凤鸣山的神奇山峰。它不仅是上虞的一颗璀璨明珠，更是道家文化和历史传说的重要载体。凤鸣山自然风光旖旎，更蕴藏着深厚的历史文化底蕴，与山水景观相得益彰，自古便是文人墨客争相探访的游览胜地。历史上，诸如晋代名臣谢安、宋代贤相李光，明代重臣潘府及上虞四谏叶经、陈绍、谢瑜、徐学诗，乃至户部尚书倪元璐、会稽才子徐渭、理学大师黄宗羲等，皆慕名而来，留下了无数脍炙人口的诗篇墨宝。特别是清代文人李方湛、黄百家的凤鸣山游记更是被后人广为传颂，历久弥新。

步入凤鸣山，首先映入眼帘的便是那古朴典雅的凤鸣坊，作为进入景区的门户，其横额题字出自绍兴书法名家沈定庵之手，笔力遒劲，气韵生动。柱上几副对联亦是书法艺术的瑰宝，正大联"步入南屏，洞泻流云河汉远；石门开处，山藏古庙雪霜清"描绘了由古城南门步入南山脚下，仰望凤鸣洞飞瀑流泉、瞻仰古庙巍峨的壮丽景象；小联"世称万古丹经王，养真修志契三家"则颂扬了魏伯阳融合"大易""黄老""炉火"三家理论，撰成《周易参同契》的修真之志。这些对联不仅展现了凤鸣山的自然风光和历史文化底蕴，更寄托了人们对这片土地的深厚情感和无限向往。

沿着山路蜿蜒而上，便可见到那传说中的"凤来亭"。此亭因凤凰曾在此栖息而得名，凤凰作为百鸟之王，其降临之处自然充满了祥瑞与美好。据旧《上虞县志》记载："昔有仙女跨鸾作凤鸣至此，土人立祠祀之。"这也可以说是凤鸣山名的由来。小亭坐落于青山峻岭之间，登山至此，既可歇脚休憩，又可凭栏远眺，感受"踏遍青山聊自息，面对清泉畅开怀"的悠然心境。亭旁，一座古朴典雅的小桥横跨溪涧之上，名曰"神龙穴小桥"。此桥不仅连接着两侧溪岸风景，更承载着一段关于神龙的美丽传说。凤鸣山的溪流,或成瀑布奔腾而下,或落溪涧潺潺流淌,终年不息,据说是因为山中藏有神龙。古人有诗为证:"巨灵触怒不周折,惊崖飞堕空中裂。半夜霹雳倒银河,定知下有神龙穴。"正是这份神秘与壮观,让后人在此飞瀑之下建起了这座小桥,以供游人驻足观赏,感受那份来自远古的震撼与美丽。

"仙马思凤"幽然坐落于凤来亭西侧的山崖之巅,是几块巧夺天工的巨型岩石,它们巧妙地勾勒出一匹骏马的形象,昂首挺胸,凌空欲跃,仿佛随时都会挣脱石质的束缚,驰骋于天际。这匹骏马,承载着一段古老的传说——它曾在烽火连天的战乱中受到仙姑娘娘的庇护,更在仙力的点化下蜕变为仙马,自此对仙姑娘娘心怀感激,时刻不忘报恩之情。仙马虽已仙去,但其温顺善良、勇往直前的精神却永存人间,这尊石马也因此被当地百姓视为勤劳与善良的化身,深受敬仰。

观梅亭,亦称魏公饮酒亭,其名背后藏着一段佳话。相传魏伯阳在凤鸣山炼丹的岁月里,常与挚友相聚于此,品酒赏梅,畅谈天地。冬日里,梅花傲雪绽放,亭下银装素裹,一树树梅花以它那纤巧的花蕊、洁白如玉的花瓣,散发出沁人心脾的清香,清气满溢,疏影横斜,令人沉醉不已。大儒黄宗羲曾以诗赞颂此景:"古虞十里城南路,柳绽梅开到凤鸣。洞泻流云河汉远,山藏古庙雪霜清",字里行间尽显观梅亭下梅花俏丽的景致;清《光绪上虞县志》卷二十八中载:"凤鸣山茶,以山上瀑布泉烹之,色香味俱绝,或以县北老婆岭泉烹之,亦佳。明黄宗羲有诗咏凤鸣山茶。"此地朝北,终年云雾缭绕,加之微酸性的黄土壤,为茶树的生长提供了得天独厚的条件。若以凤鸣清泉烹煮凤鸣茶,茶汤更是色泽清亮,香气扑鼻,回味无穷。

凤鸣山的自然景观中最为人称许的要数仙姑洞边的"悬石飞瀑"和"千年古藤"了。宋时上虞知县陈炳曾作观瀑诗曰:"巨灵怒触不周折,惊崖飞堕空中裂。半夜霹雳倒银河,定知下有神龙穴。"悬石飞瀑位于山巅之上,水流从高处倾泻而下,形成一道壮观的瀑布。瀑布水声轰鸣,气势磅礴,仿佛大自然的乐章。"灵根寄托石崖间,劲干蜿蜒过交川,应是仙姑巧扮妆,青丝头上镶翠钿",千年古藤则缠绕在古树之间,历经风雨沧桑,却依然生机勃勃,象征着生命的顽强与坚韧。其中悬石飞瀑,背后还有一个凄美动人的传说。据《上虞传说》一书所载,古时上虞大部分地域尚沉浸于海水之中,凤鸣山仅为一孤岛。山麓之下,有一少女因不堪后母的虐待,逃入南山修行。其父归家后,驾舟寻女,历经千辛万苦终得相见,却无奈仙凡有别,呼唤不应,奔跑不及。气急之下，其父掷石欲唤回女儿，却只见山崖合拢，女儿隐入洞中，随后山泉自洞顶倾泻而下，化作今日之悬石飞瀑。这瀑布不仅见证了父女间深厚的情感纠葛，更成了凤鸣山上一道独特的风景线，引人遐想联翩。

在凤鸣洞之左，矗立着一处具有极高文化价值的历史遗迹——炼丹台。这里是东汉著名炼丹术家魏伯阳潜心养性、修真悟道之地。在历史的长河中，东汉中叶时期，上虞诞生了这位万古丹经王，他出身于显赫的缙绅之家，道号伯阳先生。魏伯阳虽承袭世袭之爵，却毅然选择不涉仕途，转而潜心修身养性，致力于道术的研究。他博古通今，才华横溢，不仅精通诗律，更在道术上有着非凡的造诣，被誉为上虞"三仙六奇人"之一。他在继承《龙虎经》炼丹精髓的基础上，不断实践创新，终于达到了当时炼丹术的巅峰。东晋以前，道教的典籍中已将四明山列为全国道教十大洞天之一，而凤鸣山正是这三十六小洞天中的第九洞天，被誉为"洞天福地"，是道家追求"天人合一"宇宙生态科学的理想之境。魏伯阳以《周易》为基，巧妙地融合了"大易""黄老"与"炉火"三家之精髓，撰写了举世闻名的《周易参同契》。这部著作不仅是世界上最早的炼丹术典籍，更因其对化学科学的启蒙作用，在世界科技史上占据了举足轻重的地位，被世界著名科技史学家李约瑟博士誉为"全球第一本化学著作"。《周易参同契》这部汇集易经、道家哲学、生命科学之作，其中包含了中华民族

凤鸣山

最高深的承天接地的文化,是一颗东方文化的明珠,因深奥而埋藏。在心灵内修上,产生天人同频共振模式,提升了维度,拉大了能量场域的带宽,打开了生命的内在能量,使之祛病延年。

凤鸣真人祠,这座承载着深厚历史底蕴的古建筑,据传始建于2000年前。其背后流传着东汉曹盱来此求子,得孝女曹娥的动人故事,距今已有1800多年的历史。如清光绪《曹孝女庙志》载:"(曹盱)公无子,求于凤鸣山真人。母梦凤鸣真人赐以孝女。夫人生于汉顺帝永建五年(130)。"南宋乾道年间(1165—1173),上虞遭遇罕见大旱,百姓生计堪忧。时任知县钱似之,心怀苍生,毅然决然地踏上前往凤鸣山的虔诚之旅,于山巅之上焚香祈雨,愿以一片赤诚之心,换取上苍之甘霖。奇迹似乎应验了他的诚挚,未几,他刚返回县衙,天际便乌云密布,大雨倾盆而下,久旱之地终得润泽,万物复苏,农田再现生机。知县钱似之满心欢喜,深感此乃神迹,遂急书奏章上报朝廷,颂扬凤鸣山之神灵显圣。皇恩浩荡,特旨扩建凤鸣真人祠,并御赐匾额"灵惠",尊称为"灵惠王庙",以示嘉奖与尊崇。庙宇扩建后,更添五间殿堂,以供奉传说中的仙姑,香火由此更加鼎盛,信徒络绎不绝,朝拜者中不乏远道而来的善男信女。岁月流转,凤鸣山逐渐成了远近闻名的道教圣地,其仙山道源的美誉流传千古。而"仙姑娘娘"作为百姓心中的守护神,其影响力不局限于上虞一隅,更跨越地域远播至宁波、上海乃至海外。无数信徒怀揣虔诚之心,跋山涉水,只为登山一拜,祈求庇佑。更有甚者,愿倾尽所有,包括财富与精力,以表对"仙姑娘娘"的无限敬仰与感激之情。

"山不在高,有仙则名。"上虞的这处自然、文化地标——凤鸣山,隐匿于幽邃的林海与缥缈的仙境之中,不仅自然风光旖旎,更孕育了深厚的道家丹道文化,成为浙东地区一颗璀璨的修身养性明珠和现代人寻求心灵宁静与超脱的圣地。

萝岩山:萝岩佳气郁青苍

萝岩山,又名"罗岩山""龙眼山",位于上虞老县城丰惠镇东北,是丰惠镇与驿亭镇横塘片的界山。东西走向,南北两面陡峭,主峰海拔344.8米。"丹崖翠壑,雄冠众山",因周围山势低,不太高的萝岩山便有东岳泰山突兀峻拔之感,故被誉为上虞城的"岱宗"。萝岩山东面有一块赤石,状如妇女,俗称"玉女峰"。山南、山北有一条登山磴道直达顶峰,山峰两侧陡峭光洁,酷似一条拖船过坝的"背脊",俗称"拖船岭"。山顶东西散布着4口清澈见底、终年不竭的泉井,俗称"龙潭""龙眼",故当地居民称萝岩山为"龙眼山"。山上有元末建造的清隐寺,历史悠久,传说众多。现萝岩山北坡已建2.5米宽的蜿蜒小路,小汽车可直达。

萝岩山位于丰惠镇东北约7里,与驿亭镇横塘片交界,海拔344.8米,东西走向,南北两面陡峭。明《万历新修上虞县志》载"丹崖矗壁,雄冠群山",《四库全书》也说"丹崖翠壑,泉石甚胜,其旁数山环列,而罗岩为之冠"。萝岩山只有300余米高度,而能称雄冠众山,主要是丰惠镇东部地势平坦,夹塘、铺前一带海拔低至3.8米。萝岩山平地突起如众星拱月,因此被称为上虞城的"岱宗"。从上虞老县城丰惠的角度来说,萝岩山与相邻的五癸山是阻遏东北方向台风的重要屏障。上虞一般没有地震等危害性特别大的自然灾害,台风是对人们生活影响最大的灾害天气。高耸的萝岩山一字横展,正好给上虞城一个安全屏障,使人有安心可靠之感。因此,萝岩山对于古城丰惠,有着保护县城、安定人心的特殊意义。

"萝岩"之名因何而得? 向来有多种说法:据丰惠古城老人回忆,因山上有泉眼叫"龙眼泉",于是这座山就叫"龙眼山"。后来文人雅士嫌这个名字土气,于是就谐其音雅化为"萝岩山"。又有人认为此山土泽肥厚,山上树木间藤萝密布,故称"萝岩

萝岩山

山"。还有人认为山的西部有巨岩高起,裸露于山岭之间,故称"裸岩山",后转音雅化而为"萝岩山"。萝岩山半山有一块9米多高的大岩壁,上面刻着"罗岩"两个篆字,是明代上虞著名书法家俞裡所题,故又有"罗岩山"一名。

　　萝岩山东面有一块赤石,"如美女状,俗呼为赤石夫人",明代葛晓和杨珂登萝岩山,认为不雅,易名"玉女峰"。又山南有一条登山的磴道,登上顶峰,山峰两侧陡峭光洁,酷似一条拖船过坝的拖坝"背脊",俗称"拖船岭"。又山顶东、西还散布有4口清澈见底、终年不竭的泉井,让人惊叹不已。明《万历新修上虞县志》载:"有坎出泉,未尝干溢,汲山上不乏,曰龙眼,一名龙潭。"人们将此与呼风唤雨、威力无穷的神龙联系起来,俗称"龙潭""龙眼",丰惠东乡一带的居民甚至称萝岩山为"龙眼山"。山上还有大小车岩、石龟、石笋等。北坡山脚下有包娥孝女墓和包娥祠。

萝岩山不但有山势巍峨、奇拔峻秀的风光,积淀下来的历史文化也十分丰厚,民间传说更是带有奇妙神秘的色彩。萝岩山顶有一座桑太保庙,相传是祭祀桑宪保兄弟10人。据说他们的母亲被老虎衔去衔入萝岩山,十兄弟为救母亲把萝岩山团团围住,发誓要捕获这只老虎救出母亲,所以后来在萝岩山周围分布着10座庙宇,如新通明的梁王庙(祀桑二侯王)、俞家坝的潮进庙(祀桑九侯王)、二都眠狗山桑五侯王庙(祀桑五侯王)、二都湖顶里石窟庙(祀桑八侯王)等。这10位桑姓侯王就是准备捕虎救母亲的。萝岩山主峰西南半山腰有一巨型石壁称"石抽屉",传说早年萝岩山下有一位叫阿子的青年农民,以种蒲瓜度日。有一年,他种了300余株蒲瓜,长势喜人,但到了收获季节,只摘了一条小瓜。眼看一年收成落空,阿子坐在瓜地里发呆。忽见远处走来一位长老,对阿子说:"后生你不要难过,今天虽然只摘得一条小瓜,但这小瓜可是宝贝,明日端午节,你可到山西石抽屉那里,一面用瓜叩门,一面念'笃、笃、笃,石门开,石人老爷有信来'的秘咒,一定能碰上好运气。"话毕,长老化作一片轻云腾空散去。次日,青年来到石抽屉前,如老人所言念咒叩瓜。话音刚落,洞门大开,洞内走出一位童子,问阿子来因,阿子如实禀告,童子转身拿出一包金银珠宝相送。阿子得宝,匆匆离开,从此过上美满生活。但他却把蒲瓜遗忘在洞里,从此也没人再能打开石抽屉了。刘伯温任元江浙行省副提举、都事时,曾到上虞畅游此山。他由南麓拾级而上,一路"峰峦环列""磴道盘空""险峻不容趾"的神险风貌,给他留下深刻印象。当他听到"桑太保""石抽屉"的神秘传说时,更是兴趣高涨,流连忘返。美妙的传说,千百年来引得游人常在此驻足遐思。

萝岩山上有一座规模较大的清隐寺,原名清隐庵,历代方志均有记载。元末,一位叫德清的余姚僧人到上虞,游览此山,见"林峦深秀绕溪流,乱泉飞下翠屏中。万古无人能手卷,紫萝为带月为钩"万千景象,遂带着弟子心隐,在山上结茅为庐,化缘度日,终于在山巅建造起清隐庵,有龙王殿、相公殿、三圣殿等,颇为壮观。师徒俩想起刘伯温曾登游此山,便特地赶到应天,请已成为朱元璋国师的刘伯温为庵题签匾额。刘伯温出于对该山的美好记忆,欣然从命。从此,寺以人望,萝岩山更是闻名遐迩。清隐寺环境幽静,风光旖旎,宜于士子们闭门读书、修身养性,也为怀才不遇者放飞烦恼、排遣忧思。清俞廷飏撰有《罗岩清隐寺》诗："寺门长揖礼空王,拍手高歌势激昂。怪石负花拦客路,断云拖雨入僧房。频径胜地添新句,最爱名山属故乡。愿作老樵终隐此,半生行脚为贫忙。"

萝岩山上有3处摩崖石刻,即"罗岩"题刻、"苏奎醉书"题刻和"棋盘纹"石刻。"罗岩"题刻位于主峰西南半山腰一块叫"石抽屉"的岩石上。该山岩面南向,东面石刻自右至左阴刻篆书"罗岩"二字,西面四行阴刻楷字为落款,曰:"洪武戊午冬,李成、俞裎、陈山、陈文、俞成、葛兴至此,俞裎、屠弘葛原保又至。""苏奎醉书"题刻位于"罗岩"石刻东北首相距约300米面朝北临路的岩壁上。由于年久风化,字迹漫漶不清,清代名人王振纲《罗岩石壁篆歌》云:"玉女峰头留古篆,篆文皱瘦结苔藓。试问昔年镌者谁?姓氏模糊已难辨。"后经杭州金石爱好者姜建清辨认为:"嘉会逢诗口,况兹春日晴。笋生苔迸面,风定树收声。危栈口天险,回岐见路平。翻思朝市客,口口此门行。上虞令常熟苏奎偕诸乡官、潘孔修辈萝岩醉书。"苏奎为江苏常熟人,明弘治间任上虞令。"棋盘石"石刻位于萝岩山主峰清隐寺西首北约100米处,在80厘米大小的岩石上刻着68厘米见方、纵横各为18格的围棋棋盘,不署年份,线纹略显模糊,俗名"棋盘石"。2006年,萝岩山摩崖石刻被公布为上虞市第九批市级文物保护单位。

萝岩山奇拔峻秀、丹崖翠壑,突兀雄立于群峰之中,站在山顶上纵目望远,万里层云,山河远阔。山上林丛间奇石嶙峋,崖壁陡立,绝险胜景。加上山顶泉眼清澈、古寺庄严、摩崖遗存、风光秀美,历代文人墨客登临此山、休憩禅庵、饮清凉池、临笙竹湾,游览之余写下许多诗篇佳作。明代进士、曾任《永乐大典》副总裁的上虞人叶砥,在游览萝岩山后诗云:"何处登临散百忧,萝岩绝顶思悠悠。风云今古寻常变,江海东西咫尺流。佩剑欲凌孤鹤背,钓竿将犯六鳌头。谁能久厌寰中隘,唤起灵均赋远游。"表达了登顶后借景感悟,开阔胸襟、立定志向努力的思绪。陈维新的《登萝岩山》说"有萝可以隐,有岩可以栖",堪称萝岩山解密。俞廷飏《游萝岩山》豪迈说:"萝岩佳气郁青苍……目穷沧海无边际,手摘星辰列上方,到此胸襟都豁达……"另有宋代陈尧佐,明著名文学家、东山谢氏后人谢肃的《登萝岩》(五首),杨抚《游萝岩》,葛錬《萝岩赏雪》,清王煦《登萝岩山》,陈颖《游萝岩山》,陈燧《游萝岩》,夏鑑《萝岩夕照》等,更是为这座名山增添了深厚的文化内涵和人文华彩。

太平山：道教名山心太平

太平山，是上虞一座著名的道教名山。《光绪上虞县志》记载，"太平山在县南五十五里。《舆地志》云：其形如伞，亦名伞山。"太平山百姓素称丹山，上山古道叫丹山岭，半岭凉亭叫丹山亭（县志称望仙亭）。

太平山是四明山支脉，由余姚入境，方圆120余里，海拔710余米，林木荫翳，清溪回流，曲径通幽，鸟语花香，一派世外桃源景象，不啻洞天福地。山之东北坡均为上虞陈溪乡地域，西坡与岭南乡接壤，南首则与余姚四明山镇相连，此山实为余姚、上虞两县的界石。

山巅有一巨大石群叫棋盘岩，坐南朝北，为虞南各乡镇的地理坐标。无论从哪个角度眺望，都像一把太师椅上坐着一位慈祥老人，俯瞰着山下大地，护佑着她的子民。史书曰：远眺棋盘岩，兀立于山，于云雾中若隐若现，疑似仙境；登其上，只见巨石堆垒，整齐有方，仪态万千，似是神造。

名士雅集

太平山的开山祖师是东汉高道于吉，山东琅琊（今山东胶南）人。"（他）寓居东方，往来吴会（会稽），立精舍，烧香读道书，制作符水以治病，吴会人，多事之。"于吉访得越地太平山，山顶有良畴数十顷，横塘溉之，无水旱，又觅得石群中"方石空起，下施支石"，遂入洞居住，潜心著述，完成经书百余卷，以山命名，曰《太平青箓》，又称《太平经》。

《太平经》问世后，太平山声名鹊起，一大批名士纷至沓来：或隐居，以求其志；或避世，以全其道；或优游，以畅其怀；或炼丹，以究其理；或避乱，以安其心。致使太平山成为越地一处文化高地,名士雅集之所,中国道教的学术成就获得高度展现。

隐居,以求其志者如谢敷。谢敷,字庆绪,东晋会稽名士,"性澄靖寡欲",时人将他与戴逵并称。他吃素念佛,"入太平山十余年"。官府屡次征召皆不就。

避世,以全其道者如杜京产。杜京产,字景齐,南朝钱塘(今杭州)人。早年与同郡顾欢游学始宁,在东山开舍讲学。后南走太平山,在主峰之侧的日门山筑馆授徒。齐武帝永明八年(490),被誉为"山中宰相"的陶弘景上太平山拜访杜京产,并为杜氏撰写日门馆碑文,文云:吴群杜徵君拓宁太平之东,结架菁山之北,爱以此处幽奇,别就基址,栖集有道,多历世年。

优游,以畅其怀者如孙绰。孙绰,太原中都(今山西平遥)人。曾参加王羲之、谢安组织的兰亭会。他在永嘉太守任上,曾邀约谢安、王羲之、许询、阮裕、支遁等游览过太平山,留下名篇《太平山铭》,把太平山的秀岭、奇峰、翠霞、丘壑描摹得淋漓尽致。

炼丹,以究其理者如葛洪。葛洪,字稚川,自号"抱朴子",丹阳郡句容(今江苏句容)人。他是东晋时期著名的道教领袖,内擅丹道,外习医术,思想敏锐,著作等身。

避乱,以安其心者如刘履。刘履,字坦之,南宋侍御史刘汉弼四世孙,上虞乡贤。讲解诸经,尤精《诗》《书》。元军侵入虞城,入太平山避乱,号"草泽闲民"。居山期间,潜心研学,著《补注选诗》八卷。

尔后唐宋元明各代,道教逐渐淡出历史舞台,但文人墨客上山瞻仰者仍大有人在:如唐代诗人孟郊,宋代诗人陆游,明代国师刘伯温、兵部尚书王阳明及诗人徐维贤、徐子麟等都到过太平山,有大量诗文传世。

古迹遗存

太平山村坐落在太平山麓,以山命名,金为大姓。"林下一人"牌坊是该村古老的历史建筑,原屹立在金家祠堂前,1962年特大台风,北村口"又村桥"被洪水冲毁,翌年,太平山支部、村委无奈拆除"林下一人"坊,用其石材建"凤合桥"。

"林下一人"牌坊,上款书"南户部尚书郑三俊为",下款书"礼部主事徐观复赠",上下连起来一读,表述十分明晰,"林下一人"牌坊为明崇祯朝户部尚书郑三俊所赠,但题匾"林下一人"四字并非尚书原创,而是徐观复读宋代词人韦骧的《减字木兰花》

的有感而发："存养天真，安用浮名绊此身。解绶眠云，林下何曾见一人。"徐观复生性刚直，见皇上昏庸，魏党专权，不愿趋炎附势，急流勇退，甘愿回家承欢老母膝下，后母亲千古，结庐太平山墓侧守孝，自命"林下一人"。

2011年，"林下一人"牌坊重建，屹立在太平山北村口百岭公路侧，"林下一人"四字是古坊原字拓印镌刻而成，字体厚重道劲。牌坊的柱子、横梁、望牌、顶盖及固基石狮，都是太平山棋盘岩的优质花岗石"银花"，在当今新建牌坊中，以花岗石建造得可能无出其右。

郑三俊，字伯良，号元岳，直隶建德（今安徽石台）人，明万历二十六年(1598)进士。他与徐观复既是同朝为官的臣子，又是政见一致的耿直、端亮、清廉的忠君义士，但郑三俊仕途坎坷，三起三落，受徐观复相邀，先后三次入住太平山，时间共达25年。

当下户部尚书郑三俊的"一品堂"匾额悬挂于"张氏祠堂"的前厅，因太平山村张姓系乾隆二十七年从城东润滋湖迁入太平山，而此处正是郑三俊原居遗址，悬挂"一品堂"匾额，意在纪念先贤郑三俊。如今又命名为"清亮堂"，室内图文并茂，系统地展出郑三俊生平简历、入住年谱及众多郑公的诗文和清廉故事。

风物特产

《四明山志》载，"太平山有炼丹石三，一方石广数丈。二圆石，类釜臼。方石空起，下施支石，相传于吉之石室，今存，山下有干(乾)溪"。

干溪发源于四明山腹地仰天湖北侧的一大片开阔低洼的高山沼泽地，至太平山村流量颇丰，能冲击造纸厂的大轮盘飞速旋转。昔日太平山村有纸厂五六家，水碓

太平山

厂三家。纸厂养活了半堡的太平山人,水碓厂是舂米、磕年糕的场地。沿溪水渠众多,灌溉了全村400余亩农田,太平山人的生息繁衍,瓜瓞延绵全仗这条母亲河。

干溪最野、最险、最幽的一段叫龙潭坑(今称神仙峡谷)全长4000米,相传有一条雄鸡龙潜伏而得名。峡谷两岸峭壁陡立,罅隙间藤蔓攀互飘拂,山花点点。溪水斗折蛇行,时隐时现,发出各种不同的美妙声响。有瀑布十多处,因落差不同,各显异彩。深谷幽幽,云雾缭绕,涧风阵阵,是鬼斧神工的杰作,是山水石的美妙组合,是竹、树、草的相得益彰,是原始的生灵与自然的和谐共存。

有一年上虞大旱,土地龟裂,县太爷带着一行人,冒着烈日,不戴凉帽,穿着草鞋,到此求雨。龙王见其虔诚,大雨瓢泼。县太爷毕竟是文人,身体羸弱,未进城门,奄奄一息,留下一篇《县太爷求雨》的故事。

如今龙潭坑是探险者的乐园,山外驴友纷登其上,晒出不少惊险照片,亦有驴友撰文《龙潭坑,深藏闺阁谁人识?》,刊载在《绍兴日报》上,使太平山声名远扬!

更值得一提的是该村"黄精共富工坊"。太平山村群山环列,气候凉爽,在大片毛竹山里,生长着野生黄精,其食用历史可追溯到东晋南北朝时期,于吉、葛洪、杜京产等在山上隐修,黄精是他们重要的食品之一,时称"太阳草"。据《本草纲目》载:"黄精得坤土之气,获天地之精。补诸虚,安五脏,益脾胃,润心肺,助筋骨。"

太平山村已创建"神仙百草园"中草药研学基地,有金银花、青木香、刘寄奴、茯苓、四叶对、半边莲等小型栽培种植,主要锚定黄精产业为发展方向,坚持"九蒸九晒"传统制法,并开发出黄精酒、黄精茶、黄精食品等多项产品,为乡村振兴注入新鲜活力。目前已种植黄精1000余亩,累计为村集体经济增收100余万元,并帮助40余位村民再就业。

"太平山要发展,乡村要振兴,做好产业是关键。我们挖掘了'仙人余粮'中草药黄精,下一步要积极打造黄精精品示范园,开发好黄精的衍生产品,不求把产量做大,只求把黄精产品做精!"太平山村党支部书记张文军如是说。

称山：江树浮烟昼窈冥

在浙东唐诗之路上，有一个著名"站点"，这就是被唐朝诗人竞相吟咏的越中名山——称山。它位于今杭甬高速和上三高速交接处沽渚立交桥南侧，山高194.5米，广10余里，踞平原而高耸，濒海湾而独立，环境优美，风景秀丽。

称山，又名称心山，是构成越中历史名镇道墟地域文化的重要元素，据《上虞乡镇街道历史文化丛书·道墟卷》（本文相关资料均引自此书）称："道墟四周以湖山环抱，称为翠微之胜。鉴湖之涧淳潗其西，称山之崖耸峙其北，而东侧曹娥江，其流浩渺，远达于海。南而可挹者则有稷山，奇秀深窈，亘数十里。朝夕晦暝，云雨出奇，烟雾变态，卉木呈祥，苍蔚之气与云雨掩映。"

称山，人文历史悠久。称山古为大海边的一座海崖，崖上出产灵芝，传说金牛常出没其间，偷食仙芝，又因此山其形酷似卧牛，所以古时称"金牛山"。其风水宝地为唐人所盛赞。

而"称山"的得名，源于越王勾践在此山上称炭铸剑，故名"称山"。其后又有晋代葛洪在此炼丹，颇为称心，故也被称为"称心山"。后有章姓得道者继葛洪之后接着修道炼丹，又名章氏丹山。南朝时，江南名士谢灵运在此开山置景，建为别业。南朝梁时，梁武帝推崇佛教，梁大同三年(537)，遂以谢氏别园敕建为称心资德寺，简称"称心寺"。称心寺绀宇琳宫，越中之冠，与云门、天衣两寺为越中三大名寺。称心寺由于是皇帝的敕建，所以规模宏大，建筑辉煌精美。寺院占地460亩，有山门、大殿、藏经阁、钟楼等许多宏伟的建筑，且装饰得十分精美。从现存镶嵌在称山风景区入口处的两块残存的石构件来看，图案花纹各异，雕刻得十分精致。从中可见，当年的称心寺是何等金碧辉煌。

隋末,佛教天台宗智者大师首席弟子章安尊者(即天台五祖灌顶大师,台州章安人)集述其师遗著,演为法华,于称心寺讲道弘法,受门徒三千,天台教义得扬,依称心为三宝之殿。

千百年来,经历各朝各代,名山古刹称心寺屡毁屡建,虽然最终还是消失在历史的长河里,但在世人的心目中影响深远。

称山,景色迷人。称山十景,引人入胜。首推第一景"马跑双井",此景在称山寺东南,俗呼"外井"。相传谢灵运开山乏饮,马跑得泉,故名。此井泉水味甘,皎洁明丽,虽大旱不涸,可与杭州之虎跑、苏州之惠泉媲美,有石栏覆其上,纪有"唐神龙元年"年号。古人有诗云:"飞翠晴空外,樵歌去路赊。瀑寒百尺雨,松古半边花。鸟语藏深竹,经声出晚霞。寺僧多少客,涧水试新茶。"

其他九景"龙镜清泓、龙额看云、玉屏晚钟、伏狮雄蹲、青丹翠竦、两山洞天、鹤泉影照、仙姑烟云、宜嘉上看",有的现已湮废,但透过景点名称,字里字外,可以想见当年这些景点的诗情画意和独特韵味。

称山,文化灿烂。在唐代,称山因翠微海景成为浙东唐诗之路上的一大风景。其时浙东运河尚未开凿,越人及各地诗人进剡,必循故越水道至道墟称山脚下,过杜浦堰,拖坝入江海,再沿曹娥江溯流而上,才能到达。故称山为浙东唐诗之路必经之地,又加此山有"海霞岛雾,掩映回错,鱼鸟上下,波泳云礴"之景;同时,称心寺又是越中三大名寺之一。名山名寺名景,引得迁客骚人纷至沓来。当年,诗人骆宾王帮徐敬业讨伐武则天事败,自扬州辗转越中取水道经天台回家乡义乌隐居,路过道墟,登临称山,赋诗一首云:"征帆恣远寻,逶迤过称心。凝滞蘅苢岸,沿洄橘柚林。穿溆不压曲,舣潭惟爱深。为乐凡几许,听取舟中琴。"

唐代,凡游走这条诗路的诗人,路经这里,都会留下脍炙人口的诗句。如方干诗云:"水本深不极,似将星汉连。中州惟此地,下界别无天。雪折停猿树,花藏浴鹤泉。师为终老意,日日复年年。"如被唐朝宗室、宰相李适之大加赞扬的宋之问那诗:"释氏怀三隐,清襟谒四禅。江鸣潮未落,林晓日初悬。宝叶交香雨,金沙吐细泉,望谐丹客趣,思发海人烟。顾栃仍留马,乘杯久弃船。未忧龟负岳,且识鸟耘田。理契都无象,心冥不倚筌。安期庶可揖,天地得齐年。"如孙逖的"郡府乘休日,王城访道初。觉花迎步履,香草藉行车。倚阁观无际,寻山尽太虚。岩空迷禹迹,海静望秦余。翡翠巢珠网,鹤鸡间绮疏。地灵资净土,水若护真如。宝树随攀折,禅云自卷舒。晴分五湖势,烟合九夷居。生灭纷无象,窥临已得鱼。尝闻宝刀赠,今日奉琼琚。"如此等等,不一而足。

称山不仅是唐诗之路上的一座名山,也是钱塘江的观潮胜地。称山脚下,在明代以前为曹娥江入海口,所以登上称山,可以观看钱塘江入海口的怒潮。明初章遗安先生体会最深,他的《称心观潮》诗曰:"江树浮烟昼窈冥,海门风急怒潮生。心惊滟滪奔腾势,耳季昆阳战争声。极浦沙崩飞鹭鸟,潜潭水立起鲛鲸。伍员忠魂今何在,

称山

千古令人意不平。"

关于称心观潮,诗仙李白颇有感慨。公元747年秋,李白至越,访知遇之交贺知章于称心山麓贺家池畔。可惜的是,此时贺知章已故世多年,李白不禁为之嘘唏,感叹之余乘便游称山,观秋潮,以散心抒怀。李白到达称山后,对称山风景赞不绝口,非常留恋,唯一感到遗憾的是,当天江海涨的是暗潮,无法看到波澜壮阔的称心海潮。即便如此,后来,当他的朋友纪秀才游越时,李白还是首先向他推介了称山,另外还介绍了几个其他越中的著名景点。"海水不归眼,观涛难称心,即知蓬莱石,却是巨鳌簪。送尔游华顶,令余发舄吟。仙人居射的,道士居山阴。禹穴寻溪入,云门隔岭深。绿萝秋月夜,相忆在鸣琴。"在这首《送纪秀才游越》的诗中,前四句重点介绍了称山是大海中的一座仙山,只是他自己去的时候,由于天缘不凑巧,正好碰到海水不归眼的日子,以至于来到观潮胜地却没有看到自己十分想看的潮水。后面八句讲自己在登上称山之巅后的感受及在称山上所能看到的几个绍兴的著名景点。由此诗,便可证明称山在唐代是一座知名度极高的名山。

称山因其具有山海江湖之妙,又加上唐代大诗人骆宾王、宋之问、李白等游历题咏以及同代诗人方干、孙逖等相继唱酬之后,声名大噪,历朝历代游客凡来越中,大都必至其地。有的虽然因故未至,但心系称山在文字之间寄托闲情,如清康熙年间著名的桐城派领袖人物戴名世先生,即以未尝亲至称山而作文以为憾。名士显宦如宋之曾公亮、明之刘基、郭传、唐肃、戴良、唐之淳、宋濂、刘宗周、徐渭、姜埰、张煌言、朱舜水……皆有文字题咏酬唱。清朝嘉庆年间,乡人赵甸、章世法等搜求得到历代先贤部分遗著,辑为《称山图经》五卷,作为地域文化宝贵资料加以珍藏。

历史变迁,沧海桑田,称山不再有昔日的热闹,然而,随着历史的远去,称山当年的风光仍然依稀可见,毕竟,称山作为浙东唐诗之路的重要站点,其历史人文内涵和文化名山韵味,必将越来越浓郁!

峰山：俎豆千秋拜汉宫

　　峰山，位于上虞区曹娥街道梁巷村东北方，南距 104 国道 300 余米，北邻人民西路约 200 米，海拔 40.3 米，东西长近 230 米，南北宽约 180 米。山上绿树成林，翠竹吟风，四周绿野平旷，阡陌交通，一派江南水乡风光。

　　峰山，虽没有危崖深涧之险要，也无龙吟虎啸之威仪，但在中外佛教界，却是享有赫赫大名的"道山"。唐初，密宗大师顺晓阿阇梨初在山东弘法，后又选择越州之峰山修研佛理弘法，故此地又被称为"峰山道场"。

　　唐贞元二十年(804)，日本国僧最澄法师随第十二次遣唐使团入唐求法，先在宁波景福律寺学习，后转赴台州临海，在天台山佛陇寺(属天台宗)学习。据《显戒论缘起》载：唐贞元二十一年(805)，最澄一行到中国天台取经，天台一家之法门已具。到明州(今宁波)即将回国之际，明州刺史郑审则接待他，得知最澄已学得天台一派佛法，郑便告之，还值得去越州(今绍兴)学习密宗佛法。最澄一行接了明州府度牒，乘舟由浙东运河往西，渡过曹娥江抵达峰山脚下，幸遇时在峰山道场弘法的顺晓大德阿阇梨，顺晓向最澄传授了密宗佛法的两部"灌顶"和部分"道具"，并介绍他去绍兴龙兴寺寂照和尚处购买了其他一部分"道具"。同年四月十九日，最澄大师带着 102 部(115 卷)密宗经书和道具、法器等启程回国，他的中国取经之行画上了一个圆满的句号。最澄返回日本后，"台""密""禅""戒"兼修，创立了日本佛界最早的门派——天台宗。最澄创立日本天台宗后，再回峰山为其先师顺晓塑像。后来，石雕佛像与"道场"均在"会昌法难"中被毁，仅存一块残缺胸像。据考证，这尊残像正是最澄为其师顺晓所塑。一般的佛像皆坐北朝南，而峰山这尊佛像却是坐西朝东。最澄让师父面向东方大海，就是希望在自己东渡回国后，师父依然能够见到他。

1996 年,浙江省旅游局何思源赴日本考察时,发现了 1000 多年前最澄大师到过峰山的有关物证,后经省内专家和日本天台宗宗务厅共同考证,确认峰山道场为最澄受法之地,峰山道场为日本密宗祖庭。1999 年 5 月,日本佛教协会会长、天台宗座主渡边惠进率日本天台宗朝拜团一行 240 多人,来峰山考察朝拜,并树渡边亲书"传教大师最澄受法灵迹碑"11 字石碑一块,石碑现立于山顶一亭子内。

峰山虽是一座孤山,但仍属会稽山余脉。早在唐代,会稽山区就以盛产茶叶闻名。陆羽曾在《茶经》里提道:"(茶)浙东以越州上。"相传,最澄大师就是在峰山道场学习期间,得到了一本陆羽的《茶经》,并收集了附近茶区的茶籽引种至日本,使日本成为最早得到中国茶种的国家之一。直到现在,最澄带回茶籽进行试种的京都比睿山日吉神社旁边,还有日吉茶园存在,这是全日本最古老的茶园。最澄的故乡——日本滋贺县的信乐町,也是日本最古老的产茶区之一。

当年最澄离开峰山道场的时候,山脚下乃是一片汪洋,只因那时候的曹娥江十分开阔,峰山东面的山脚处便是"百官渡"的西岸码头。"百官渡"是上虞历史上一个十分重要的地理名称。一方面,它是上虞和会稽两县的交通要津,两县人民素来交往密切,在曹娥江上还没有桥梁的古代,渡口的重要性自不待言。另一方面,它是曹娥江上最重要的水陆中转码头。从明州(今宁波)西去会稽(今绍兴)、杭州,南至台州、温州,均须由此中转。小小的一座峰山,就这样蹲伏于渡口边,既像一位忠心耿耿的守护者,更是一道亮丽的风景线,常引得往来文人骚客感慨万千。古人所称"古舜江十景"中的第一景"舜江晚渡",指的便是"百官渡"景象。清代诗人王琠有诗为证:"夹岸青山江水肥,渡头暝色上征衣。春潮暗落海门远,凉雨初来津树微。柔橹

峰山

一声惊雁过,短篷三尺逐鸥飞。半边红处炊烟外,指点灵祠孝女扉。"当远归的游子来到峰山脚下的渡口,江对面就是日思夜想的故乡和亲人,又怎能不悲喜交加!

时至今日,江岸虽已退至远处,登上峰山顶向东眺望,田畴楼宇的尽头,依稀可见江流一线,逶迤北去。曹娥江这条上虞母亲河上的最后一个渡口,也已于2011年撤除,取而代之的是一座座姿态各异的桥梁,在"百官渡"附近的上虞城区一带,有古朴稳重的铁路大桥,有宛如彩虹的公路大桥,有城市地标式的人民大桥,有流光溢彩的舜江大桥,有充满浪漫气息的梁祝大桥,还有新晋网红打卡地过江步行桥以及作为329国道通行线的虞舜大桥。这么多座桥梁横跨大江,应是当年站在峰山脚下古渡边浅唱低吟的诗人们做梦也想象不到的吧!

峰山原属会稽县,1954年以后划归上虞。也许是得了山水之灵气,古代越州地区可称人文荟萃,峰山所在地的梁巷村,是清乾隆年间状元梁国治的家乡,有"状元村"之美誉。梁国治不仅是状元,还是著名书法家、学问家。他曾经担任过《四库全书》副总编,著有《敬思堂文集》。梁国治传世的书法作品颇多,其中《临颜真卿小楷千字文》深得唐人楷法,韵味浓郁,字字精到,后人难以超越。他的行书温润敦厚,出规入矩,是非常典型的"馆阁体"书法。他为官为人敬慎端醇,深得乾隆帝的器重,历任湖广总督兼荆州将军、湖南巡抚、军机大臣、直南书房、户部尚书、东阁大学士,可谓"出将入相,位极人臣",故后人亦称之为"梁相国"。自乾隆朝起,峰山曾一度改名"丰山",梁国治自号"丰山",乃是对家乡这座道山的念念不忘。他也曾对家乡曹娥、缇萦的孝行多有褒扬,作有《谒曹孝娥》一诗:"灵旗缥缈大江东,俎豆千秋拜汉宫。载迹碑传黄绢语,思亲泪洒夜潮风。上书北阙缇萦异,衔石西山精卫同。欲识神光何所倚,亭前双桧夕阳红。"

古人有言:"山不在高,有仙则名。"峰山,确是一座不高也不大的小山,但它却因成为中外佛教文化交流的"道场"而扬名,因千年古渡口的要津和美丽风光而留名,因人文荟萃、英才辈出而出名。无论是春日花事盛,还是秋叶红满岭,你尽可毫不费力地拾级而上,来到山顶,或站在亭子石碑前伫立凝思,或到石屋大佛胸像前拜谒,或东望澄江如练,西观远山若黛,或歌或啸,发思古之幽情,抒胸臆之豪气。美哉,峰山!

东山：挂印弹冠下北阙

上虞东山，古称"会稽东山"，因其位于会稽之东而得名。它位于今绍兴市上虞区上浦镇境内曹娥江东岸。东山的地理位置十分独特，它属于浙东四明山的余脉，与其隔江相望的便是会稽山余脉。曹娥江自嵊州蜿蜒南下，经三界、章镇至琵琶洲，与小舜江汇合后，在东山南麓写下一个"之"字，折西北而汇入杭州湾。从空中俯视东山，群山拱围，犹如大鹏展翅，气势雄伟。

东山亦称谢安山，其主峰叫喜鹊峰，海拔 153 米。东山南临曹娥江，北靠弥陀峰，海拔 340 米。其东西两翼为湖南山(俗称美女山)和指石山，山之东南麓有谢家湖，山之西北麓有太康湖。东山主峰南面是一处平坡地，面积约 70 亩，此处便是东晋名士谢安隐居之地。其东西各有山峰拱卫，史称东眺与西眺。南面为百牛山，中有小道可直通山下，即曹娥江边。人立百牛山之石门上，举目远眺，四周远山尽收眼底，曹娥江如一条白练自南天飘来，山清水秀，风光旖旎。

东山之著世闻名，与东晋宰相谢安(名安石，字文靖)曾隐居于此，后又"东山再起"相关。史载西晋末"八王之乱"，加上"五胡乱华"，江北生灵涂炭。晋怀帝永嘉五年(311)，谢安祖父、国子祭酒谢衡为避战乱，携全家迁居会稽郡始宁县东山落籍，史称东山谢氏。谢衡之孙，千古名相谢安即出生于东山。谢安自幼聪慧，心智旷达，青年时即入王导相府任"佐著作郎"，旋即称疾隐居上虞东山。常与王羲之、支道林、许询、孙绰等名士雅聚，"出则渔弋山水，入则吟咏属文"，多次拒绝朝廷征辟，无处世意。直至东晋兴宁二年(364)，谢安才应诏出任吴兴太守，史称"东山再起"。旋即入朝为相，以其大智大勇，挫败大司马桓温篡晋图谋。又运筹帷幄，指挥弟谢石、侄谢玄、子谢琰等率八万北府兵，大败前秦苻坚百万之众，取得淝水大捷，为东晋立下不世之功。东晋太元十年(385)谢安病逝于建康(南京)，享年66岁。朝廷追赠"太傅"，谥"文靖"，封"庐陵郡公"。后归葬东山(今有谢安墓)。"旧时王谢堂前燕，飞入寻常百姓家"(刘禹锡诗)，自此，东山谢氏成为与琅琊王氏比肩的名门望族。从东晋至南北朝，东山谢氏见于史册者达100余人，其中三品以上大员33人。谢灵运、谢惠连、谢朓(史称"三谢")等享誉后世的文学家均出自东山谢氏。千百年来，上虞东山成为文人墨客寻访仰慕之地。唐代大诗人李白曾三次到访东山，留下千古名篇《忆东山》："不向东山久，蔷薇几度花？白云还自散，明月落谁家？"南宋爱国诗人陆游先后两次寻访东山，发出了"岂少名山宇宙间，地因人胜说东山"的感慨。清代名家纪晓岚一生敬仰谢安，为东山谢氏题书"追步东山"，后人传为佳话。据不完全统计，自东晋至清末1600年间，前来上虞东山寻游的文人墨客不下千人，留下诗词1000余首，已收录在徐景荣编录的《东山文选》中。

　　关于东山胜景，绍兴市及上虞县历代府志和县志皆有记载。谢氏《东山志》收录

东山

宋代王铚《游东山记》最为翔实精美：东山"峭然出众峰间，拱揖蔽亏，如鸾飞凤舞。山林深郁，望不可见。迨至山下，于千嶂掩抱间，微径循石路而上，今为国庆禅院，即文靖故居也。绝顶有谢安调马路，白云、明月二堂址。至此，山川始觉轩豁呈露，万峰林立，下视烟海渺然，水天相接，盖万里云景也。"东山自谢安再起后，留下许多遗址景观，史称"东山十景"，即指石弹琵琶、谢安钓鱼台、三板桥下桃花水、百牛山大石门、洗屐亭、蔷薇洞、龟蛇两将、始宁泉、谢安墓、调马路等。如今山上的国庆寺院址便是东山谢氏的始宁大园，旧有东园、西园两处宅院。谢安隐居时建有明月堂与白云堂，相传明月堂为东山名士雅聚之所；白云堂为谢安在东山调教子侄之室。东西两山峦上建有东西两眺亭，为谢安携妓游赏之地。西眺至指石山岗辟有"调马道"（路），约2公里即为谢安训教子侄巡山射骑之山道。东山主峰喜鹊峰下便是谢氏世墓（俗称大坟头），前有谢安墓（实为祭坟），左有始宁泉（相传为世墓墓道口），旁有影堂（即祠堂）。宅院后山尚有月池及荷花池，宅院南出口处有蔷薇洞（旧有蔷薇亭），相传是谢安隐居时与友人丝竹游赏之处。半山道旁建有洗屐亭，为谢安上山休憩之处，相传谢安自撰亭联："挂印弹冠下北阙，扶杖洗屐上东山。"而今，东山谢氏始宁大宅院旧址荡然无存，已成为新建国庆寺院址。著名的"东山十景"仅剩谢安墓与始宁泉、东西两眺山岗及龟蛇两将等遗址，令人惋惜。

东山因谢安常携妓与名士常四处游赏，至今留有山上与山下两条古道，今称"谢安古道"。山下古道俗称"指石山道"，位于今指石山下曹娥江北岸，西起今东山村方弄自然村南出口，东至东山南麓，沿山道自西往东有指石古渡、指石弹琵琶、谢安钓鱼台、孙绰畎川遗址（今包公庙）及桃花渡等景观，长约2公里。山上谢安古道西起调马岗（指石山岗），沿山岗向东穿过东山山门，折南往北，沿山岗小道过弥陀山龙殿寺，下山至窑寺前，沿甲仗大溪便道往西，过东山湖（原马岙水库），直至虹漾村舜母山古渡，全程约8公里。至此坐船可出梁湖往后海（今杭州湾）。相传谢安曾与孙绰等友人，在此坐船出海游赏，留下佳话，《世说新语》有载。

东山四周面积约8平方公里。其东南与东北以山峦为主，西面古代为巫湖，与曹娥江相通，后筑堤围田，今属上浦镇东山村农田。东山四周自古江湖环绕，山上林竹茂密，物产丰富。东山古有"南山""北山"之称，可见于谢灵运《山居赋》。史载谢灵运出生于东山谢氏宅院，幼年丧父，寄养钱塘道观长大。他自幼聪慧，15岁受袭父祖（谢玄）康乐公，后因由晋入宋，不被重用，曾先后两次辞职回东山老家隐居。他先居南山（即东山西侧指石山下方弄村）其祖父谢玄故居，即"旧园"，后于北山（今虹漾村宅里山）自建"山居"，并撰写名篇《山居赋》。此赋用韵文写成，全篇 8000 余字，对于东山四周的山林动植物，作了极为详细的记述。其中提到的物产中，有竹木 24 种，鱼类 20 种，飞鸟 16 种，山兽 16 种，果品 12 种，蔬菜 12 种，药材 33 种。还涉及山脉、水系、交通、名人史迹，古地名等，可谓当时始宁县大东山区域的一部准县志，为后世留下了极其珍贵的文史资料。

进入 21 世纪，上虞区人民政府重视东山文化的传承与保护，投巨资推进浙东唐诗之路文旅发展。经过两期开发，上虞东山湖景区大观酒店已经落成，谢安隐居东山遗留的两条古道已经修复。东山"新十景"，即东山指石、谢安钓鱼台、桃花渡、龟蛇两将、谢安墓、始宁泉、神道诗碑、东眺吟诗台、新太傅祠及谢安古道等，已初步建成，即将对外开放。上虞东山，这座历史名山与文化高山，必将焕发出新的光辉，迎接四方宾朋前来游赏观光。

卧龙山：人传此地曾卧龙

　　奔腾不息的曹娥江就像一条七彩的纽带,把上虞众多的名山像珍珠一般串联起来,这些璀璨夺目的名山遥相呼应、相映生辉,为古老的虞舜大地增光添彩。卧龙山就是其中的一颗明珠。卧龙山是会稽山的余脉,东接四明山,下临曹娥江,位于东经120° 84′,北纬29° 96′,地处绍兴市上虞区嵩坝镇北侧的104国道边,是浙东唐诗之路的重要节点,也是省级曹娥江风景名胜区的重要组成部分。

　　驻足卧龙山山脚,举头往上眺望,只见重峦叠嶂、万木葱茏,野藤盘虬、翠微掩映。气势磅礴的山脊蜿蜒向上伸展,自东向西连绵10多里,在湛蓝的苍穹之下,在山岚弥漫的烟光中,犹若一条巨龙匍匐其上,盘卧其间。主峰金刚峰,海拔320米,仿佛是高昂着的龙头。山似卧龙,故名卧龙山。

　　但山名的由来在当地民间还流传着另外两个版本。一是据说古时此地连续大旱,赤地千里,饿殍遍野。天上玉皇大帝获悉灾情,大发慈悲,敕令东海龙王的次子下凡化解灾情。小龙王来到灾区上空,吞云吐瑞,调风顺雨,迅速为当地化灾解难。有感于当地黎民百姓盛情乞留,再加之自身迷恋这一江两岸的旖旎风光,从而误了返回龙宫的时辰,小龙王索性化身为山,长卧于此以佑一方平安。

　　另一版本与三国时诸葛亮(诸葛亮字孔明,号卧龙)有关。公元208年冬季,曹操率百万大军欲下江南,诸葛亮受命来到东吴,千方百计说服孙权,与大都督周瑜共议联合抗曹大计。面对强敌,两位智者英雄所见略同,确立了火攻的计谋。但"万事俱备,只欠东风"。

　　诸葛亮想到师傅水镜先生熟知"奇门遁甲"法术,有呼风唤雨的本领。看来只能请师傅来助一臂之力了。但水镜先生是一个云游四方、居无定所的高人。所幸最近获悉，他正在会稽上虞的一个山洞里，与万古丹经王魏伯阳坐而论道。

诸葛亮即刻向孙权告假，带着几个随从，在其东吴做官的兄长诸葛瑾的引领下，轻装简服，急急地赶往越地。晓行夜宿，不知不觉来到了上虞境内。见一条舜江横亘眼前，旁有一山如苍龙盘卧，仙气飘荡。他们在山脚下正要寻人打听魏伯阳先生的居所，忽见一位白发苍苍的老妪纳头便拜："先生，请快给我儿子治病！"

诸葛亮一愣："你咋知道我会治病？"

"水镜先生，您不要推托了！常见您在这一带为民义诊，谁不知道您治病的本领高?！我儿子早起突然得了头疼怪病，在家坐卧不安，要死要活，您行行好吧！"

诸葛亮眼前一亮。他知道妇人认错了人，但也说明师傅就在这附近。他跟随老妪进入一间山沟旁简陋的草舍，只见一位面色蜡黄的中年汉子躺在木床上，双手抱头在痛苦呻吟。诸葛亮一边给病人切脉，一边解释道：

"我是卧龙先生，是水镜先生的弟子，也略懂医术，可以为您儿子医治。请问，你们所见过的水镜先生现在在哪里呢？"

知道认错了人，老妪赧然告知："与你穿着长相相仿的水镜先生常住在这山顶的茅庐里。"

得悉了师傅下落的诸葛亮很是开心，随即拿起一块木炭在一块石头上写下四个字的药方，要求病人背起石头一同上山采草药顺便寻人。中年汉子背起石头在前面引路，众人一同沿着一条羊肠小道往山上爬去。待爬到山巅茅庐前，病人早已累得气喘吁吁、大汗淋漓，他问诸葛亮需要采什么样的草药，但见孔明微微一笑，指着石头上写的药方念道："汗出即愈。"汉子一听，果真觉得自身已是一身轻松，头疼自愈。经再三拜谢后健步下山而去。

诸葛亮推开柴门入茅庐，却是人去室空。此时夜幕降临，众人只得在草庐中歇脚，权且对付一夜。当晚夜阑人静，皓月当空。睡至半夜，诸葛亮突然瞥见一位身穿八卦袍、头戴方斗巾的人影一闪而过。这不是师傅吗？诸葛亮立刻披衣起床，悄然紧随其后来到山坳前，只见师傅两手一挥，一个香雾缭绕、光芒四射的七星坛出现在面前。该坛方圆二十四丈，高三层九尺，烛光闪耀，彩旗招展。少顷，水镜先生散发跣足，缓步登坛，焚香于炉，念念有词。过了一会儿，但见东南旗幡转动，随即大风骤起，飞沙走石，把诸葛亮掀翻在地……一梦惊醒方知刚才是在睡梦中，但梦中的情节已是历历在目,了然于心。诸葛亮心知这是师傅在托梦授艺,连忙起身向空中拜了三拜。

翌日早晨,诸葛亮一行兴冲冲地下山踏上了归路。穿越长塘广陵村,途经被群山环抱的一座山峰,但见修竹繁茂,云雾飘逸,鸟语花香,清泉淙淙,好一个世外桃源人间仙境!已经厌倦官场、生性又憨厚的诸葛瑾对眼前的景色恋恋不舍,遂产生了归隐的念头。

诸葛亮返回东吴之后,与周瑜一起导演了一场著名的"赤壁大战",从而一举奠定了三国鼎立的大好局面。自此,上虞后人把诸葛亮夜宿过的山称之为卧龙山,诸葛瑾及其后代隐居的山叫诸葛山。

登临卧龙山,目前有两条途径:一是沿着一条逼仄蛇形的古道爬上去,二是依着盘山公路开车上去。盘山公路是1998年建成的,开车七八分钟就可以到达山顶。但要领略沿途的美丽景色,品味移步换景的自然风光,感受峰回路转的妙趣意境……那么,你最好还是循着古道徒步上山。

一条小道曲曲弯弯,穿行在茂密的卧龙山山脊上。人在小道上行走,犹如在绿色的海洋中畅游,又像置身在一个天然的氧吧中,清新的空气沁人心脾。小道的险要处是在半山腰,路面变得越来越陡峭,幸好这里已铺设有二百二十级石阶。移步登高,一鼓作气走完这些台阶,让人双腿酸软,汗流浃背。当你正想坐下来歇口气,却见一座供人休憩乘凉的双龙亭赫然立在路旁。双龙亭精致玲珑,建于1993年,是一对来此游玩的外地老夫妻出资做的善事,为的是"感登临之崎岖,悯负挑之辛劳。"

离开双龙亭,走过一大段缓坡,山巅渐行渐近。坡旁古朴的苍松伟岸挺拔,各种绿色植物生机勃发,林中的鸟鸣声清脆悦耳。转过一个弯后,前面的视野一下子变得开阔起来。突然,一阵悦耳动听的梵音就像天籁之声,从天而降,和雅、清澈、深满、悠长,而且余音袅袅,不绝如缕,使人不由得心驰神往。

正当被动人心弦的梵音所吸引,忽然,前方烟岚弥漫、层峦叠嶂之处出现了庙宇的影子,在微风吹拂下,那局部的碧瓦黄墙、飞檐斗拱时隐时现。这就是普净寺,一颗镶嵌在卧龙山龙嘴里的明珠!有道是"天下名山僧占尽",卧龙山也不例外。

继续前行,小道与盘山水泥马路合二为一,路的尽头,一座高大而又古朴的山门赫然而立,山门上方的正中,由西泠印社副社长刘江题写的笔法遒劲的篆书"看破、

卧龙山

放下、自在"。这副佛语内容深邃，耐人寻味，犹如给初次踏入佛界天地的凡人们心灵作一番荡涤、洗礼。

进入山门，占地面积50余亩的整个普净寺一览无余：重重殿宇，层层阁楼；檐牙高啄，错落有致；气势恢宏，金碧辉煌。像一座飘落人间的天上宫阙，给人以视觉冲击。又见佛雕庄严，楹联醒目；善男信女，穿梭往来；念佛诵经，木鱼声声……佛国世界浓浓的氛围扑面而来。

普净寺是一座千年古刹，创建于五代后梁开平四年，原名为"卧云庵"。宋大中祥符元年重建，赐名"普净教寺"。后屡经废兴，民国时期居士结社，成为佛子演讲心宗的道场，时改称"普净莲社"。1932年，在春晖白马湖畔双清楼养病的国民党元老廖仲恺的夫人何香凝女士，上卧龙山拜佛时，受邀为寺院亲笔题写了"普净莲社"的匾额，这成了普净寺历史上的一大亮点。解放初期，普净莲社尚有低矮的寺舍15间。在"文化大革命"中，庙宇被林场占用。

1987年的一天,已经60岁的上海退休老人陈叔龙居士,受邀造访了卧龙山普净莲社。当他看到这座声名远播的千年山寺如今已是断壁残垣,只有几间矮小而又破旧的寮房淹没在荒草泥岗中,不由悲从心起,遂发愿要重建这普净道场。自此,陈叔龙告别繁华都市,抛弃安逸的退休生活,遁入普净莲社,削发为僧,就此开启了智正法师30多年苦行僧般的佛途。

人地生疏,举目无亲;生活拮据,举步维艰。但智正法师无怨无悔,拿出了自己全部积蓄以及每月微薄的退休金维持日常开销和个人生计。

凌晨之时,智正开始了一天的功课。凭着一人一锄,开垦这一片荒山,或种下蔬果,自给自足;或一砖一石,徒手修复山路,搭建旧寺;或手提肩扛,穿梭在崎岖山道,从山下搬运所需之物。一到晚上,盘坐在稻草铺上,青灯黄卷,诵经念佛,修行砥砺。

凭着"普净莲社定会重现佛光"这样的信念支撑,耄耋之年的智正法师筚路蓝缕,日复一日地在卧龙山上辛勤耕耘。这种为了弘法济世而呕心沥血的悲心壮举感动了诸方善信,一时,爱心人士、善男信女、企业家、政府领导以及文人雅士蜂拥而至,纷纷向他伸出了援助之手:出力、出资、出谋。众人拾柴火焰高,遂使得智正爱国爱教、庄严佛土的初心得以开花结果,许下的宏愿一步一步化为蓝图。

先是修复了三圣殿,后又建起了大悲殿、地藏殿、玉佛殿、弥勒殿、图书馆、斋堂及寮舍等,至1998年,寺庙已初具规模,经省宗教局批准为佛教活动开放场所,并正式更名为普净寺。接着几年,大雄宝殿、藏经楼、念佛堂等主体建筑拔地而起,庙舍扩大到百余间,普净寺逐渐成了设施齐全的大型佛教寺庙。2017年11月,历时十年建成的千佛群雕药师广场,气势恢宏,蔚为壮观,又为绍兴地区增添了药师佛文化的标志性景观,也让普净寺一跃跨入了华东沿海一带宝刹的行列,十方善众纷纷前来参加大型法会和各类佛事活动。

智正法师出身书香门第,学识渊博,除了通达佛法,对书法颇有造诣,平时热衷于书画、文学等文化艺术。为此,寺里专门开辟书画陈列室、书画创作室,无偿提供给书画名家使用。又在寺中承办、合办了数十次各类文化活动,如书画展、藏品展、新书首发式、文学作品研讨会等。翰墨飘香、群贤毕至,成了该寺的又一大特色。可以说,卧龙山普净寺如今已经成了文人墨客雅聚的场所,举办各种文化活动的大平台。

龙山：鸡鸣寸念亦重华

> 龙山，位于上虞市区百官东南隅，是四明山脉延伸于曹娥江（古称舜江）最西北端的一座大山，像一条巨龙跃入舜江，流向东海。明《万历新修上虞县志》云："龙山，东连兰芎，南瞰娥江。""迤逦冈峦布市尘，嵯峨殿台集高真。天低象纬先分曙，地接蓬莱独驻春。"（明·谢迁《登龙山》）。龙山山势东西绵延，形似卧龙，盘踞东南。山中古木参天，怪石横立。西北有险峰，远望如巨龙昂首，呼啸之间，呈吞吐天下之势，俯瞰钱潮，拥庇虞城。

当今的龙山被城市包围，古代的龙山三面环水。东边是上妃湖、白马湖，北临夏盖湖，西南方向沙湖、隐岭湖绕山，一条舜江与龙山并驱。

龙山和舜江经历了古地理学上以"星轮虫""假轮虫""卷转虫"的海侵海退，使龙山亲历了"河姆渡文化""良渚文化"的人类文明起源和发展。尧舜禹活动的时代距今约 4200 年，相当于良渚文化晚期，龙山和舜江都留下了尧舜禹的活动遗存和遗迹。据《浙江尧舜遗迹图》《浙江禹迹图》表明，舜江流域两岸包括龙山共涉及尧迹点 6 个、舜迹点 50 多个、禹迹点 20 多个。

世界历史上，都曾出现许多辉煌的帝国，但最后都"樯橹灰飞烟灭"。只有中国在过去的 4000 多年历史上的几乎每一个时代，都是世界上规模最大的文明和政治共同体。中国作为一个政治共同体真正完整地建立起来是尧舜禹时代。帝尧的功劳是把诸多分散族群和邦国联合在一起，形成"华夏国家"这一单独的政治共同体。虞舜的德政与帝尧齐名。《史记·五帝本纪》评价舜帝："四海之内咸戴帝舜之功，于是禹乃兴九韶之乐，致异物，凤凰来翔。天下明德皆自帝舜始。"虞舜的最大功绩在于：为战胜大洪水创造了良好的社会政治条件，并为战胜大洪水推选出禹、契、稷、伯益等天才治水英雄。虞舜,被尊为中华民族的"明德始祖""百孝之首""文明之源",是五帝时代向夏、商、周三代过渡的历史转折时期的一位圣君,是中华道德文化的鼻祖。

上虞是虞舜的故乡。《会稽旧记》云:"舜,上虞人,去虞三十里有姚丘,即舜所生地。"《水经注》引《晋太康三年地记》曰:"舜避丹朱于此,故以县名。百官从之,故县北有百官桥。"又云:"舜与诸侯会事讫,因相娱乐,故曰上虞。"除上述记载外,上虞境内至今还有"虹蜺村""姚丘""握登山""指石山""象田山""舜井""大舜庙""舜江""小舜江""百官桥""舜帝岭""隐岭湖""明堂弄""舜望石""仇亭""百官渡""粜米石"等众多舜址舜迹遗存。这些遗迹遗存大多在龙山及龙山附近。

明《万历新修上虞县志》记:"自龙山西尽,曰百官。"现在的市区百官,相传为舜避丹朱、百官朝会之地,故名。秦王嬴政二十五年(前222)置上虞县,县治就在百官,至唐长庆二年(822),因洪水,县治迁至丰惠,1954年9月再迁回百官镇。

龙山、舜江、百官、上虞,与虞舜紧紧联系在一起。

明《万历新修上虞县志》云:"龙山九弯,迢递七八里,故又名九龙山。"百官渡、隐岭、隐岭湖、沙湖、上妃湖、舜井、九浸畈、龙王塘、龙山弯,这些龙山九道弯,弯弯风景美,弯弯文化璨。

百官渡

百官渡,位于龙山西舜江边的一个渡口。古时,是舜避丹朱回故乡上龙山的一个古渡口,也是百官寻找虞舜上龙山的古渡口。南宋名臣李光曾《题百官渡》:"晓雨微茫水接天,隔江茅店有炊烟。杖藜独步沙头路,犹记当日乘渡船。"

百官渡,是大舜庙的遗存之址。

为彰显虞舜孝德,早在唐代上虞建有大舜庙,地点就在百官渡上面,距今1000多年。由于年代久远、战乱频仍,殿宇屡遭倾圮毁损,曾多次重建。最后一次重建时间在公元1935年,士绅谷旸主持筹资修葺,但抗战时期遭日机轰炸。民国重建后的大舜庙为四进三殿三戏台,庙基宽23米,纵深139米。前殿祀舜帝,中殿祀后稷,后殿祀四岳。南宋张侃为上虞丞时,题诗《舜庙在龙山右》:"水来江尾难分燕,山到崖头合号龙。"南宋诗人陆游在《舜庙》中写道:"云断苍梧竟不归,江边古庙锁朱扉。

山川不为兴亡改,风月应怜感慨非。"南宋知名进士赵汝普《题舜庙》:"苍梧云断帝升遐,奇石江边自古夸。莫道薰弦无逸响,鸡鸣寸念亦重华。"

2007年,上虞易地重建大舜庙。新庙址坐落在上虞城区西南曹娥江边的凤凰山麓,面积63公顷,主殿建筑仿汉代风格,古朴庄严。重建的大舜庙以大舜庙、虞舜宗祠、重华寺与舜耕群雕组团。

如今百官古渡口还在,但古代的大舜庙早已无存。在古庙遗址上建造的是"多宝讲寺"。多宝讲寺属汉传佛教大般若宗。多宝讲寺建于1999年。寺院依山傍水,后依龙山,前临曹娥江。

隐　岭

明《万历新修上虞县志》记:"去湖(隐岭湖)而上,曰隐岭。"隐岭,也叫"舜帝岭",是舜会百官之岭。

上古时代,舜为避丹朱回到故乡上虞龙山,百官从之,在龙山的一个山岭上聚会。这个聚会的山岭就叫"隐岭"。虞舜在龙山隐岭接受百官的拥戴后,继承尧位,选址建起"明堂",作为宣明教义的场所,凡祭祀、庆赏、选士、养老、教学等大典,均在"明堂"举行。古乐府《木兰辞》"归来见天子,天子坐明堂",这个明堂出典来自虞舜。由于明堂的建成,百官之地成为虞舜政教活动的中心。为纪念"舜会百官"活动,百官至今还有"明堂弄"这个地名。

隐岭湖

古时,舜位百官隐岭之南有个湖,为隐岭湖。明万历《新修上虞县志》载:"从西北一弯而入,曰隐岭湖。广二里,溉田四顷。去湖而上,曰隐岭。"

在隐岭湖上的龙山古道上,虞舜为纪念养母仇氏,建有一亭,曰"仇亭",有遗存记载。"昔读班固志,上虞有仇亭。柯水绕其侧,建筑大模型。丹朱亦应避,敝屣帝尧廷。百官竞朝贺,乃咨四海宁。帝曰都蒲坂,亭犹在苍溟。晋史亦载之,本是重华庭。古碑不可得,且复老图经。"(清·谷肇庆《访仇亭遗址》)

龙山

沙 湖

　　沙湖,处在龙山、兰芎山连接的西边,与舜江相通。明《万历新修上虞县志》记:"时县在百官。山下曰沙湖。"又记"湖之上曰龙山。东连兰芎,南瞰娥江"。"兰芎寺北云归岫,孝女祠东浪泊天。潮汐往来沙不定,青山无数剡溪船"。这是唐代诗人赵棠对当年沙湖的写照。

上妃湖

　　上妃湖,是龙山东边的山弯。明《万历新修上虞县志》记:"上妃湖,与白马湖同创于东汉。"上妃湖与"北有南开，南有春晖"的白马湖为姊妹湖。

《会稽志》云："上妃湖即灵运庄也。"中国山水诗鼻祖、南朝诗人谢灵运曾在《山居赋》中提及上妃湖。

舜　井

舜井，位于龙山中部西边山麓。半山上建有上虞宾馆。西边不远处便是曹娥江。

《越中杂识》记："舜井，在上虞县西北三十五里，有百官虞帝庙北，东西各一。钱武肃王浚之，得谶记宝物。"这口舜井在上虞宾馆进入处。传说虞舜隐居上虞时，正逢大旱，虞舜便在龙山山麓挖井一口，后人称它为舜井。舜井泉水甘澄，终年不枯，著名左笔书法家费新我专门为其题名。唐代诗人朱庆余为这口舜井题诗："碧甃磷磷不记年，青萝锁在小山巅。向来下视千山水，疑是苍梧万里天。"

舜井西边临丁界寺，原为千年古刹旌教寺，有"浙东第一寺"美誉。旌教寺始建于唐大顺二年(891)，寺院气势恢宏，布局严谨，殿宇巍峨。1916年，孙中山先生携何香凝、李叔同，途百官，为旌教寺书写"博爱"匾额。

九浸畈

据《史记》记载，秦始皇南巡在船上病倒，于是带着皇子胡亥，以及左丞相李斯、右丞相冯去疾和中车府令赵高等"三公九卿"，到百官大舜庙祭奠舜帝后，下榻在龙山脚下的一座寺庙里。后来当地先民把这座寺庙取名"九卿寺"，并把龙山脚下的这块田畈叫作"九卿畈"。以后世代相传，九卿畈为九浸畈了。

龙王塘

龙王塘，也叫龙头山井。明《万历新修上虞县志》记："崖间有泉，清莹如玉，曰龙头山井。"这个龙头王井指的就是龙王塘。龙王塘一年四季不断流，成为当地市民打水泡茶的好泉水。上虞建设部门委托专业机构，对龙王塘和舜井的泉水进行水质检测，不但水中植物矿质营养丰富，而且泉水水龄都在百年以上。也就是说，这两口古井的泉水，从天上下雨到井口出水，其时间岁月在山中典藏时间都在百年以上，可谓"百寿水"。

龙王塘山顶上遗存"舜望石",虞舜隐居龙山期间,站在这些奇石上,"北望尧都,心忧天下",故名"舜望石"。

龙山弯

古时的龙山弯,如今的龙山公园。

1981年,上虞县人民政府在龙山弯建起了龙山公园,公园占地100多亩。2019年,上虞市人民政府又对龙山公园进行改造扩容,把整座龙山扩建为龙山公园,整合了东西南北纵横交叉的龙山古道,新建和改造了虞舜孝德文化的"南风轩""清风亭""孝感亭""翔元亭""还金亭""望炊亭""双鹤亭""明月轩""四娥亭""五娘亭""四谏楼""还珠亭""平涛亭"。

几千年以来,虞舜孝德文化在上虞代代相传。龙山公园内塑有上虞历代名贤遗风雕像:中国古代唯物主义和启蒙思想家王充;"万古丹经王"魏伯阳;魏晋文学家、思想家、音乐家嵇康;东晋著名政治家、军事家名相谢安;中国山水诗奠基人谢灵运;清代著名史学家、思想家、我国方志学奠基人章学诚;无产阶级革命家王若飞;近代著名教育家、艺术家经亨颐;民主文化战线的老战士夏丏尊;现代著名思想家、诗人和书法家马一浮;著名科学家、教育家竺可桢;著名政治活动家、杰出无产阶级文化工作者胡愈之;著名农学家、当代"茶圣"吴觉农;著名国家一级电影导演谢晋。

舜登龙山,祀天祭祖,舜会百官,孝德天下,"以天下之至柔,驰骋天下之至坚"。他在老子《道德经》以前,已在龙山悟到天下之道。有人说:"中华民族的发生之谜、生存之谜、腾飞之谜,除隐藏在西北黄土高原之外,也有一半隐藏在这座龙山以及纵横上虞的那条滚滚的舜江之中。"

龙山,无疑是远古文明的一个文化佐证,一段抹不去的历史烙印,它已长久积淀在中华文化的历史长河中。

兰芎山：葛翁此地炼金丹

梁湖风光旖旎，历史文化底蕴深厚。兰芎山是梁湖镇域北屏最高峰，北接龙山，东依金钗山，毗邻皂李湖，海拔326.3米。兰芎山峰峦逶迤，山势俊美，像一位婉约妩媚的江南少女，静卧在古舜江(今曹娥江)边，为历代名宦墨客乃至神仙高僧所喜爱。

兰芎山又名兰风山，因山上多产草药而得名。传说八仙中的铁拐李和何仙姑，从峨眉山采草药回程普陀途中，被此山的形胜景色所醉，停留时误倒篓中草药籽。从此，山上的花草树林，鸟不遗矢，叶不染尘，四季芳香袭人，醒脑清心，连蜘蛛都不敢结网。尤其是"兰"与"芎"，香若仙草，挂冠兰芎山。其实，那山上的"兰"，实是秋兰，是屈原《离骚》诗句中"纫秋兰以为佩"所说的那种植物，是散发着清香郁味的药用兰草；"芎"又名"川芎"，是一种药用的香草，多年生草本植物，叶子像芹菜，秋天花白草香，根茎可入药。

兰芎山是四明山余脉。古时，龙山、兰芎山、罗岩山首尾相连，蜿蜒如龙。兰芎山下临之舜江，东流与姚江相通入海。《水经注》载："县南有兰风(芎)山，枕带长江，苕苕孤危，望之若倾。缘山驿路，下临大川，皆作飞阁栏杆；山有三岭……"南北朝前的兰芎山，临江怀水，山势俊秀，景色迷蒙，若微风细雨登巅兰芎山，似觉置身云烟仙境，如此图画般的"兰芎烟雨"，自然成为"舜江十景"之一。后来，舜江古江道因建塘、海退而演变为"梁湖"，继而创建成四十里运河，成为电影《梁山伯与祝英台》中的玉水河；登临兰芎山，环顾西南，四十里运河、曹娥江以及迁居他乡的曹娥庙，尽在视线中；那南来东往的两条白练，犹如流动的文化带，刻录着兰芎山千古灿烂。

"山不在高，有仙则名"，兰芎山着实是浙东名山。如果说吕、何神仙的光临，造就了"兰芎山"之名；那么，汉末道教天师葛玄的草创庐舍，则让兰芎山闻名于世。《云笈七签》记载:"(葛玄)举孝廉不就,弃荣辞禄,志尚山水,入天台山学道。……在上虞县西,石窟、药臼石在也……旁有三石鼎峙,昔仙翁尝涤药于此。"证明在兰芎山炼丹修道的葛仙翁确实煮"茗"以消丹砂之误,中国国际茶文化研究会编撰的《葛玄茶文化研究文集》中,也有对应著述。茶是古代道士们静坐丹室时,保持清静的最佳饮料,也是服食丹药后排毒散热的有效汤剂。所谓"丹灶煮茶禅一味",葛仙翁所煮的"茗",就是兰芎山的大茗茶;至今,梁湖仍有"兰芎仙茗"茶出产。又据《玄本传》载:"汉光和二年正月朔,仙公于上虞山,感太上遣真人授以三洞四辅经余修行秘诀,金书玉诰等图。足征也。"再据万历《上虞县志》记:"渡江而还,东稍北曰兰芎山,仙公葛玄修炼得道之所。山上有石鼎、丹灶、丹井等遗址。"此"渡"就是梁湖渡。

"山不在高,有仙则灵",兰芎山无愧于道释福地。其仙灵众多,并通汇应验于福仙寺等士林。在那科技不发达的古代旧时,除了"心灵",凡俗者都寄希冀于"圣灵""神灵"护佑,神灵的物态便是庵、庙、寺、观;所以,名山必有名寺,兰芎山、福仙寺与生俱来、相得益彰。

据传,兰芎山阳面山趾处,有三石头孤悬于江水中,淡泊名利的南朝宋王弘之于此抛竿钓鱼,留下隐遁得道佳话,成为兰芎山的又一神仙。兰芎山的道教名望,吸引了无数文人墨客来此登高赋诗并求仙问道。唐代赵桨诗云:"兰芎寺北云归岫,孝女祠东浪拍天。潮汐往来沙不定,青山无数剡溪船。"好道而喜炼丹,唐代诗人卢纶的《兰陵山怀葛元旧居》云:"城阙望烟霞,常悲仙路赊。宁知樵子径,得到葛仙家……"粗略统计,自唐代到民国初,吟兰芎、谒仙翁的史存诗赋有《兰芎烟雨》·王璲等十九首,成为浙东唐诗之路的重要节点。

唐始信佛崇释,咸通八年(867),僧操禅师辟庵为寺,"才见兰芎巅,已入福仙门"。福仙寺位于山巅下的幽静处。以此时度计,福仙寺初立,仅逊县城等慈寺与东山国庆寺;若从葛天师建庵炼丹纪年,则是妥妥的上虞翘楚。福仙寺既为禅院魁首,自然成为浙东佛教信众的祈祷地。北宋初,兰芎山上道观已变佛殿,然葛仙之石井丹灶存焉;山下隐士方平的"三钓石",被邑绅张达视作锁巨浪的磐石。他于此处与西山石壁间筑3里沙湖塘和石闸一座,成为抗洪御潮、护佑梁湖至县城乃至余姚慈溪的屏障;后人奉张神达公于兰芎山下的泗君庙,又一仙灵诞生了。宋末进士赵友直,因抗元军兵败而归隐老家,寄情兰芎山麓;"兰芎围绝嶂,图画望中悬。几度令人羡,登临学葛仙。"曾经的赵知县睹物思贤、惺惺相惜,留下了《瞻兰芎山》的知音诗。及后,元代刘仁本《羽庭集》的"葛翁此地炼金丹,丹井犹遗紫翠间"。再次佐证丹井犹遗。元代,至元甲午,僧道顺改创法堂山门;大德五年(1301)冬,僧克文重创佛殿,载曰:山精骏奔,海异飚集,若斋庖廊庑,方丈之居,以次修举,院始完矣;七年(1303)立《绍兴路福仙禅寺记》,由任士林撰文、赵孟頫书。明初废,成化年(1465—1487)间复兴;万历初,寺宇规模拓广,时住僧能圆留意禅宗,每岁结期掩关习禅定;并设书院一所。所谓方室一寓,僧俗共研圣贤经。这个幽静修性的斋塾,先后吸引少年王守仁(阳明)和倪元璐,甘于暮鼓晨钟的寂寞,经历"影不出山,迹不入俗"地发愤苦读,先后中了进士。王为兵部尚书,倪任户部、礼部尚书。他俩忠君爱国的功勋及心学高论和书法造诣,都在中华文明史上留下了不可磨灭的印记;对此,《光绪上虞县志》有载:"寺有室,静以幽,曰此明·倪公鸿宝读书处也。"据传,倪元璐还曾为重修福仙寺作过重大贡献。

兰芎山

先贤楷模榜样着梁湖邑绅。清乾隆五十八年(1793),僧理清、大本、彻宇主持重修寺院,刚担纲西山王氏家业族务的王望霖(1774—1836)慷慨捐赀襄助;嗣后,他多次登临兰芎山,在福仙寺留下了许多兰竹怪石画作。嘉庆二十五年(1820),望霖又赀助僧光教重修山门、佛堂,并重书(立)孟頫碑。道光丁未年(1847),王振纲偕叔父中翰公,卜吉庀材葺寺之后院,移葛、倪二公像正位,以吾家方平公配焉。颜曰"三公祠"。三公祠既遂,振纲奠以椒浆,撰文为葛仙翁、倪忠臣、王隐士题记立碑,《三公祠碑记》云:"夫人各有志,不能相强,有托而逃,其心更苦。为仙耶?为隐耶?为忠臣耶?出处虽不一其途,而遥遥千载,唯此三人偶焉栖寓,遂鼎足而各成其所造。人以山灵欤?山以人传欤?此其故当非浅见者流能所窥测也。是为记。"咸丰十一年(1861),殿堂建筑大部被粤兵燹所损毁,寺周围林木幸免。光绪十五年(1889)再续修,邑绅王耀绂(举人)代表望族笃行堂襄赀;住持静德法师记:两杉童童植山门之阳,如塔峙立,郁然古意,经唐宋风雪也。民国初,几经损毁几经恢复的福仙寺,仍巍然屹立于兰芎山上。其时,山后白马湖畔的春晖中学校生机盎然,文魁朱自清遥望兰芎倩影,写出了绝世范文《荷塘月色》;校长经亨颐几度登临兰芎山,并于民国十八年(1929)4月,陪同由沪专程而来的何香凝、陈树人等游览,即兴作诗《兰芎福仙寺》:"家门十里有兰芎,五十年来在意中。小邑名山何所记,有名气节话倪公。"至民国三十六年(1947),福仙寺尚有大殿、佛塔、藏经楼、方丈室、僧伽、寮房等寺舍99间。嗣后,受战火或运动影响,佛塔被拆、经籍、藏书散佚、寺舍损失殆尽。

20世纪80年代后,国家放宽、落实宗教政策。1992年,兰芎山福仙寺尚存光绪元年(1875)如霖大和尚墓碑一块;碑文曰:"传临济正宗光相堂上第四十一世主持、福仙院第二十一代传戒大和尚讳上如霖大师之寿域。"有此遗存和幸留的一些厩舍寮房,当地民众便在旧寺旧址,募资重建大雄宝殿等寺舍46间。1996年,重光的福仙寺被上虞民宗局录入全市7处保留开放寺院之首。

相得益彰,名山望寺仍光芒。兰芎山是天赐梁湖的福宝,其神祇也佑护和照顾着四周。兰芎山南,良田广袤,由西向东贯通全境的官河两岸,村居密布,生态祥和,梁湖老街于明万历年间已居全县11集市之首,天香楼、无量闸、沙湖塘、塘工局等众多文化史迹至今尚存;俗语"心事释宽,梁湖百官",说明自古就是一方沃土;《兰芎山赋》中的"造物厚礼,吾虞独领"便是此意。晾网山是兰芎山南一小山包,山势由北向南延伸，绵延 300 米的小山包，却是上虞著名的越窑瓷址，遥想三国至晋代，这里出产的碗、罐、钵、洗、水丞、砚台、盘口壶、鸡首壶、鸡首罐、狮形器、堆塑罐、罂等瓷品应有尽有。其中类冰似玉的臻品，雄辩地佐证上虞无愧于青瓷发源地；1987 年，晾网山窑址被列为市级重点文物保护单位。

兰芎山山南的一个个山麓（呑），原先是一片片田间地头。1964 年 4 月，浙东第一条 110 千伏输变电工程建到上虞，首座变电所就设在兰芎山余脉的小山包。二十世纪八九十年代，梁申织布厂在山麓中创办，时属城乡联营办厂的上虞典范。不久，相邻百步的梁湖乐益织造有限公司，也有邑籍港商乐寿强投资创办。2004 年，占地 82 亩的上虞市人武部民兵训练基地，在兰芎山又一山麓竣工使用。同年，上虞最豪华的高档楼盘"天香华庭"在兰芎山麓开盘，开发商智慧地把天香文脉嫁接到建筑艺术中，让似兰斯馨悠扬地飘荡于兰芎山上空。

山有仙灵山下贤，兰芎山畔谱群芳。自唐以降，开创皂里湖的杜良兴兄弟、筑沙湖塘的张达、拓建天香别墅藏书（刻法帖）的王望霖、备筑外横塘的方志学家王振纲、支持维新的清末宰相（大学士）王文韶、赈灾施粥的乡绅张梦庚，还有革命烈士、民主志士，可谓贤达辈出；看今朝，中国孝德人物张杰，他身在香港，却一生为家乡倾囊捐资助学，他的大道之行，为梁湖树起了一面见贤思齐的旗帜。

岁月悠悠，兰芎山陪伴了娥江的潮起潮落；时光荏苒，兰芎山见证了"梁湖"的生涯澎湃。古诗"虞乡一障峙兰风，俯瞰长江气象雄；漫说林峦明媚处，且看烟雨画图中。"这是兰芎山的古景描绘，也抒发了兰芎山的诗情画意。历史何曾相似，兰芎山的旧貌新颜，道不尽、且无限……

窑寺山：九秋风露越窑开

窑寺山，也叫"火山"。它位于上虞上浦镇东山村窑寺前自然村，西临曹娥江，距虞舜出生地虹蚌村仅千步之路；南至谢安"东山再起"隐居地东山不过三里；翻过北面一个山岙，便是1650多年前谢安养马练兵的"马岙"（今称"东山湖"）。

窑寺山、火山，与越窑青瓷有关。"九秋风露越窑开，夺得千峰翠色来"，这是唐代诗人陆龟蒙在《秘色越窑》中赞叹窑寺山开窑时的壮观场景。窑寺山烧制的"秘色瓷"是越窑青瓷最高的品类。1987年，陕西扶风法门寺塔基出土了14件唐代越窑器，釉质青绿色、细腻、洁净，釉层薄而均匀，釉面莹润清亮，工艺精湛美观。这些青瓷器是唐代晚期越窑的创新产品，其他窑口无可比拟，称得上珍稀奇宝。有史料证明，这些宝藏在窑寺山上烧制，碗底有"上虞造"字样。吴越国统治者为维持地方政权，大量越窑青瓷进贡中原朝廷。明《万历新修上虞县志》记："广教寺，县西南三十里，昔置窑室三十六所。有官院故址。"吴越王钱镠在上虞窑寺山创设广教寺，监管越窑进度和质量。

窑寺山窑场连绵成片，烧造数量巨大，品质上乘。"捩翠融青瑞色新，陶成先得贡五君。巧剜明月染春水，轻旋薄冰盛绿云"（五代·徐夤）。"越碗初盛蜀茗新，薄烟轻处搅来匀"（唐·施肩吾）。"圆似月魂堕，轻如云魄起"（唐·皮日休）。在官方的大力扶持下，上虞越窑青瓷达到了前所未有的巅峰，而窑寺山的青瓷又是巅峰中的高峰。

窑寺山又名"火山"。陆龟蒙诗作"夺得千峰翠色来"，只描述越窑开窑时瓷品叠翠时的山景，却忘写了越窑烧窑时火光连片时的场面。只述"千峰翠色"，未写"千火连峰"。窑寺山上，窑火层层叠叠。整个窑寺山像是《西游记》中的"火焰山"。千座山峰窑火连片，既是窑场，也似战场。窑工、匠工、泥工，似千军万马，争分夺秒，抢占晴好季节，争烧青瓷。

千年已过，窑场已逝，"窑寺山""火山"却成为当地山名。

窑寺山其实是一座"堆高山"。越窑可用的烧制成品只有一二成，八九成都成废品次品，废弃在窑寺山上。窑寺山是由无数的废弃瓷泥、瓷片、匣钵等堆成。山北面的马衖硬生生挖成了千亩湖面、水深5米以上的水库，可见当年取土烧瓷的数量之大。如今挖开寺山任何一块山坡地都能找到青瓷碎片和匣钵。人民政府已将此山列为文物保护地。

越窑是饭碗。越窑的创制，改变了人们的生活方式，提高了人们的生活质量，促进了人们的身体健康，提升了人类的文明水平。在东南亚，在中国青瓷进入之前，人们吃饭用葵叶为"饭碗"，"后与华人市，渐用瓷器"。中国瓷进入后，当地才改用瓷碗。乾隆皇帝盛赞越瓷："李唐越器人间无，赵宋官窑晨星看。"

越窑是茶器。唐代茶圣陆羽在《茶经》中赞叹越窑青瓷："碗，越州上"，越瓷盛茶最为上乘，"茶色青"；越瓷"类玉""类冰"，越瓷似玉、似冰，高雅冰洁。"蜀纸麝煤沾笔兴，越瓯犀液发茶香"（唐·韩偓），"藓侵隋画暗，茶助越瓯深"（唐·郑谷），"蒙茗

窑寺山

玉花尽,越瓯荷叶空"(唐·孟郊),"越碗初盛蜀茗新,薄烟轻处搅来匀"(唐·施肩吾)。

越窑是酒杯。"茶烹松火红,酒吸荷杯绿"(唐·叔伦),"好向中宵盛沆瀣,共餐中散斗遗杯"(唐·陆龟蒙)。

窑是乐器。"越器敲来曲调成,腕头匀滑自轻清"(唐·方干),"清同野客敲越瓯,丁当急响涵清秋"(唐·僧鸾),"乱珠触续正跳荡,倾头不觉金乌斜"(唐·温庭筠)。

越窑是艺品。"散香蕲簟滑,沉水越瓶寒","蕲簟曙香冷,越瓶秋水澄"(唐·许浑)。

越窑青瓷是中国的母亲瓷,也是世界的母亲瓷。万千年以来,这个母亲瓷一直在窑寺山边的曹娥江流域演化。从1万年前的小黄山文化软陶,7000年前的河姆渡文化上虞"后旺遗址"硬陶,一直到3000年前上虞商周时期龙窑产生原始瓷,2000多年前东汉晚期上浦小仙坛成熟瓷创制,唐中晚期窑寺山再创秘色瓷。《史记·五帝本纪》云:"舜陶河滨,河滨之器皆不苦窳。"4000多年前,虞舜在曹娥江(古称舜江)老家虹蜿村边的窑寺山烧陶,烧制的陶"皆不苦窳",质量上乘,成品率极高。2500年前,东晋名相谢安在老家东山隐居期间,与小仙坛瓷工、木匠一起,创烧了"象鼻青瓷注水壶",史称"文房五宝"。中国山水诗鼻祖谢灵运也在窑寺山的谢家庄园里烧制越窑青瓷,他在自撰《山居赋》中描述越窑青瓷:"既坭既埏,品收不一。其灰其炭,咸各有律。"用泥制成各种器型,用草木灰作釉水,用木炭烧成多种器品。

凡是有人类的地方都有陶,杭州湾南北都有原始瓷,但只有杭州湾以南的越州上虞在东汉末年将原始瓷蝶变为成熟的青瓷。成熟青瓷,是一项开天辟地的伟大发明,"首次烧制成功的是越窑,从而使我国成为世界上发明瓷器最早的国家"(周燕儿《绍兴越窑》)。"从陶到瓷,从原始瓷到成熟瓷,其意义不亚于从猿到人。这是越人为人类文明作出的划时代的贡献"(冯建荣《瓷源》)。

从古到今,形形色色的青瓷、白瓷、彩瓷都是从共同的祖先发展、分化、演变而来,这个祖先就是起源于长江下游地区的越窑成熟瓷。越窑作为早期瓷器史上占绝对优势的瓷窑,在技术上起着"基因库"的作用,这种优异的基因向各地辐射传播时,或在异域踽踽独行,长期维持着传统的面貌;或与他乡的窑业基因融合而成为保留越瓷某些特征的新瓷种。

每一种优秀文化,总是以强大的生命力在时空中拓展延伸。窑寺山虽是一座小小的窑山、火山,但它点燃的却是整个全球的瓷山。星星之火,可以"燎山"。

横山：九峰横卧杭州湾

> 老家门前一座孤寂小山，虽高曾不足百米，因横卧杭州湾畔以南虞北平原上而名"横山"。又因其远眺有九岑，而被古人另曰"九峰山"。

横山周围十里。20世纪50年代之前，曾庙庵肃穆暮鼓晨钟。东有《斗水庙》雠对闸头堰。把控古夏盖湖水下泄；西亦九龙庙，侧面浩瀚碧波粮田万顷。南北二向梵呗圆音，《苦节》《东林》蒲庵俦列。

横山景色绚丽。明朝地方俊彦谢说携友泛舟游上妃、白马、夏盖三湖时，首选地便是登临傍湖横山，赞美其"迴蟠若龙，丛藕若跃锦鳞"；清代王登墉，游横山时正逢隆冬，留下了"坐爱横山好，春光入户庭。寒林明积雪，幽涧淡疏星"的吟咏；晚清陈梓留律"岩松蜡糁花，揩目认林鸦"；江士澜"八咏"有《九峰钟翠》篇"眺望九峰秀色融，恍如图画列晴空。云连天姥苍茫外，地接山阴紫翠中。"其中尤以峻飞居士，题横山曾有《龙寺夜月》《东林暮钟》《西峰夕照》《凤窝春煦》《来水龙吟》《灯泉积翠》《平台眺海》《松岫鸣蝉》八景和陈步云横山诸胜记略中标注《金花峰》《八字峰》《螺峰》《玉乳峰》《疴瘘峰》《饯日峰》《连珠峰》《松岫峰》《隐翠峰》凡九峰为最。

横山人文荟萃。古今中外，最有名望者当数有倪、陈二位先贤。前者是明朝重臣倪元璐，历任官至户、礼部尚书，曾以死谏忠君报国而名扬天下，且书画俱工文采横溢，被誉晚明五大家中之一。后为陈渭（号春澜），因于清末民初时期仗义疏财几十万银两，先后创办大小春晖学校而惠及桑梓，至今被乡邻称颂。

又远古时候，夏盖湖位于横山之西端，历经几番兴废泛滥，祸及虞北生灵。故而于后，由北延伸向海边修筑了一条十里堤埂。因由地方乡绅谢姓集资成就而被命名

横山

谢塘,继而以其为镇名至今。该谢氏,即现代著名大导演谢晋先生祖上也!

　　时光荏苒。以往每次回老家,必会抽出时间,登临最高峰"横峰尖顶"。来一番敞开心扉极目远眺。东邻邑朝霞初肇,自临山卫所起始的明代为抗倭所筑官路驿道,与329杭甬公路天衣无缝,叠合似一条白绫,横贯鹦山牟山次第;或西侧夕阳晕渲,夏盖山大禹峰下,星星点点碧波伴与金黄禾浪;又或南向萝岩山峰峦叠嶂遥瞰,平畴间黛瓦粉墙屋宇簇拥;而北地则是广袤万顷,郁郁葱葱绿茵如毯的另一边,杭州湾里水天一色,于影影绰绰之中鼋鼍二岛沉沉浮浮。

　　待稍长些后,则时常会被父亲驮上牛背。由自家的田塍或车盘头起始,慢悠悠地放牧往自然台。穿梭于桐树下,嬉戏放牛娃间;或闸头堰的牌坊之下、卧虎岗上;兼而拔茅针、掘山果萝卜解馋;又或拍牛虻、追蚱蜢捉玩以为乐。倘若是渴了厌了,便拴牛绳于石牌坊柱头上后,往稍远的牛鼻吞半山腰处挂壁泉里,伸项入泓或双手捧甘畅饮一番……

60年代以前,闸头堰桥下常年流水淙淙。但凡大雨过后,水泄石坎成瀑布鱼跃龙门甚欢。仍会呈现古人们所示"又东曰伏虎冈,下有来水闸。水出银鱼,色白长寸余,大如韭,无鳞与骨。因地下皆沙碛无泥淤,故味极美,远胜他处"之景观。

记得于1964年的节后农闲,曾有本村的几个好事者,在距斗水庙南仅几百米的燕子窝村前山坡处,掘开了一座与众不同的坟茔,墓呈每边为三尺来宽的四方形竖直状态,覆一块錾凿四角挑檐如盔顶般盖石,掀开后见椁棺朽烂骸骨塌乱。使当事者极为失望的是,其内并无黄灿灿锃亮之物,仅显星星点点般铜绿。大概因为是铺垫着的十几枚铜钱,尽都已斑结成块,而致使极大部分已无法辨识。

唯有大小不一的几个陶罐,其中最大的有尺余高,状如"兽头逶迤仰天五口朝上",呈青黄赤橙紫釉色斑斓。可惜的是,因其中碎缺了一只口而被人弃之。于是,由本生产队里的某某携回,经清洗后作为日常拎山泉水所用,但最终还是难逃碎弃之命运。

其间,闻有识之士辨识后道:该是"和尚圆寂"盘腿坐姿墓。内里唐三彩五口瓶名"魂瓶",和依稀可辨几枚"开元""周元通宝"铜钱,可以确定的均为盛唐年代之物。并猜测:其距斗水庙如此邻近? 而这位出家人极有可能就是当年的该庙住持之一?

挂颊看山山欲高,当年牧童稔成耄。

新千年后的某日返乡清明时节,因着老来思亲,上山寻觅至外祖父母茔地上时,才真正体会到了自个儿50年代孩童时的轻浮懵懂。始有所感所悟:世上无有真凤凰,横山自古多锦鸡(山鸡)。被人们称为横山十景中之一的"凤窝春熙"处,名副其实。

展眼目下粉墙黛瓦的同兴里建筑群(旧称"益记")而浮想联翩:当年熙熙攘攘,隔河与邻的春澜佃王大宅院内外,"祠记""宗记""春记"自东向西错落有致,规模甚超其右。"左青龙右白虎",但今安在兮?

幸哉! 当年启蒙横山学堂(号小春晖)依旧,仅被借作他用。相信可以恢复原貌,以慰先贤。

随之承蒙一村民所示,于枯枝丫杈之中,寻到了孩童时曾瞥见过的"石头菩萨"。当年因胆小遵父命牧绳在手,不敢钻篱笆荆棘去就近探个究竟:该置于山野露天的石头菩萨,与本村斗水庙里的木头菩萨有何区别呢?

但是次虽无篱墙阻隔,仍被漫藤遮掩。只能窥见其局部:面尽毁。问因由?答案不出所料,皆因破四旧之故也!隐约之中尚剩一"口",在呐喊乎!呜咽乎?

曾几何时,十里八乡村民们,每逢新岁正月初五日,不亦乐乎地来此奉拜财神。于是,篱外顿时鞭炮隆隆,香烟缭绕,"赵公明元帅"弥漫于烟雾之中。此景此俗,名噪地方于20世纪50年代末。

十来年前,本人通过网络结识了一位现住汉口的横山同乡"老绵羊"。他自叙祖上是大墙门支(即"凤窝春熙"处的左下傍山处),曾私塾于小越镇上。日寇投降翌年随家人们迁汉。其对照由我发于他的电子版《西横山陈氏宗谱》中所载,晓得自个儿的曾祖父和陈渭是堂兄弟。据他描述:该处常年被铁丝网和篱栅环绕,石头菩萨高丈余,非族人只许远眺不能近前(此传说,本人也曾向住就近的阮金堂老汉证实过)。

世事变幻,岁月流逝。20世纪30年代末,日寇入侵华夏后,淞沪、杭甬也相继沦陷,导致浙东大地狼烟四起。光虞北平原上就有日寇、汪伪和平军、国民党忠救军、浙保、姚保、太湖强盗等十来支乱毛部队横行肆虐,频频与我抗日的新四军三十五支队纠缠对垒。1943年,敌人强拆了闸头村一户参与抗战的陈氏三兄弟之一的住房,驱使百姓挑往横峰尖顶造碉楼,以监视阻碍新四军三十五支队的日常活动。

新中国成立后,彼时的横山上已草木稀疏,随处可见棺椁破败、骸骨零乱。之后的困难时期,村民们砍伐了山上所有的树木,刨光草皮以作柴炊而更显荒凉。1964年,社会主义教育运动中推广全民植树,后又垦梯田、办果园、培茶桑以息养,始恢复了满山葱翠欲滴、瓜果飘香景致。

乌石山：十里长山埋王充

　　乌石山，又名抢山、王充山，位于绍兴市上虞区章镇镇西南林岙村，为一片低矮起伏的丘陵，因基岩呈乌黑色而得名，西侧紧邻常台高速。据清《光绪上虞县志校续》记载："乌石山，在县西南十五里。东为乌石岭，岭西数里，曰打虎尖。"乌石山因东汉时杰出的唯物主义思想家王充的墓园坐落于此而出名。墓园四周为广袤的茶园，因周围的十里长山土壤肥沃，适宜种植茶树，于是 1958 年上虞县委派茶人刘祖香和有关单位在此创办上虞茶叶技术学校和国营上虞茶场。当代茶圣吴觉农，黄土画派创始人刘文西，茅盾文学奖获得者、《茶人三部曲》作者王旭峰等名人先后在刘祖香先生的陪同下造访乌石山。

　　说乌石山是一座名山，似乎并没有那么如雷贯耳。

　　其实知道乌石山的人并不太多。恐怕是土生土长的上虞人大多也不知道。出了上虞，知道它的人会更少，或许可以用屈指可数来形容。翻开现存最早的上虞县志——《万历新修上虞县志》，在山川的章节中，也不见有"乌石山"的记载。打开手机导航，乌石山照样低调地连高德地图也搜索不到。

　　它的名头，自然无法同三山五岳等名山大川相比，甚至连上虞境内的东山、覆卮山等，也比它要响亮得多。山的出名，往往是因为独特的风貌景观，或者是厚重的人文历史，当然有些是两者兼而有之。东山的出名，是因为谢安的垫伏，后来赢得了"东山再起"的美名，于是东山名满天下。覆卮山的出名，是因为有"万年的石浪、千年的梯田、百年的古村"，12 条规模宏大、国内低纬度、低海拔地区罕见的冰川石浪，2300余亩的高山梯田足以令人神往，更何况它的得名还源自南北朝那个浪漫而伟大的中国山水诗派的开山鼻祖——谢灵运，一个"逢山开路、遇水架桥"的人，或许是在某个风急天高的肃杀深秋,或许是在某个星汉灿烂的仲夏之夜,他来到这座上虞境内的第一高峰,举杯豪饮,酩酊大醉之后,顺手把酒杯倒扣在了山岩之上,于是这座鹤立于虞南群山之中的大山,便有了一个迷人的名字——覆卮。

和前面两座山相比,乌石山似乎就显得底气不足。它既没有覆卮山这样瑰丽的自然景观,也没有东山传扬在外的鼎鼎大名。它位于上虞与嵊州交界处,常台高速边上,海拔尚不足百米,一块平坦略有起伏的坡地,安安静静地匍匐在上虞西南边陲。从它的边上经过,甚至都不会去留意它。

然而这样一座不起眼的山,却是很多学者梦里都在找寻的所在。因为这里是被后人誉为"汉代唯物主义巨子"的王充的归葬处。

王充何许人也?典籍上的记载甚是寥寥。《后汉书·卷四十九·王充王符仲长统列传第三十九》对王充有专门的记载,也不过200余字。列传,是中国纪传体史书的体裁之一,司马迁撰《史记》时首创,为以后历代纪传体史书所沿用。能进入列传的,往往是某方面有影响力的代表人物。范晔在撰写《后汉书》时,距离王充的时代已经过了300多年,由此可以想见王充的影响力。

关于王充的事迹,除了《后汉书》的记载,还有他本人所著《论衡·自纪篇》的内容,也不过6000字。

从这些有限的文字中,我们可以了解他和他家族的一些情况。王充的先祖原籍魏郡元城,即现在的河北大名县,因为几代军功,封会稽阳亭。后来他的祖父王凡举家从阳亭迁到了钱唐县,以贾贩为业。他的伯父和父亲又将家族从钱唐县迁至上虞县。然后父亲的过早离世,带来生活的困顿与压力,使王充变得特别早熟。8岁入学馆念书,是最优秀的学生。后来到东汉的都城洛阳求学,进入当时最高的学府——太学,师事大学者班彪,学业大进。又凭借都城和太学的有利条件,博览诸子百家,成为饱学之士。

中国的知识分子素有"治国平天下"的情怀,王充也不例外。在王充感到经明德就、学业已成之后,便怀揣着理想,拜别了老师班彪,走上了仕途。然而现实的从政生涯,对一个对时局和现实有着冷静思考的知识分子而言,带来的往往是坎坷和曲折。入仕后,他一直做着县、郡、州的小官,虽然勤勤恳恳做事,但很多建议不为上司采纳,很多意见不被上司重视,有的时候还与上司相抵牾。在日复一日地忍受官场乌烟瘴气,无端耗损精力的痛苦和反反复复的思想纠结之中,终于在60岁时决定离开仕途,重新回到学术生活之中。

仕途的不顺,生活的苦难,对人的现实生活是一种考验,但对一个思想家而言,却是思想淬炼升华的必由之路。现实的磨难和困苦,绝不会让一个具有独立人格和敢于批判的王充低头,相反他更加深刻地来思考人生、社会和所处的世界。根据他的自叙,他先后撰写了《讥俗》《政务》《论衡》《养性》等书。可惜大多失传了,留下来的只有《论衡》,现流传的共30卷85篇,其中《招致》一篇只保留了篇名,全书共计20余万字。

据后来的研究,王充写《论衡》大约花了近30年的时间,可以说是他凝聚毕生心血的一部作品。王充所处的时代,正是"谶纬迷信之风遍及中华,僧侣主义笼罩整个社会"的时代。公元65年,汉光武帝"宣布图谶于天下",大臣中对谶纬稍有异词,便立刻获罪。在这样一种气氛中,世传儒书充斥着荒谬,民间言谈充斥着迷信,王充感到深深的不安,他要"疾虚妄",疾的是"起众书并失实,虚妄之言胜真美也",他决定写《论衡》。用他自己的话说:《诗》三百,一言以蔽之,曰"思无邪"……《论衡》篇以十数,亦一言也,曰:"疾虚妄"。可见《论衡》是一部建立在客观事实基础之上的批判性著作。《论衡》写完后,最初只在会稽(今浙江绍兴)一带流传,学者蔡邕到江南以后,得到此书,惊为"异书",便把它带到北方,但也只在很小的圈子里流传。后来王朗做会稽太守时,将此书带回了许昌,从此,这部书便从中原传播开来。

自《论衡》诞生后的1900余年间,《论衡》一书的思想一直深深地影响着后人。胡适在20世纪30年代就发表了近2万字的《王充的哲学》一文,在他的著作《中国中古思想小史》中也有"王充"专题,对王充的思想作了系统阐发,对王充思想的历史影响和地位作了高度评价,肯定王充思想在中国中古思想史上具有承前启后的重要意义,他的批判精神直接影响到东汉末魏晋初的学术思想、政治理论和人物品评,肯定王充是一位对中国文化有巨大影响的思想家。英国科学史家李约瑟在《中国科学技术史》中对王充思想进行了专门研究,认为王充是中国怀疑主义传统的最主要最优秀的代表人物,王充的自然主义立场和对人类中心的批判是一种远比当时的欧洲科学思想先进的"科学自然主义的世界观"。在李约瑟看来,王充思想是对于人类科学思想发展的一大建树,"从科学思想史的观点看,王充是他那个时代最伟大的人物之一。"

　　因为有这样一位伟大的人物，上虞是幸运的，乌石山是幸运的。虽然在古代的典籍里，没有记载王充葬于何处，也不清楚乌石山上的这一处王充墓是否是真，还是衣冠冢？我们已经无从考证。只在明代《万历新修上虞县志》中发现这样的记载："王充墓，在县西南十四都乌石山。"可见在明朝万历年间，乌石山上的王充墓就已经存在了，至于是什么时候修建的，县志里没有说，也找不到更早的记载了。但这恐怕也是与王充唯一有关系的遗存了。据可考的资料来看，王充墓曾经过多次重修。1807

乌石山

年,邑人林鉴进行了修建,到 1855 年,林鼎臣、谢简廷等四人又进行了修建。现在立于王充墓前的石碑,就是 1855 年修建时所立。碑文正面镌刻"汉王仲任先生充之墓",上款"清咸丰五年岁在乙卯桂月吉旦",下款"林鼎臣、某某某、谢简廷、某某某立石"。后历经岁月沧桑,王充墓一度隐没在乌石山中而难以寻觅。新中国成立初期,浙江省文物部门就根据《上虞县志》的记载,派人进行过考察,可惜未能发现,最后不了了之。1958 年,在乌石山所在的十里长山建设上虞茶场时,也没有发现。直到 1963 年,浙江省文物部门再次派人对王充墓道进行考察,终于在乌石山上找到了王充墓。1981 年,浙江省政府拨款对王充墓进行了异地重修。为此,事情的亲身经历者、上虞茶场的主要创建者刘祖香先生曾专门撰写《王充墓修建始末》一文予以详细讲述。

重修后墓园,占地约 600 平方米,由墓冢、墓台、墓道组成,墓基坐南朝北,呈圆形,由就地取材的乌石错缝叠砌,上覆封土,通高 2 米,直径 5 米。墓前立有清咸丰五年的青石墓碑。墓台呈长方形,长 11 米,宽 10 米,高于地面 0.22 米,用不规则乌石墁铺。墓道长 16 米,宽 3 米,高于地面 0.11 米,也用乌石铺砌。

2011 年,在上虞文广局的组织实施下,征地 20 亩,整修了王充墓道和墓园,新建了王充史遗陈列馆,内设展陈梳理了王充的生平事迹和他的思想价值。

正因为王充墓的存在,乌石山成为无数研究王充和王充思想学者心目中的圣地,也成为众多学者心中的文化高地。在十里长山茶园的翠色环抱里,王充的墓园是那样的宁静祥和,却又不失勃勃生机,一如王充的思想,一直映照着历史的天空,闪烁着耀眼而明亮的光芒。

而这样的光芒也一直在乌石山的上空闪耀。当我们走进乌石山的时候,会在刹那间感受到,这 1900 多年前的伟大思想,离我们是那么近,那么真切!

东白山：道教金庭崇妙天

　　相传诗仙李白曾登临此山，又称"太白山"。位于诸暨市东南部，诸暨、东阳、嵊州三县交界处，地处会稽山脉南端。最高峰海拔 1194.6 米，也是浙东最高峰。山间景色壮丽，奇石飞瀑美不胜收，茂林修竹，凉爽宜人，为浙江省七大名山之一。东白山名胜古迹荟萃，景点有太白尖、龙门顶、南园尖、高山湿地、黄金浪密林等。区域内的东白山省级自然保护区于 2003 年 12 月经省政府批准建立，是我省第一个以经济树种（香榧）种质资源为主要保护对象的自然保护区。保护区内地形复杂，小气候环境多样，动植物种类丰富，珍稀濒危物种繁多。有植物 179 科 749 属 1530 种，脊椎动物 253 种。其中百年以上野生香榧古树 11298 棵，集中连片面积 90 公顷，是国内面积最大的香榧天然集中分布地。

参禅问道隐无心隐

　　我国历来山河壮阔，并不缺乏因道教、佛教而为人所周知的名山，但像东白山这样道佛两家修的青山却并不多见。从唐朝开始，佛教、道教就在东白山兴起，禅林院、仙姑殿、尼姑庵、溇口寺、西柏寺、百总庙、孟婆庙等十多座寺庙遍布东白山麓，香火鼎盛，盛极一时。

　　东晋著名道教学者葛洪在其著作《抱朴子·内篇》中将东白山列为全国十大名山，"古之道士，合作神药，必入名山，不止凡山之中，正为此也"。据专家考证，东白山为道教三十六小洞天之第二十七洞天，即金庭崇妙天。宋代张志行曾写下《东白禅林院碑记》："登其（东白山）绝顶，钱塘大江茫然在目围，信乎为浙江群山之雄。所环左右前后八百余里，地灵不凡，草木花药含芳孕秀，四时不凋，又土产春芽，名在古人茶谱，与鄞源、顾渚播扬天下，真前世学道之士修行之佳处"。宋代名士褚伯玉也曾在此建观修道，东白山是道家的求仙之所，亦是精神寄托的世外桃源。

我一直认为山川如人，也有脾气秉性。东白山不同温州雁荡山的天工造物，傲气凌然，也不似台州天台山的灵秀纯粹，一尘不染，东白山是包罗万象，海纳百川的。正因如此，大量佛家僧人也在此参禅修行，其中就有《文苑英华》中记载的唐代禅僧道一，相传在道一和尚深居山中修行期间，诗人王维特意跋涉前来向他请教佛理，清风明月中，二人对坐论理谈学。竺岳兵曾在他的《王维在越中事迹考》中就写道："唐开元八年至开元二十一年将近十五年间的王维在吴越漫游。"王维写下的《投道一师兰若宿（一作宿道一上方院）》，也成为他借宿东白山的重要证据："一公栖太白，高顶出风（一作云）烟。梵流诸壑（一作洞）遍，花雨一峰偏。迹为无心隐，名因立教传。鸟来还语法，客去更安禅。昼涉松路（一作露）尽，暮投兰若边。洞房隐深竹，清夜闻遥泉。向是云霞里，今成枕席前。岂唯暂留宿，服事将穷年。"

情落东白传千古

东白山的美是醒目张扬，雅俗共赏的。这里除了是道家佛家静修之地，也被誉为"千古爱情圣地"。一本由当地村民保存着的宗谱（清光绪十一年续修）中有这样记载："东白山乃永宁名山也。七夕时，仙姑尝沐首于其巅。……其巅有二坛焉。怪石百千，星罗棋布，或仿佛狮象，或逼肖神人，遥望而风生两腋，从游者皆瞠乎其后矣。怠至弃杖匡坐，徘徊良久，既疑聚石谈经之处，翻讶叱羊成石之场。稍上仙女洗头盘，鼎足而列。"此处写到的仙姑沐浴处便是太白峰旁边的仙女湖。传说每逢七夕佳节，湖水就变得格外湛蓝清澈，朦胧的月色如霜华洒落在湖面之上，泛起点点金光，七仙女因美景动容，便在此驻足沐发浴足，这也是仙女湖的最初由来。

过了仙女湖，再往太白峰行。山顶还有一庙，上书"仙姑庙"。庙虽小且旧，但却进出香火鼎盛，听附近小店的老板说这座清代仙姑庙十分灵验，声名远播，历经数百年不衰。尤其到了七夕，众多青年男女纷纷携手前来，扎营山顶，彻夜不眠。久而久之，这一日便成了东白山的庙会。而实际上，根据当地人相传，庙会的形成主要是因为仙姑殿落成开殿时恰逢七夕，故举办庙会共庆诞辰。

在东白山顶的上空，从古至今都飘浮着人们对美好生活的向往与渴望。有温饱生活,诗情画意,有爱恨情仇,也有生死信仰。

白居易曾在《长恨歌》中写下:"七月七日长生殿,夜半无人私语时。"我想他断然没有到过东白山,东白山上的爱情从来不是静默无形的,它如同绽放在谷底,花团锦簇的牡丹,轰轰烈烈,绚烂永恒。

千百年来,山山而川,生生不息。

吃茶闻香慰生平

说到茶,就必须先提水。自东白山底驾车盘山而上,山中一路皆有山涧甘泉,自山顶而泄,任何人都能随意取饮,这便是解决了煮茶的第一要素。值得一提的是,东白山上有一口名为"玉女"的泉眼,泉水清甜甘洌,为煮茶酿酒之佳品,亦非寻常山涧野泉可比。

相传此泉平时干涸无水,每逢天旱之际,它却能汩汩涌出水来,即使千人饮酌,也涓流不涸,当地人常常会聚集于此祈愿风调雨顺。我去时正值晴空万里,那汪玉女泉如同一颗宝石镶嵌在延绵的东白山脉中,碧绿深邃,熠熠生辉。

有水的地方,必有人家。东白山虽然海拔高,却并不陡险。她就像江南女子一样低眉温婉,你完全可以拾步而上,若你愿意,可以随处平地开垦田地,种植菜苗,十分宜居隐世。草堂三间,薄田两亩的日子,不会像诗和远方那样遥不可及。

如今在距离太白峰不足半小时路程的山腰上,就有铺天盖地的人间烟火气。支了摊的小贩们架着围炉锅瓢,生火开门做生意。有游客从顶峰而下,疲累欣喜地在简陋的支棚里坐下,半挣着袖子,解了开衫,点上一碗馄饨、面条,或只是一个霉干菜烙饼,便是真正质朴的山野之味,便是苏东坡的"人间有味是清欢"。

就是这样烟火味十足的尘世,生龙活虎地落在静谧沉默的山脉间。我想也只有东白山,容得下这十里清风、浩荡山河,也包罗得了人间百态,苦味陈杂。

功名利禄终归淡,人生不过诗酒茶。千百年来东白山让源源不断的隐士文人前赴后继的原因,自然少不得茶。

我是在初春四月登临东白山,当时茶香初现,腰间系着茶篓的茶妇们正低着头忙着采茶,她们的面容黝黑,手上爬满了细碎的皱纹,与西湖狮峰上采茶姑娘的貌美纤弱大相径庭,但她们笑起来的时候眼神格外明亮温柔,带着茶香芬芳,带着生计的

东白山

希望，回归到生活的最本真，极尽简单的原始自然。

这些茶叶经过摊青、杀青、烘青三大道工艺后，便成了观之有兰花之形状，饮之有兰花之香韵的"东白春芽"。

根据李肇所撰的《国史补》记载，唐朝就已经把东白春芽列为名茶之一。茶圣陆羽在公元777年前后云游浙江时，在《茶经》中写下"婺州东阳县东白山与荆州同"，可见其内质足认与西湖龙井相媲美，20世纪50年代被选用为人民大会堂指定用茶，1989年被授予"浙江省一类名茶"称号。

山水做伴，茶香袭人。东白山人来人往，其中不乏前来露营留宿的，听他们说东白山的日出日落都极美。他们随地一坐就是一段人生，如古人般借宿东白山，仰天星河，落目清风。傍晚时分的东白山顶，有点点灯光闪烁，像新开出一个集市，悄无声息地热闹起来。

有青年男女席地而坐，弹起吉他，敲着酒杯唱着歌，笑声落拓。恍惚间，我竟然看到李太白、王维、戎昱、李频等盛唐诗人同席而坐，鼓盆而歌。

在东白山顶上，时空纵横，历史交错，与古人对话。我敬过山河岁月，敬过浩瀚星河，最后却在这平庸世俗的东白山上陨落，这最具人间烟火、豪情万丈的东白山呵，经得起你几世轮回。

三界尖:万斛流水细涧流

位于诸暨西部马剑镇境内,因地处诸暨、桐庐和富阳三县(市)交界处,故名"三界尖"。最高峰海拔1015.2米,为诸暨第二高峰。山地为南西—北东走向,是富春江和浦阳江的分水岭,组成山体的岩石主要为火山熔岩和火山碎屑岩。2013年设立三界尖省级森林公园,公园内奇峰险岩,怪石幽洞,茂林清泉。东侧山脚下有一个落差近30米的龙门瀑布奔腾直下,非常壮观。在海拔600多米的半山腰,有诸暨最大的"杉树王",一大二小三棵杉树丛生而立,直插苍穹。

三界尖的景色,美不胜收

三界尖,峰峦延绵,林密树茂,一年四季交替更迭,山林灿烂的着色,似一幅铺开的山水画卷。

三界尖的春天,是最迷人的季节,漫山遍野的花儿开了,有野生桃花、杜鹃花、紫藤花等,蓝天白云下,红绿相映间,风姿绰约,风情万种。一批批文人墨客、摄影爱好者,蜂拥而至,把大自然赋予的美,倾注在笔尖,聚焦在镜头。

三界尖优美的生态环境,形成了独特的小气候。夏天,凉爽宜人,夜宿农家,难觅蚊子踪影。满头大汗的你只要往龙潭边一站,瀑布激起凉飕飕的水雾,让人暑意全消。于是,游客们早把准备的食物取出,放在大石头上,围聚一起,开怀野餐,其乐融融。

秋之三界尖,天显得格外高远,似一把铺展开的折扇,身着火红的盛装,喜迎八方宾客。如果你运气好,还能遇见国家二级保护动物,雅称"白凤凰"的白鹇,一饱眼福。

冬之三界尖,深绿中变得寂静、凝重。每到深冬季节,山脚下还是细细小雨,而山顶已是雪花纷飞、银装素裹,远远望去却似高原雪山一般。这个时节已少有人进山了，唯有那耕牛还在草木之中觅食，这里的耕牛，除了农忙季节，都"野放"在外，到了过年或大雪将至，村民们才把它赶回家，运气好的还能多出头牛仔。如此，又一分收获的喜悦洋溢在主人的微笑里。

三界尖的传说，美丽动人

三界尖，在一条长达十几里长的峡谷中，无数的涓涓细流，被山峦、森林无数次地梳理后，汇聚成一股叮咚流淌的清泉，打造出一个个大小不一的蓝色水潭，清澈见底，可与九寨沟相媲美。龙潭和石井的美丽传说，充满着神奇和诱惑。

龙门瀑布，三界尖的核心景观，高达 30 余米。东汉隐士严子陵曾游历于此，见景色迷人，风光秀丽，当下吟道："此地山清水秀，胜似吕梁龙门。"由此，山脚下居住着百十户人家的村落，被称为龙门脚村。

走进龙门脚村，重峦叠嶂间，犹如世外桃源，这里没有喧嚣和繁杂，只有纯色、宁静，泥墙木屋，古朴典雅。那墙角成堆的柴火，摆放的犁耙、锄头、钩刀，诠释着劳作与生活。

到了村的尽头，稍走一段，便能耳闻龙门瀑布声。前行百米，只见一条形似白龙的瀑布，从 30 多米高的山涧奔腾而出，有诗云："万斛流水细涧流，龙门常带剑光浮；深弯九折深无际，何处寻芳古渡头。"瀑布大气磅礴、雄浑遒劲。每逢雷雨时节，往往会有彩虹出现，当地人见了认为是神龙显灵，就合起双手祈求平安。

在龙门上端百米处有一石井，川流不息的山泉，汇流入井中，然后溢出井外。

相传，南海龙王的小儿子小白龙喜欢以文会友，其听人说湖源江上有个磨墨潭，心想这名字一定与文人墨客有关，便摇身一变成秀才，寻到磨墨潭会会这批人。没想到，文人没会着，却碰到了一个美丽的姑娘，这姑娘原是富春江里的鲤鱼精春江女，住在磨墨潭，春江女客客气气地招待小白龙，俩人一见钟情，你来我往难舍难分。南海龙王得知此事，大发雷霆，臭骂小白龙出气败门风，罚其到龙门潭面壁思过，并派遣乌龟精负责看管。

小白龙身在龙门潭，心在磨墨潭，实在是度日如年，就跟乌龟精讲好话，放其去见春江女。乌龟精心地善良，被小白龙的真情所感动，但碍于龙王威严、自己的职责所在，不敢明目张胆行事，便心生一计对小白龙说：俺挖个地洞，神不知鬼不觉可以天天见面了。小白龙听后非常高兴，可好景不长，山湾里的水都往地洞里流，下游段

三界尖

的溪坑没水了,这里的虾兵蟹将性命难保,百姓们怨声载道,震动天庭,玉帝责令南海龙王查办此事,龙王一查,竟是乌龟精做的手脚,小白龙与春江女情根未断,就勃然大怒,便亲自到场,随手一拍,将乌龟精变成一块大石头,趴在石井边,又反手一掌,将小白龙和春江女封杀在石井里。

斗转星移,不知何年何月,石井旁的石缝中长出了一棵石楠树,如同一把伞,为其遮风挡雨。坚贞不渝的爱情故事,感动着许多少男少女,一对对情侣,往往会去石井边谈情说爱,或用井水洗把脸,沾点仙气,或相依相偎,把亲密的倩影倒映在石井里,面对此情此景,每对情侣都会觉得他们是世界上最幸福的人。

三界尖的茶叶,茶香四溢

三界尖的高山野生茶,可谓"藏在深山人未识"。摘茶时节,三五成群的村妇,带着"冷饭揢包"上山,从早到晚从林间树中,采下斤把茶叶,正是海拔高温差大的原因,迟产半月以上的野生茶,难被外人所识,而这里茶农们没有沮丧,用传统的方法制茶成品,送给亲朋好友,或用纯净的山泉水沏上一壶茶,招待远道而来的宾客,不亦乐乎。

1998年诸暨市云剑茶业有限公司成立,打响"云剑"名茶品牌。公司开发出一款别具特色的"针型"绿茶,走出一条"公司 + 农户 + 基地"的经营模式,茶叶附加值显著提高,农民收入明显增加。

"云剑"在1999年第二届国际名茶评比中荣获金奖;2004年被认定为全国无公害产品。2022年龙门山脉主峰三界尖被指定为诸暨市公共品牌"西施石览"茶原产地之一。

三界尖的张氏遗址，诉说着曾经的历史往事

三界尖的半山腰上有一处遗址，曾是一张姓人家居住过的地方。从遗址的断墙残垣中可以看出，原是座三间二弄依山而建的房子，这里距村4公里多、海拔600余米，让人不禁疑惑，张姓人家为何要选择在这荒无人烟的高山上居住？

太祖公张承盛原是太平天国东王府的一名侍卫，与东王杨秀清之妻傅善祥是同窗师兄妹，后因太平天国发生内讧，混乱中与杨水娇（杨秀清之妹）一起救出了已怀孕的傅善祥，逃到三界尖隐居了起来。

傅善祥在龙门脚村产下一男婴，暂住村口的土地庙，村中热心的大妈大嫂们，纷纷烧上碗"索面"送到庙里，给母子俩补充营养。傅善祥满月后，为躲避清廷搜捕及同党追杀，不敢在村中久住，选择了山高林密的三界尖为居住地。后来，局势慢慢缓和了，傅善祥与张家一起盖起了三间二弄楼房，朝东而建是为了纪念已故的东王杨秀清。自己也在离张家居地不足一里的山脊上，建起尼姑庵当了尼姑。后因大家都叫她为师姑，此地也就被称为"师姑坪"。

时过境迁，如今，三界尖的张氏遗址和师姑坪的尼姑庵已杂草丛生，难觅当年踪迹。唯有傅善祥吃过的"索面"，被村民们改良为"状元面"，走向市场，成为网红产品，带来了可观的经济效益。

三界尖的登山步道，赋能文旅融合新篇章

山不在高，有仙则名。水不在深，有龙则灵。现在的三界尖，每到春秋季节，成群结队的市内外驴友和游客纷至沓来。于是马剑镇政府乘势而为，2016年投资150多万元，修建长达5公里的三界尖登山健身步道，又称"状元古道"，沿途设有指示牌、休息亭、公共厕所，给游人提供方便。又在溪流平缓的地方建坝蓄水，设台观景，供游客拍照留念，深受驴友和游客们喜爱，成为网红打卡胜地之一。

三界尖是幅画，浑然天成；三界尖是首诗，荡气回肠。三界尖这种自然、灵动的美，握笔难吟，秉烛难书。让我们放飞心情，依循古道，重温美丽的神话故事，登高三界尖，回到这片人间净土，回到这个魂牵梦绕的家园。

陶朱山：浣纱石上窥明月

　　陶朱山位于诸暨市西侧，又名县龙山、老鹰山，因纪念商圣陶朱公而得名。现已建成以陶朱山公园为核心，充分利用城市中心及城郊众多自然山体资源，一个占地面积61.9公顷，集观赏游乐、体验休闲、生态防护等功能于一体的森林公园。相关景点除陶朱山公园外，还包括胡公台、电视发射塔、文昌阁、范蠡台、滴水岩、一大会址红色教育基地、三圣殿、青莲禅寺等，是市民早晨、周末或假期爬山休闲、户外健身、研学培训的向往之地。陶朱山的支脉苎萝山，因为出了西施这个古代奇女子，成了古越名山。后人为纪念西施，在苎萝山下修建了西施殿。现在西施殿于1990年重建，占地5000平方米，由门楼、西施殿、古越台、郑旦亭、碑廊、红粉池、沉鱼池、古苎萝村、先贤阁等景点组成。

陶朱山：家门口的森林公园

　　十里陶朱山，青翠绵延，是城市的"绿肺"和屏障。陶朱山因山似长龙，又是县城所在地，别名县龙山，又名长山。

　　陶朱山的山名由来，大抵是为纪念商圣陶朱公而命名。陶朱公，即范蠡，越国上大夫，后任上将军。从政率军，辅佐越王勾践兴越灭吴。后离越赴齐，富行其德，仗义疏财，富甲天下，自号陶朱公。

　　范蠡祠，建于西施故里鸬鹚湾景区，面西南背靠金鸡山，气势恢宏，采用清代民间建筑风格，黛瓦粉墙，古朴典雅。再看里面，由范蠡祠、财神庙、魁星阁、三星庙等组成的整个建筑，各种木雕构件琳琅满目，精彩非常，充分展示了江南民间建筑艺术特色。正殿内，3.5米的范蠡全身铜像，就是春秋时赫赫有名的政治家、军事家、经济学家和道家学者了。这位"在越为范蠡，在齐为鸱夷子，在吴为陶朱公"。太史公说他"三迁皆有荣名，名垂后世"。《东周列国志》记载有，"范少伯见机远隐，其高不必言，又精于货殖之术，能生财而致富，真是千古奇人"。

当读到"齐桓非夷吾不能成霸，勾践非范蠡无以存国"，作为越国后人能不恭敬施礼，献上心香一炷？

6月的一天，我和朋友从陶朱山公园入门，拾级而上，城市的喧嚣被我们暂抛身后，周身立刻隐入由茂密的樟树、青冈栎、苦槠、马尾松、毛竹、黄山栾树等树木、花草编织绘就的浓荫长廊，鼻息也被一座大山和它此刻的馥郁气息俘获。石阶边，一棵碗口大的香樟从石缝里暴突而出，裸露的树根粗大而嶙峋，我似看到它们纵横、盘结，拼尽力气抓住山石。

忽传来一阵异响。原来就在我们身畔的一棵马尾松上，刚刚上演了一出逃离绝技。若不是即刻顺着朋友的手指仰头，怕是连云端那轻微的一晃也无缘得见了。就像是弥补我刚才的遗憾，一朵金樱子花从绿山墙后面探出头来，向我微笑致意。

山峦一层层堆叠，叠出一座座圆笠状的山尖。两三百米的山，亦显出它的陡峭。

待我们登上朱公台，再一次远眺城区，只见浣江悠悠，多少壮阔美景尽收眼底。

山，是时间的另一个窗口。家门口的这座山，它自远古白垩纪开始的热情一刻也不会停止。而山下的世界，亦喷涌和循环不止。

苎罗山：古越人文荟萃之山

浣江悠悠，在今浙江省诸暨市城南拐了个弯。苎罗山，就坐落在浣江的拐弯处。

作为陶朱山的支脉的苎罗山，又名罗山。山高22.78米，周近1.5公里，翠峦玲珑，端秀玉立。岩石呈赭红色，俗称红粉石。《舆地志》云："诸暨县苎罗山，西施、郑旦所居。"建有山门，有当代书法家沙孟海题写的"苎罗山"石碑。在苎罗山的最高点，建了一座"苎罗亭"，亭为八角三重檐造型。据史料记载，当年的苎罗山也曾"林木葱郁，苎麻丛生"。苎麻又称苎萝，苎罗山因此得名。

值西施殿二期扩建，我沿着苎罗山缓行，赭红的山岩上方，绿树掩映。天空下，给你打造的重重宫檐下的红粉池，绿宫墙还在，只是你去了哪里？

"只今诸暨长江畔，空有青山号苎萝。"唐人的感喟恍如昨日。

陶朱山

西施殿，古称浣纱庙，又叫西子祠。西施，姓施，名夷光，幼承母亲浣纱之业，又称浣纱女。西施献于吴王，吴王从此沉湎于酒色，越国却上下一心，励精图治，终于打败吴国。后人为纪念这位忍辱负重、以身许国的绝代佳人，在苎萝山下修建了西施殿。

在一块下马石前，我停步、端详。一旁的浣纱亭邀我小坐，去看西施浣纱处。

一处苍褐的石壁上有两个文气郁勃的大字：浣纱，相传为王羲之所书。此即浣纱摩崖。纵使"浣纱石"已藏身水下，这石头何其有幸！而今人们临石怀想，能凭虚有寄，则又是后人之幸了。

回望越国 1800 余年历史(约前 2032—前 222)，其政治、经济、军事、外交、文化等活动，有相当长时间是以诸暨为中心展开的。如浙江历史上最早的外交特使，《竹书纪年》上所载的周成王二十四年，於越派到周朝去的那位"於越来宾"，就是从诸暨出发的。越国都城在诸暨境内，据史书所载遗址可觅的至少有三处，即埤中、大部、句乘。著名历史地理学家陈桥驿先生考证其源流：越国都城后来从诸暨山麓之地迁到冲积平原会稽，在会稽建立新都。越国由衰转盛，十年生聚，十年教训，卧薪尝胆，众志成城，终于兴越灭吴，成就了历史大业。

"越国古都，西施故里"是诸暨文明历史的源点，是诸暨建邦立县的根本，是诸暨人民的心念，是诸暨旅外人士的乡愁，是始终闪耀着金光的精神财富……其历史文化价值、综合意义，无可估量。

不仅是诸暨人民的心念与乡愁，西施，她已是每个中国人的心念与乡愁。她是美的化身。

大诗人李白惊叹她的美丽与高贵，也为她的去留，发出千古嗟叹：

> 西施越溪女，出自苎萝山。
>
> 秀色掩今古，荷花羞玉颜。
>
> 浣纱弄碧水，自与清波闲。
>
> 皓齿信难开，沉吟碧云间。
>
> 勾践征绝艳，扬蛾入吴关。
>
> 提携馆娃宫，杳渺讵可攀。
>
> 一破夫差国，千秋竟不还。

——李白《西施》

"若到天涯思故人，浣纱石上窥明月。"

不止西施。

卧薪尝胆、坚忍不拔的越王勾践，深富韬略、指挥若定的范蠡、文种，算无遗策、勇于担当的计然、诸稽郢等人，和西施并肩，忠于家国的姐妹郑旦，他们的史迹不但彰显于当时，也传颂于后世，早已深入人心、脍炙人口，成为历史研究的重要主题，成为文化传承的具体载体。

滴水岩："滴水崖壁"的气势或水滴精神

"走得再远，也不能忘记来时的路。"中共诸暨县一大红色教育基地，如一艘战舰，劈波斩浪驶来，在茫茫陶朱山西麓，时空交汇的一个点，刻下它的深深印记。

一面细流涓涓、从未断流的崖壁，一座始建于唐末天祐年间，几经扩建的滴水禅院，1927 年 9 月，中共诸暨县第一次代表大会在这间滴水的崖壁东侧的小屋内召开。仿佛画风一转，汇入主流叙事。如今，一块高度为 19.27 米的红色纪念碑，和一座红色教育新馆，就屹立于滴水禅院前 300 余米的山坡之上。

一面倾斜的红色水洗石墙体，150 根 3 毫米银色钢索的水幕，再现原会址"滴水崖壁"的自然景观特征和磅礴气势。根根银丝又似万千琴弦。在水声中，目光由一线天突围，乍然扑向一无际崖的湛蓝。在水声中，光线在颗颗水珠，也在迷雾中穿梭、导引，直至飞奔，向上，向着光的方向。

人民有信仰，国家有希望。

巨舰红船，引领亿万人民向前进。涓涓水滴，即是民心。

其实到达滴水岩，既可驱车城南郭叶村入山，也可从县龙山一路逶迤西行，到达诸位"刷山"博主心心念念的"博物宝库"，资深植物达人的"后花园"。

一篇发布于"小山草木记"的妙文《探秘滴水岩》，读来不禁神驰。那块露出红砂岩的旷阔山坡，我也去过。

文章罗列出滴水岩成为博物网红的几大特质。一是离城市很近，二三十分钟可到，特别方便观察。二是物种特别丰富，原生态保持完好。别的地方，都是几株或者小群落出现，但这里很多植物如鸭跖草、绵枣儿、白鹃梅都是大片大片的，特别有气势。三是这里的坡度平缓，看花观景，老少咸宜。四是这里还是一个颇有文化底蕴的地方，除滴水禅寺外，还有宝寿寺，也是始建于唐代的古刹。五是小丸子。这一条是我加上的。滴水岩之所以变成博物界特别是草木界诸多爱好者的向往之地，不就是小丸子老师奉行的吗？在众多践行"博物学在地化"的爱好者当中，诸暨小丸子就像中外那些著名博物爱好者一样，一直坚守着家乡阵地：诸暨城郊的滴水岩某块山坡，一直系统观察、持续研究、热情书写着那里的一草一木。小山老师由此断言，经过长期努力，在中国博物学的版图上，诸暨小丸子一定会滴出一个属于自己的"小坑"。我想，这是所有成就大事业者的共同特质。

勾嵊山:千年古刹越山寺

　　勾嵊山系会稽山余脉,史称句无山、九乘山、勾践山、勾乘山等,是我国历史上唯一一座两代君王(允常和勾践)建都的"王者之山"。位于诸暨南部,牌头、安华和义乌大陈镇交界处,最高峰海拔 660 米。风光秀丽,山峰层叠,草木森森,鸟语花香;瀑布小溪,流水潺潺,清澈明亮。

绿野仙踪

　　勾嵊山大部分坐落在诸暨牌头镇和安华镇境内,距诸暨市、义乌市区均 25 公里左右。远看如一块碧玉,翠色耀眼。

　　从勾嵊山摇石头自然村一入山,梧桐、野枫、野栗、樟树、柚木、成林的修竹、长到树梢的葛根藤、野草野花就如千军万马般把你围住。

　　不绝于耳的是山泉、溪流的清音。水声拨弄如琴弦、鸟鸣嘀啾、清风击掌绿叶伴奏,一场永不落幕的音乐会就一路悠悠地为我们演奏着。

　　特别是到九泉湾处,更有泉水九重。叮叮咚咚、滴滴答、咕咚咕咚敲醒山林,哗啦啦地、潺潺地、淙淙地从摇头尖、天子苑、潜水坑、箭矢湾、金竹湾、大竹蓬湾、田塍湾、田口湾溢流至峥湾,像九支笛子同时奏响五千米山涧、幽林。

　　绿野胜似仙踪,如诗的景致,让人美不胜收,流连忘返。

王者之山

　　"天子苑"传说是越王勾践藏兵练兵的指挥中心,也是卧薪尝胆的所在。山岗像一只龙头在两山之间隆起,龙角向两边山脉舒展。确实不同于其他景致。

山岗上草木不生,像是不敢冒犯龙威。一块暗红色的床铺大小的卧石,静静地躺在天地间。石面已长满时间的青苔,汩汩的山泉从石头边沿溢流而出,仿佛正在为我们讲述一代霸主的传奇故事。

据史料记载,公元前494年吴越大战,勾践率残军退至勾嵊山,先后在"沙战头"和"大仗坞"与夫差大军发生激战。留下"射箭岩"和"刀劈石"。"退马坡"和"马蹄印"等遗迹。

公元前493年,勾践率夫人和范蠡等众被迫入吴为奴。大夫文种则留守勾嵊山,率军民重建家园。公元前490年三月,勾践被夫差赦免回国。自此,在勾嵊山开始漫长的复国之路。他像平民一样自耕自足。为不忘国耻,在天子苑卧石处建卧薪尝胆居,夜卧柴薪,晨尝苦胆。其间一边向吴国进贡称臣,一边利用勾嵊山的天然屏障练兵养马、造船炼剑、发展农业、开疆扩土。公元前473年,勾践灭吴,成为春秋时期最后一位霸主。

此刻,四周峰峦如重兵,山风仿佛还送来了将士操练的声音、柴薪的毛刺感如芒在背、舌底竟有一丝苦涩如那卧石边沿的流水在蔓延。

这座庇护越国,改变国运的灵山及忍辱负重的王者,让人不得不肃然起敬。

从天子苑去王坟岗得经过浅水坑、小天龙、天门等众多景点。还得像野猪一样钻灌木丛,过苦竹林。

沿途的瀑布、溪流山涧、可以泛舟照影的湖泊、野鸭、鼓舌竞技的群鸟、树枝上的松鼠、白鹭栖飞,云雾缭绕如人间仙境。

路边葛根、黄精、白术、益母草、竹箭、白茅根、鱼腥草等等珍贵药草自由自在地在山林中生长。

越往上,路越窄,陡峭处还需伙伴前拉后托。爬上王坟岗时,眼前豁然开朗。

王坟岗呈凉网形,《暨阳厚溪宣氏宗谱》称之"大墓山",是越王允常之墓。但见山的上方和两旁全是裸露的石头和山崖,中间的凉网形地带土层较厚。岗上的"越王墓"三个字,让人恍惚已站在2500年前。

诸暨是於越文化发源地。公元前510年,夏禹后裔越候夫镡去世,允常继任,始称越王。为了联楚抗吴和向南扩张的需要,从埤中(现诸暨店口、白塔湖一带)迁都至勾嵊山,谋略发展强国大计,数年后举兵反击吴国并获胜。公元前497年允常病逝,葬在勾嵊山主峰,故后人称为王坟岗。

站在王坟岗上放眼,诸暨和义乌市区的高楼隐约可见。山下浦阳江玉带般缠绕青山,粉墙碧瓦的村居掩映在青山绿水中,呈一派祥和之态势。岗上,一只山鹰展翅再次牵引云朵,一幅高远的山水画在勾嵊山轻盈地摊开。

2000多年前越人喜欢将坟墓安放在高山之巅。想来王坟岗深合越王之心:不但能看见子孙后代在这片土地繁衍生息,大好河山也尽收眼底,是块真正的风水宝地。

越王墓至今还完好无损,也许与居之高岗有关,还有传说中关于大墓构造"上七百,下七百,左七百,右七百"的迷宫设置至今无人破解,让大墓山更添几分神秘。

千年古刹越山寺

勾嵊山不只有灵性的山水、文化遗迹,侧峰越山还有千年古刹隐藏着山的神性和仙气。

在寺下张村的公路边,越山寺(也曰云居禅寺)高大的石牌坊已为去庙堂之人指明道路。

上方的越山苍翠欲滴,山腰上有红亭黄彩隐约可见。上山的石阶在山林之间蜿蜒曲折而上。途中峭壁上有两个亭子供人小憩。石崖上有瀑布银练般抛下,着地溅碎成珠。

石阶尽头,群山环抱的山坳里黄墙高檐的庙宇豁然显现。山风携带着檀香梵音率先迎上前来。

寺前一放生池碧波粼粼,大大小小的乌龟浮在水面,悠闲如龟仙,静享万物平等的光阴。

越山禅寺于公元909年建。

今有大殿五座,山门、睡房、食堂等附属建筑多处。四周群山环抱,重嶂叠翠,古

勾嵊山

松参天,古寺肃穆恢宏。

《光绪诸暨县志·山水志》记载"东周末越王逃难,至此得脱,遂封其山为越山或越王之冢在焉,山之后有越王殿,故其山得以越名也"。

在大雄宝殿门前两侧各有一口古井,曰"鸱夷双井",模样如孪生。只见环形井壁由卵石叠砌而成,井中水似明眸盯人。

传说越王曾在这山坳屯兵养马。范蠡辞别越王带西施半农半商后曾经重返故里,旧地重游时在此亲手挖穴取石建造双井。因范蠡又叫鸱夷皮子、西施叫夷光,后人便把这两口井称"鸱夷双井"。

鉴真禅师当年在这里建寺应该是这两口井中有泉水的原因。

大雄宝殿内还有一口"运木井",井内深幽亮泽。传说宋代的济公和尚通过这口井把越山上的木头运到杭州净慈寺。虽然玄乎,但证明越山寺与济公、与杭州净慈寺关系非同一般。

鉴真殿内供着鉴真禅师的塑像。传说越山寺祖师鉴真禅师89岁得道升天,坐化后真身长时间不腐,后被虫蛀吃得仅存一只手臂(寺内一直有瓶装的遗骨保存着)。后人尊为菩萨膜拜,塑像建殿供奉他,称"智素菩萨",其殿名"鉴真殿"。相传民祷雨祈男,或驱螟蝗蛊贼,无求不应。

越山禅寺西有一山,曰九龟石头岗。遥望去,巨石裸露于涛海竹浪间时隐时现,如群龟在戏水。

传说那是九只神龟来此听鉴真禅师讲经,后化为石。仿佛一场经,一讲就是千年。

"越国古迹游步道"情系古今

勾嵊山"越国古迹游步道"长达13公里,宽度为1—2.5米。它像一个向导,指引游人爬山峦、穿峡谷、蹚水崖、越小岛、步丛林、水边、花间和草地,带领游客慨叹山水,情融古今。

从勾嵊山村进山,沿途还可在为勾嵊山风景区配置的乡村休闲观光种植园采摘时令蔬果;也可品尝勾嵊山一带传说中的特色美食:勾践发明的"牛淘汤"、雅鱼创新的雅鱼面、勾践宵夜的土馄饨、西施的嫁妆"杨梅果"、豆腐皮等,为登山旅途又添田园风光,乐享民间美食。

杭坞山：层峦叠嶂时龙见

　　杭坞山，又名柯坞山、坑坞山。据《越绝书》记载："杭坞者，勾践航也。为龙门山脉之延伸，位于诸暨北部，店口、次坞、姚江三镇交界处，最高峰海拔583.8米。森林资源丰富、文化底蕴深厚，保存有始建于唐代的杭坞寺，后又名三德寺。人文景点有六龙峰、侠父故居、摩崖字画等。2013年设立杭坞山省级森林公园。

　　车子驶进侠父村，开到水泥路的尽头。下车，映入眼帘的是一片田园景色，有鸡鸭安静地觅食，不闻人声。抬头望，杭坞山巍巍耸立，潜伏了一个季节的骚动。日复年复，四季更替时，才是万物最敏感的时候。

　　《乾隆诸暨县志》称："杭乌绵亘花山、紫岩、义安三乡，山势雄峻，县北之镇。"点明了杭坞山在次坞、店口和姚江三镇交界处，为诸北最高峰。《越绝书》记载："杭坞者，勾践杭也。""杭"就是"航"，"坞"则为泊船之坞，说明杭坞山曾经是春秋时期古越国的港口。

　　但在当地老百姓口中，一直称呼杭坞山为坑坞山、柯坞山、可恶山等。百度地图中也仍沿用"坑坞山"名称。

　　诸暨北部多平原，583.8米高的杭坞山，绵延数里，层峦叠嶂，成为诸暨和萧山之间的天然屏障。

寺因山名，山因寺名

　　名山总是和名寺相得益彰。比如天台山和国清寺，径山和径山寺，飞来峰和灵隐寺等。而杭坞山则有三德寺。

　　三德寺坐落在杭坞山主峰以南约500米的天然小盆地内，是诸暨市内设施最完善、海拔最高的佛教场所，素有"小灵隐"之称，凡灵隐所有的菩萨，杭坞山上基本齐全，但又以观音菩萨最响亮。这是杭坞山上最有名的一个人文景点，每年来此朝谒的人络绎不绝。

三德寺，即原来的上三德寺。旧时另有一寺院建于山脚，称下三德寺，该寺在新中国成立后被拆除，在原址建造了荪溪坞水库。三德寺初建于唐代贞元十四年(798)，一说由杭坞刺史庙改建。《嘉泰会稽志》有载："杭乌山在县七十五里。旧《经》云：叠嶂七十二，有石冢，大石为门，其平如削。旁有杭乌刺史庙。"

所谓"三德"者，乃佛有三德，即大定、大智、大悲，或指于国、于民、于家皆不离德也。三德寺于 2009 年大规模重建，后又遭白蚁毁损，目前寺庙主体于 2019 年重建。

从无人机角度俯瞰，一条蜿蜒的公路从次坞红马坞村盘桓而上，路的尽头即为三德寺。周围是苍翠的群山，而三德寺青瓦黄墙自是庄严。

千年古刹，留下很多故事。比如，三德寺曾有两位有名的高僧，一个叫智藏，一个叫好直，两人在《宋高僧传》中都有传。比如，三德寺还有一位叫花毛的住持和尚，是位严谨的禅师，他以自己为榜样，教育众僧做到不贪、不嗔、不痴，所以杭坞山有"平素静修戒，长老善定慧"的良好传统。比如，现在杭坞山一带百姓最熟悉的"老

杭坞山

刀师父"。三德寺旁有一山坳，旧时有流水，当地人称之为龙潭，可以灌溉农田百亩，现已干涸。龙潭向南的山坡有一处墓葬群，三德寺数以千计的僧人圆寂后都埋葬于此。其中有一穴人工凿就的石冢，冢主名汪杏春，祖籍萧山，年轻时是三德寺的一位厨师，人称"绕灶师父"，别号"老刀师父"。他中年出家，晚年留寺诵经念佛。就是这位"老刀师父"，在"文革"中噙着眼泪偷偷保护下来一些寺院设施，后来又着手于寺院的修缮和恢复工作，等寺院重焕生机他才瞑目长逝，终年86岁。三德寺2009年第一次大规划重建前的庙宇基本上是老刀师父用心血一砖一瓦垒就。

树因山名，山因树名

秋天是属于杭坞山的。

一到秋天，三德寺门口的两棵古银杏树就成了社交媒体的网红。它们分别已经500岁和300岁了，需三四人手拉手才能围住，树上挂满了祈福的红丝带。在游客的镜头里，这两棵古老的银杏树怎么拍都好看。它们披着一身富贵的黄静守杭坞寺的庙门，像两棵温润的菩提树，温暖着所有来朝谒的客人，也吸引着人们登山朝拜。

古寺，古树，还有那长长的千年时光。人们来此，静静地和树坐一会儿，再吹吹山顶的风，看看远山如黛，获得片刻宁静。

而从侠父村的游步道上山，一路经过翠竹、松柏，经过野花和狗尾巴草，到山腰后坐下，一抬头，就会见到杭坞山又一美景——那满山满坡的红枫树，深深浅浅的点缀着山的寂寞。有一种"待到山花烂漫时，她在丛中笑"的诗意。夕阳下，一切都骤然生动起来，像一场红色的梦。那一刻，杭坞山的美，变得十分具体。

秋天，是属于杭坞山的。

事因山名，山因事名

杭坞山作为一座历史文化名山，拥有众多传说和故事。

登山行至山腰，会发现一巨石，嶙峋巍峨，底下一部分呈大凹陷状，内有清水。这就是著名的"钱大王屁股印"了。

相传，钱大王钱镠修海堤，在钱塘江北岸斩了"九龙头"。钱王在追赶剩下的一龙头时，赶到萧山碰上了杭坞山，龙头畏惧不敢前进。钱王大怒，来到杭坞山脚下，跪求山神把大山迁往别的地方,就此留下了两个膝盖印。但是山神没有帮助钱王。钱王大怒,拿着鞭子上山,骑坐在山腰,对杭坞山狠狠抽打,可是用力太猛,鞭子断了直飞萧山而去。杭坞山顶却留下了 20000 平方米的平地。钱王懊恼万分,丢掉鞭子一屁股坐在山腰上,结果留下了千古闻名的屁股印。这屁股印面积 3 平方米,深 50 厘米。传说下雨不满,久旱不干。这就是杭坞山"钱大王屁股印"的来历。

杭坞山还有一个传说是关于黄巢的。据说黄巢起义前曾潜居在杭坞山中,养性习武之余常与这里的僧人读诵经文。一日黄巢巡山,在一悬崖边见山岙中好像有龙游动,俯身下看时不慎佩剑出鞘,流入山坞中,这就是山下"流剑坞"村名的由来。黄巢北上后,这把剑一直隐隐约约立于山中,据说需十兄弟齐心合力才能拔起。千百年来,黄巢宝剑仍不时地在这一带山中闪现,历来都有樵夫所见,但往往一眨眼宝剑就不见了。杭坞山还有一池塘,黄巢每天清晨在此磨剑,磨毕又把剑藏在这里,故名"坑剑池"。这个故事,明《万历绍兴府志》有载。

杭坞山作为诸北屏障,历来为兵家必争之地。在山中一个叫雪匣湾的地方,有一块叫作"小泡头"的岩石,凿着四个大字"太平天国",这是当年太平军留给杭坞山的纪念。

时至今日,杭坞山能通山顶的有车道一条,步行道两条,上通下达都很方便。更有一条野生登山道,从次坞镇吴高坞村徒步上山,风景同样佳美,一路有钵篮湾岩屋、独龙头、卖盐石、石头坎、太子靠背石等传说和景点。

杭坞山三德寺内有一对古井,相传是杭坞山真龙的眼睛,终年不干,可供上千人用水。杭坞山周围中小学生春游到此都会喝一口井中水,相传会变得聪明。《嘉泰会稽志》卷九中写到杭坞山:"一峰独高,风雨晦暝,常闻乐声,号鼓吹峰。又有池或时龙见。"明《万历绍兴府志》亦载:"有池,名黄巢抗剑池,时有龙见。"杭坞山一直都有关于龙的传说,也有不少关于龙的地名,如龙潭、龙漱、龙眼等。

想来,山不在高,有仙则名;山不在高,有龙也名。

山高人为峰,在群山之巅看群山,这是只有登山才有的快乐。据乡民介绍,站在杭坞山顶极目远眺隐约可见钱塘江,夜晚则可见杭城灯火。

杭坞山的故事讲完了。我想,你一定也想来看看这座名山了吧?!

走马岗:一峰突起凌苍穹

　　位于诸暨市东部,系会稽山脉中段,最高峰海拔 835 米,为会稽山脉第二高峰,传越王勾践曾在此练兵而得名。分为"里走马岗"和"外走马岗"两支。外走马岗分布在绛霞村东南,岗岩起伏,千嶂叠翠,俗名锯山。山下仰视,一只只山头扑向青天,势如烈马奔腾,至山顶,一块块巨石印有马蹄状,山腰有近似水平的岩墙,垂直节理又相当发育,经长期风化侵蚀宛如排列在岗上的石箱,故村民称为"箱子石岩"。有大王井、五虎岗、卫士岩、观音坐骑岩、马形石、琴岩等景点。

走马岗风光

　　我想每一个城里人内心都有一头小鹿,关在水泥城中已久,需要逃离喧嚣,寻一条绿野仙踪找回丢失的宁静,那么赵家镇的走马岗是不错的选择。每逢天气适宜,徒步登山爱好者们三三两两走进黄坑村,让原本宁静的小山村变得喧嚣起来。走马岗,走马岗,走过走马岗,就能像马一样健壮。

　　从黄坑村口沿着石阶而上,一幅自然画卷缓缓打开,展现在面前,邀请游人走入,成为画中人。千年香榧林将时间的斑驳展露在枝干上,仿佛历经岁月,满树的绿,穿过多少个日夜风雨只在等着你的到来,只为在你的眼里点亮它们的色彩。潺潺溪水沿着山道而下,欢快如一曲曲山野之歌,溪水清澈可以洗涤脸上的汗渍和内心的蒙尘,做一个天地间纯真的孩童。从像卫士守护山口要道的卫士岩旁经过,看观音坐骑岩上的观音遨游天地间,为世人带来福寿绵长。此外还有马形石、琴岩等形态各异的岩石,被人们巧妙地命名,赋予岩石灵魂和内涵,追求人与自然和谐共处的愿望。登上一块块岩石,就是让自己一次次地上升,在上升中体会到脚下大地的坚实。

风从耳边吹过,或可远观看尽山下美景,或可冲天呐喊了却旧日烦恼。尘世越发浮躁,需要在这种坚实的感受中确认自己在天地间的位置。

登高望远,将远方连绵的山与高处天空的空旷一并望到眼睛里来,增加内心的辽阔与厚重,让心在一次次与群山的互相确认中找到豪迈感。心中的小鹿奔跑在原始秘境中,会有让你似曾相识的感觉,是心灵的回家。与其说是征服一座山,不如说是找回对自然的渴望。欣赏完古树奇姿、走过深坑幽谷,翻过山势高峻巍峨雄浑的山岗,在茂林中穿行,潺潺溪水,山石峻峭,鸟啼鸣在耳旁。等到视野开阔,赫然可见一块巨大的岩石,突兀立在悬崖边,像蹲在地上蓄势待发跳向天空的一只胖金蟾,这是红遍小红书等社交媒体的"网红石"。徒步者们在这里排队拍照打卡,一个个英姿焕发,站在岩石上陡生顶天立地之气,白云仿佛伸手即可触碰,大地在脚下渺小。大自然从来不语,只是默默地用一树一花一岩石疗愈着世俗中那一颗颗疲倦的心。

走马岗人文

走马岗名字的由来,更像是历史大书中的一个略带传奇色彩的注脚,带我们回到遥远的年代。据传,公元前494年,吴越战争中,越王勾践遭遇了重大挫折,他的军队被吴国军队击败,勾践面临着生死存亡。为了保存实力,勾践率领剩余的5000士兵退守至会稽山,并在此地屯兵练兵,以图东山再起,士兵们骑马往来于山间,形成了"走马"的景象,因此得名"走马岗"。徒步至走马岗一座木桥旁,有当地的村民介绍底下就是当年勾践走马练兵之地,我们朝山谷望去,杂草丛生,早已不见当年走马痕迹。山谷间的风吹了两千多年,早已吹散了那时兵戎相见的紧张气氛,成王败寇已成定局,只留下一个名字,一段传说,山崖巍巍,印证日月。

此外,赵家镇走马岗的另一个由来则与唐光启二年(886)钱镠率军进攻浙东刘汉宏的军事行动有关。传说那时钱镠为侦察地形,曾策马走过会稽山主峰,后人因此将这一主峰定名为走马岗。钱镠是五代十国时期吴越国的开国君主,在他的治理下始有苏杭的繁荣。如今网上常听到的"陌上花开,可缓缓归矣!"正是出自一介粗鲁武人钱镠之手。从走马岗的"嗒嗒"的马蹄声到"陌上花开,可缓缓归",同样是走马,一匹马走向战争,另一匹马是对妻子最真挚的思念。也许经历过生活的汹涌澎湃才能感受岁月平淡的美好。清代诗人郭肇曾写下《登走马岗访钱肃王遗迹》的长

走马岗

诗。诗中描绘了走马岗的层峦叠嶂、山势巍峨，以及四周簇拥的青翠山峰等自然景色，也提及了钱镠在此留下的历史遗迹。如"东白之山来向东，层峦叠嶂势笼丛。透迤北走三十里，一峰突起凌苍穹。""一峰突起凌苍穹"何等的雄伟与秀丽。

走马岗香榧树

会稽山麓，是香榧国家森林公园的核心区域。香榧是地球上现存最古老的树种之一，国家二级保护树种，被冠以"长寿树""摇钱树"的美誉，更被誉为坚果界的"活化石"。走马岗上的香榧古道是浙江十大经典古道之一，这条古道穿越了茂密的香榧林，沿途古树奇姿，风景如画。走在走马岗上，可以欣赏到千年榧树连山成片的壮观景象。这些香榧树挺拔高大、枝繁叶茂、盘根错节，堪称森林奇观。来走马岗的徒步者都喜欢与古道旁的香榧树合影，将自己的肉身与老树树身定格，仿佛一场跨越千年的相约。

自然也少不了有关香榧的传说。相传香榧名字的由来与秦始皇有关。公元前210年，秦始皇东巡时曾亲临会稽山，当地官吏奉上特产珍品，秦始皇品尝后，觉得此果异香扑鼻，龙颜大悦，将"柀（bǐ）子"赐名为"香柀"。吴越争霸时期，香榧果壳坚硬不易打开，西施发现只需用拇指和食指轻捏香榧壳上的"眼睛"就能将壳打开。吴王大喜，为赞西施美貌与聪慧，将香榧的"眼睛"命名为"西施眼"。而到了宋代，大文豪苏轼也曾吟诗赞美："彼美玉山果，粲为金盘实；瘴雾脱蛮溪，清樽奉佳客。"

香榧被称为"三代果"，长到能跨越三代人。有说法指出，爷爷种下的香榧树，可能要到孙子辈才能看到收成。就像香榧树需要经历长时间的生长才能结果一样，家族的繁荣和兴旺也需要经过几代人的共同努力和积累。还有种说法是香榧树以及其独特的生长习性，一棵树上往往能同时看到不同年份的果实，包括今年、明年和后年的果子，这种现象被称为"三代同树"。此外，香榧的生长过程独特，香榧子从开花到结果，再到成熟，需要经历三年的时间。第一年开花，第二年开始结果，但果实并不会立即成熟，而是需要等到第三年才能采摘。一切都可以慢慢来，不用这么着急，走在走马岗上，你可以看见时间另一面的魅力。此时，你若停下脚步细细观察，可以在香榧树上看到花和果实同时存在的情况，即"花果同枝"。自然孕育的道理，只等有心人去体悟。

古道催生文旅融合

邂逅原始秘境，探寻会稽山脉精华，走马岗犹如一条密道等待人们。不同季节来到走马岗，都会让人发现惊喜，春来花开新芽绿，秋天云高天地阔，夏可听溪水，冬来寻雪景。越来越多的人通过小红书、抖音等现代媒体来到这里，踏寻古道，寻找一份野趣，并将自身的体验、走马岗的美景带到更多人的眼睛里去。徒步走马岗可选择 7 公里小环线和 11 公里的大环线。大环线上的外走马岗，岗岩起伏，千嶂叠翠。山下仰视，一只只山头扑向青天，势如烈马奔腾，若仔细寻找，山顶上一块块巨石上印有马蹄状，山腰有近似水平的岩墙，垂直节理又相当发育，经长期风化侵蚀宛如排列在岗上的石箱，故村民称为"箱子石岩"。"百闻不如一见"，山就在那里。

为了吸引更多游客前来，为他们提供良好的登山体验，赵家镇结合当地特色，在走马岗上开展徒步线路提升改造，挖掘香榧森林公园遗存古道穿点成线、穿线成网，打造百公里香榧古道徒步越野系统，主打一条香榧特色路线。用"香榧子"将美味带出去，用"香榧树"将游客引进来就是走马岗所在赵家镇的一大亮点。近年来随着"运动休闲＋"理念的贯穿，这种禀赋更加凸显。

五泄山：智水仁山神性地

位于诸暨市西30公里群山之中，以青山挺秀、飞泉成泄而著称。瀑布从五泄山巅的崇崖峻壁间飞流而下，折为五级，总称"五泄溪"。溪两岸异峰怪石，争奇竞秀，有"七十二峰三十六洞二十五崖"，得崖壑飞瀑之胜。区域内设有浣江五泄国家风景名胜区，主要由五泄瀑布、五泄湖、桃源、五泄禅寺、东源和西源峡谷等景区组成。

五泄湖之青

从城西市区出发，驱车不足20分钟，便到了五泄景区。

踏入景区，见一排排高耸的水杉树，遮天蔽日，瞬间带来清凉感。水杉树有"四时相摧，愈挫愈巍"的禀性。枝干挺拔，枝叶曼妙，可谓刚健并婀娜，生机勃勃。五泄景区入门处，高挂的匾额用赭石色做底，用绿色刻字"飞流破壁"，感觉是集东坡字体，宽扁，浑厚，气韵生动。

以前去五泄坐船，须攀登上百级石阶，对于外地游客而言，若没有心理准备，往往到了五泄湖堤坝时已气喘吁吁了。老弱病残者望而生畏。

现在安装了直达扶梯，真是不费吹灰之力就到了堤坝。映入眼帘的是波光潋滟的五泄湖，清波荡漾。刹那间心胸为之舒畅。

下几步台阶，就到天一碧码头。码头停靠着古色古香的画舫，边上泊有快艇。游客可以选择画舫轻悠悠，也可以选择快艇，享受快意江湖的畅快。

我坐在画舫中，抬眼见石壁上气势恢宏的摩崖石刻"五泄胜景"，是沙孟海先生的字迹。绿树环绕，波光潋滟中，出现丹霞风貌的石壁，配上沙老苍劲有力的字，给人石破天惊的感觉。

五泄胜景，从此拉开帷幕。四周是重重翠绿，层层叠叠的树木。树木投影在湖中，五泄湖显得青绿，幽微，深深，深深的绿。好像湖水中倒入了绿色颜料，湖水染成了绿色的丝绸一样，随风飘荡。

十多分钟的船程，有人在船上对着青山绿水大声歌唱。船儿抵达岸口时，岸边芭蕉丛丛，给夏日以清凉。入桃源，一边是陡崖峭壁的茂密的山林，一边是芦苇荡，潺潺溪流，有鱼儿自由自在地游弋，白鹭在溪边觅食，这情景，让人感觉像是穿越到了泛舟江上的古画中。

五泄禅寺之古

坐电瓶车，在温柔的山风中不一会儿就到了银杏林。踏过回龙桥，赫然见一牌坊，是杨维桢所书"唐代古刹"四字，碑后则是陈洪绶所题"三摩地"，奇崛而古意。夏日的银杏树绿意盎然，果实已挂满枝头。想起往年秋日来这片古老的银杏林，金色的树叶一半落地上，一半挂天上，游人如织，大家"嘎吱嘎吱"踩在银杏叶上，拍照嬉戏声打破山野的宁静，可赏可玩，令人神怡心旷。

从浓荫树下走一会儿，就到了建于唐代的"五泄禅寺"，是人文历史蕴藉之地。据记载，五台山高僧灵默禅师云游于此，觉得这方山水与自己有缘，于是担土砌石、砍树建茅，建造了五泄禅寺。如今，在五泄禅寺的门口，还有一棵千年银杏树，据悉是良价禅师亲手栽种的。良价禅师是诸暨人，乃中国佛教禅宗五大家之一曹洞宗开山之祖。唐代诗人贯休也曾隐居于此，"画成罗汉惊三界，书似张颠值万金"，可谓"千年古刹可安禅"。

步入五泄禅寺，见挺拔俊朗的方丈合寿师父。师父把五泄禅寺打理得纤尘不染，每一尊佛像都庄严圣洁，每一棵树都神采奕奕，师父还特意修了一个枯山水的茶室，供礼佛者自主喝茶参禅，是名副其实的佛系之所。师父说话机锋暗藏，说到五泄山水，他饱含深情地说："五泄的山势，像一条盘着的龙；五泄的水势，也像一条龙，环山而流，呈一种回环、环抱之态；在历代法师的眼中，这样的一个所在，是'腹地'，更是'福地'，真正的风水宝地啊！"

五泄瀑布之奇

礼佛后,告别师父。循声而去,就到了五泄景区中心——五泄瀑布。五泄瀑布早在 1400 年前的北魏就闻名于世,郦道元的《水经注》,对五泄瀑布有详细的记载。历代的文人墨客如宋杨万里、王十朋,元杨维桢,明陈洪绶、徐渭、袁宏道、宋濂都曾来此游览,留下了画稿、诗文。明代吴中四才子唐寅、文徵明等赛诗于五泄,更是传为佳话。我看到瀑布不远处用碑林的形式记录着这些奇特的人文。

瀑布从峡谷高处飞泻而下,形如匹练,溅起无数浪花。一旁的丹崖石壁上,刻了"东龙湫"三个字,是沈定庵先生用隶书所写。开阔而舒朗,沉稳中带点俏皮。这便是第五泄。北魏郦道元在《水经注》中描述,"水势高急,声震山外,望若云垂",人称蛟龙出海。

出海的蛟龙流过处,有一块巨石,古时常有仙鹤驻足观瀑,称"栖鹤石"。很多游客在此戏水玩耍。两侧的石壁上有许多名人题刻,如明代钱德洪的"五泄悬倾百尺流,半空雷动玉龙浮,来人莫惜跻攀力,不到源头不是游",清代刘墉的"俯瞰龙湫"等。都是对第五泄的描写。

沿着陡峭的石壁往上爬,可以见到其他四泄之风貌。

从五泄爬到四泄,腿有点打战。四泄上下尽是悬崖,崖壁上刻有孙中山先生的墨迹:"破壁而去。"想来景区门口的"飞流破壁"出处于此了。这道瀑布水道狭窄,水流湍急,如烈马奔腾。明代文学家王思任形容其"声怒、势怒、色怒",此处的观瀑亭因此称"三怒亭"。

当我还回味奔腾如烈马的四泄时,眼前就出现了千姿百态的水流。"倾者、滚者、跌者、冲者、突者、圈者,无奇不有"的第三泄到了。顿觉天高地广、心扉畅怀。爬到第三泄,人觉得放松。

慢慢爬到二泄,水流被一块大石头分隔成两股白练,如双龙出游。古人写道:"两龙争蛰不知应,一石横空不渡人。"这道瀑布的下方形成一个潭。明代文学家宁濂在《五泄山水志》中写道:"以线缒之,下不见底,其形方狭而长,天向阴,常有云气从中起,疑有蛟龙潜其下。"

我总觉得五泄有龙出没。顺着二泄,来到一泄时,人突然变得轻灵起来。水流平缓如月笼轻纱。这道瀑布小巧柔美，隽永奇秀。水流缓缓而来，经一个缓坡倾泻而下。瀑布中间有一个鹅蛋状水潭，口微向内，四壁光滑，恰似仙女洗澡用的浴盆，人称"小龙井"。

五泄瀑布好像关乎龙的传说，奇思妙想，奇姿百态，让人感受二维、三维空间的神秘。

五泄西源峡谷之神性

从一泄上行，即至刘龙坪，这里林木葱郁，环境幽雅，宛如世外桃源。见一茶店，汲五泄之水，浇五泄之绿茶，敞开的天然氧吧中，三两游人饮茶赏景。对面一石碑，记录刘龙坪之名称由来。"相传龙子常钓于潭，得骊珠吞之，化龙飞去，后人为垒石作冢。或曰龙子之母葬焉，世远不可辨。"五泄东龙潭西龙潭怀抱串流，既有龙之名，想必也有龙之迹。明袁中郎《五泄游记》中，有更传奇的记载。"暮归，各赋诗。所目既奇，思亦变幻，恍惚牛鬼蛇神，不知作何等语。时夜已午，魈呼虎之声，如在床几间。彼此谛观，须眉毛发，种种皆竖，俱若鬼矣。"感觉人入境后，不疑神疑鬼也做不到，只为这山水赋予了灵性和神性。

带着这样的心态，继续往前，红枫林是近年种植的树种，郁郁苍苍，比肩而立。

五泄山

夏日的红枫,苍翠灿烂,到了秋天,这里想必是红彤彤一片,景色如画了。

登紫薇岭,道路开始陡峭。路旁是一些珍贵的参天古树。如百年紫薇、木荷、甜木槠,树干通直,枝叶茂密,四季常绿。待至山顶,此处松树好像黄山松似的,做迎客状,眺向水流作响的一边,山势挺拔,翠微茂盛。

都说智者乐水,仁者乐山。沿紫薇岭向下行走,到西龙潭。"一泓潭水清澈见底,又凉又纯,人们叫它'白龙井'"。两旁是楠木林。这楠木很多都是一木双杈,树根奇崛,树枝上有青苔覆盖。乳白色的树枝,碧绿的青苔,好像爷孙间的嬉戏,亦好像父母同体的见证,亦有夫妻合抱的甜蜜。《博物要览》载:"楠木有三种,一曰香楠,又名紫楠;二曰金丝楠;三曰水楠。金丝者出川涧中,木纹有金丝。楠木之至美者,向阳处或结成人物山水。"据悉,五泄的楠木多为金丝楠,有百年以上历史,想来是极为珍贵的了。

青苔、蕨类植物以及藤类植物,任凭葱郁任意长,万物静观万古存。这里的石板更是泛着幽幽的光泽,楠木招展着枝叶,耳旁是潺潺的流水声,和着静谧的山林之气。

眼前就有一圆形石碑,红漆刻着"刻镂瀑",我望文生义地想,这儿的瀑布肯定如一缕一缕细碎的白莲,长袖善舞在石溪中。近前一观,果然如此,不免欣欣然。再往前,有腾云足和双峰插云路牌。想必是刘龙子冲天之地了。一个传说接着一个佐证,五泄山水的神性不经意间予以呈现。

五泄山水,四时皆欢愉

徐渭的《五泄云雾茶诗》:"云里人家雾里茶,武夷龙井未堪夸;山中更有体泉出,毋怪朱颜常似华。"徐渭说体泉水,雾里茶,何须饮茶言必说武夷呢?五泄的山,五泄的茶,五泄的水,是龙的饮品,带着神性。

"却顾所来径,苍苍横翠微。"五泄山水以其清幽、古老、神性,召唤着我们去探究,去亲密接触。

这几年政府更是投巨资,把五泄景区打造成醉美景区。自动扶梯让游客轻松爬山,禅寺对面的"尧珈"小木屋可以住一晚,感受五泄山水之奇特。"到此已无尘半点,上去更有碧千寻。"

斗岩山:深山藏佛隐仙龙

位于诸暨市西南部,距诸暨市区 15 公里,设有斗岩风景名胜区,景区面积 8 平方公里。主峰斗岩,原名陡岩,意示其陡然而立,峥嵘峭拔。后人以其四环峰峦似天上星斗列宿排列,遂更名为斗岩。游览斗岩,趣在攀登。斗岩以其峰奇、岩陡、石怪、洞幽、泉清而著称。有点将台、斗岩大佛、金井龙潭、仙洞府、千步云梯、白云禅院、龙王殿、千佛聚首等大小景点 50 多处。

岩以佛胜藏林壑

南宋吕祖谦曾由婺入越,途经牌头斗岩。他在《入越录》中写道:"市旁斗子岩,岩旁狮子山,首昂背偃,略类狻猊。"道观斗岩,有"狻猊"之俊貌。

然而游人来斗岩,则不可不看其岩间之"佛面"。人语:"遥望斗岩岩岩皆佛,近见千佛佛佛亦岩。"有人甚至以"千佛山"称之。

斗岩山之佳,有岩有林。远观岩壑壁立,近处则林荫其间,仿佛置身于雁荡。无论是晴和之日,还是雨霏之天,由山麓拾级而上,缓缓而行,足可游目骋怀。山多佳木,禽语悦耳。"野芳发而幽香,佳木秀而繁阴。"久处尘嚣,忽至其境,呼吸芬芳,可滤去俗气。

不觉行来,见路左有一石亭翼然,其名心印。此亭,乃一石砌两层六柱之圆亭尔。略憩亭间,可隐闻壑间有溪潺潺。悠然矫首,透过风拂颤动的枝柯间,内心不由一凛,对面山崖隐然可见一巨大石佛头像。此乃斗岩大佛也。

亭首东侧石级边,有一巨大孤石突兀而立。其顶平坦,呼作"九天琼台",是观赏大佛的佳地。孤石高六七丈,可沿扶铁梯登上琼台。台上筑一石屋,其后堂立有一内径约两米的巨鼓。屋柱有联"雄岩飞踞迎佛祖，龙珠垂地拜师尊"，极为应景。石台边缘有栏可凭，便可安然观佛。佛像赫然在目，似咫尺之遥，可伸手触摸。

据测量，佛像高达 81.6 米，堪比通高 71 米的乐山大佛，是名副其实的一尊大佛。整尊佛像倚崖而踞，轮廓浑然天成。佛身隐入林中，而坐像呈趺坐入定状。佛头宽约 30 米，高 37 米，经由匠人稍作斧凿而成，真可谓巧夺天工。佛相端庄，却憨态可掬，微闭双目，做静修状。临台礼佛，肃穆生敬；见佛生喜，明心见性。眼观鼻，鼻观口，口观心。鸢飞戾天者，可望"佛"息心；经纶世务者，可窥"佛"忘返。

迩观大佛，而遐观千佛。斗岩山麓，是由亿万年前地壳运动抬升隆起而形成的。其崖壁峰峦都像用大大小小的卵形巨岩聚合而成，可谓千姿百态，美不胜收。尤其是斗岩主峰，裂崖纵横分布，远观其状，如千佛聚首。向斗岩南侧逦迤 1.5 公里处，有地名称作"西黄岩"者，则为远眺斗岩千佛的绝佳之处。此岩高 10 余丈，呈赭黄色。若登上西黄岭观景台，纵目远眺，只见斗岩山岩丛如画，胖瘦各异、大小有别的众岩佛叠布其间，栩栩如生，令人观之叫绝。

匿仙藏龙名且灵

"山不在高，有仙则名；水不在深，有龙则灵。"斗岩之谓也。

走下琼台，继续拾石级而上，便至半山腰的金井龙潭。但见山崖夹峙处，有一座封闭的石牌坊。坊上除凿书"金井龙潭"潭名外，两侧石柱上刻有"金井龙王府，白云仙人家"的对联。坊门紧锁，透过阴暗的缝隙窥探，内有一石龙昂首。晨雾起时，石龙隐现，俨然类真。内有涓泉淌出，清澈甘洌，汇积成潭。不论久旱长雨，潭水不涸不溢，传为奇谈。相传，受明开国皇帝朱元璋敕封为"金井龙潭"。

距龙潭不远处，便为白云禅院。它由天王殿、大雄宝殿、龙王殿和东山门等建筑组成。该寺始建于明初，鼎盛于清乾隆时期，为佛教曹洞宗门庭。殿宇坐北朝南，背倚岩崖，面向大佛。龙王殿在禅院的西侧，为白鲎仙翁（龙王）的供奉处。

在当地民间，流传着斗岩石门洞中住着一位白鲎仙人。相传，白鲎仙人能呼风唤雨，兴云作雾。元末明初，新州之战在牌头斗岩一带爆发。此战见载于《明史·列传十四》："会有白气自东北来，覆军上。占之曰'必胜'。诘朝会战，天大雾晦暝……雾稍开，文忠横槊引铁骑数十，乘高驰下，冲其中坚……纵骑驰突，所向皆披靡。"李文忠为朱元璋部属,借雾之"覆军",驰突出敌精骑数重之围。清邑人郭肇撰文说:"距岩数十里,环五指山筑城,为李文忠驻师地……一日将出师,有老人见梦请助战,果大胜,遂封山神为龙王。"(见《郭肇杂记》)另外,清人笔记《咸同将相琐闻》中也有对白鲨仙翁的记述:"吾白鲨仙人也,明初助战有功,受封金井,上帝使我掌雾于此。"如此一来,在正史和野史的糅合之下,一个白鲨仙翁敕封为龙王的传说便流传了开来。其间,不乏文人的添笔助兴(如许瑶光《白鲨仙人咏》等),加以县志的收录记载(如《光绪诸暨县志·山水志》等),仙鲨传说遂言之凿凿。

仙鲨者,龙王之前身也。仙鲨呼风掌雾,龙王兴云布雨。两者合而为一,皆应百姓之虔愿。至此,斗岩山匿仙藏龙,成为民间祈雨祷晴的"洞天福地",龙王殿也应运而生。据清《光绪诸暨县志》记载:"前明知县刘光复,咸丰二年知县刘书田,光绪二年夏旱、知县刘引之皆祷于潭而获验。故俗亦称'三刘庙'。"于是,官倡民和,求雨灵验的龙王殿便声名鹊起。

斗岩之山,乡人更愿呼作龙王殿。

探幽觅奇寄逸兴

斗岩之趣,亦在于其细微处。一草一木、一藤一蔓,一水一石、一岩一洞,皆宜于游人探幽觅奇。既可有览景之快意,又可有骋怀之逸趣。无须专注于一景一物,然在漫不经心间,却有登高远游之乐。

沿山道而上,有亭有溪。亭者,予憩身。溪者,可涤心。有亭二:心印亭、崇仪亭。亭皆筑道旁,为石构,仪相庄严。倚亭憩,可闻溪声幽咽。临涧,则水清冽,声如玉;掬之在手,沁之于心。溯流之源,莫非龙潭之涌泉。若在雨日,更有曼妙之乐:山溪叮咚,雨声滴沥,鸟音湿滑。

扶筇策杖,徐徐且行。心有所属,意有所兴。岩罅的一株孤木,吸附崖壁,绝处逢生;古虬如绠,盘绕垂挂,恣意粗野。可观不知名的野草花,幽发自芳;可驻听不知名的虫唧声,轻音繁弦。抚松盘桓,矫首遐观:但见白云无心,舒卷自适;岫山有意,多情畅怀;飞鸟掠眼,没入浓荫。此中有真意,欲辨已忘言,而幽趣自得。

至于有些名堂的景点(诸如群蛙争鸣、金蟾企月等),不妨稍驻漫品。譬如步至西山门,出了禅院,见黄墙黛瓦,门额之上镌有"灵雨桑田"四字。见此语,则有"柔风

斗岩山

吹绿野"之联想，而心生"好风好雨，沃野丰禾"之意。旁立紫薇一株，虬枝盘结，沧桑老态，据说已有千年。若搔触其身，则会枝叶微颤，故称曰"千年瘙痒树"。见之，未免有"千年倏尔，光阴掣过"之轻叹。其实，每至一处，你也不必拘于景区的介绍，大可"遥襟甫畅，逸兴遄飞"。

斗岩除观石、揣石之趣外，亦可有攀岩之兴。九天琼台，是一处难得的攀岩点。琼台在山道侧边，为高约六丈的一陡峭崖壁。壁上嵌有诸多卵形鼓突的岩块，可作天然的攀岩抓点，便于攀岩爱好者攀爬。另有一处攀岩场地，叫"一线破天"，适于专业运动员攀登。它位于禅院背后的山崖，岩壁陡耸，石质与琼台处类似。中间有一条巨大的裂隙，由岩顶直贯而下，相传为落地天雷所劈。自崖底仰望裂隙，似有一道白光冲天，遂云"一线破天"。攀岩之妙，犹登青云之梯，其乐不待言。

入得山中，亦可出得山来。斗岩山麓，皆淳朴农家。可观田园风光，可品农家果蔬，又有其趣。

梓坞山：灵秀仙域待客来

又名芝坞山，因山中产灵芝而得名。位于诸暨东部，枫桥镇大溪村和绍兴柯桥区平水镇嵋山村之间，最高峰海拔 703.8 米，属会稽山脉，有 36 峰、5 岩、6 潭，这里层峦叠嶂，云雾缭绕，周边石屋洞、鹅鼻峰峻峰突兀，拱卫东西；响洞岩、棋盘石、皂靴脚奇岩怪石，屏障南北。公元前 210 年，秦始皇东巡会稽，祭祀大禹，命丞相李斯撰文刻石。

餐云枕石乐山水

"石峡天成险，闲时会友攀。清幽疑月窟，峻截若天关。"明天启二年进士骆先觉曾赋诗乐山村石峡口。石峡口是梓坞山的进山关口，山路两侧高山壁立，草木森绿，仰望鹰山，山势逼人，犹似天险，确有狮子白象固守山门之气场。

石峡关隘口的石峡水库拥有"小九寨沟"之美誉，梓坞山大山养水，万淙山泉水汇聚成如今碧波粼粼的石峡湖，翠竹倒映，一眼醉心，若雨后晨起，湖面雾气升腾，仙气飘飘，犹入仙境。每逢雨季，山涧水沿溪谷飞泻，势如蛟龙出山，形成山洪激流汇入库区，库水满溢，此时半弧形的石砌大坝成了一挂咆哮的飞瀑，声如千鼓齐擂，形似万马奔腾，壮观的大坝瀑布成了当地难得的自然景观。

据乾隆二十七年《暨阳石峡里赵氏宗谱》记载："暨阳山水，苧萝最著，五泄次之，而其尤者莫如石峡。"在石峡里的深山峡谷中，遍布怪石岩洞、瀑布清潭，有猛虎潭、美女瀑、石屋等。听村民说昔时山中曾有两只白猿蛰居，后被猎人捕走，洞旁空留归猿洞，也有诗人曾留句"峡中怪石古藤牵，薄雾布谷猿声哀"。

相传吴越王钱镠挥师进军平水时，曾途经石峡，因岩石挡道，钱大王挥鞭驱石，不小心在山石上滑了一跤，一双皂靴被甩飞，一只甩到了梓坞山山头上，至今仍倒立在山巅，即"皂靴脚岩"，另一只皂靴被远远地甩到了东阳山头上。"皂靴脚"岩之怪状如皂靴倒扣，令见者无不拍手叫绝，啧啧称奇。

石峡口丫岔道左行沿溪而上，竹林清幽，溪水潺潺，清凉的山风迎面而来，斑驳的阳光穿过竹叶洒在已拓宽数尺的进村道路上，让人如漫步在光影走廊，恍如穿梭于一个远离尘嚣的世外桃源。石峡口村，自然村叫梓坞山村，仅四五十户人家，村落屋宇依山而建，勤劳朴实的山民乐居偏隅，小小山村，俨然就是一座养在深闺人未识的天然氧吧。

梓坞山森林公园游步道在村尽头上行，古道青苔满阶，登上有名的"二百五十档"石踏步，体验原生态韵味。山高路陡，山林时而修竹郁郁，时而柴杆萦纡，有时必须手脚并用，待行至山巅，忽见一堵巨大石崖耸立，即"响洞岩"。《芝坞何氏宗谱》有记载："其陇之中有怪石，毛卓峻削，棱层上有藤树，奇花，青如翠屏盖。上大下小，旁有数穴，如窗牖嚘。"

响洞岩壁立百丈，岩面遍布硕大孔穴，犹如天窗，岩石呈凌空俯扑之势，分两层仁立，一如天宫楼台，山风起时，岩缝窗洞便传出管弦丝竹之音，响彻山谷云端。乡贤杨仲显曾有诗作《响洞仙乐》："千仞高悬绝万缘，风来空穴凝丝弦。自闻天乐应通道，不待符书再学仙。"

相传，一文宗者在响洞岩下得古画一轴，木印一枚，天书一卷，后文宗公细读天书，念咒画符便能呼风唤雨，飞沙走石，且能拿妖捉怪，治病驱魔。后以道法名世，被尊为文宗道师。

响洞岩右转行百米处，有一形似稻桶般巨石，呈锥形立于悬崖之上，底座仅有两处如拳头大小的着力点支撑着，劲风难摧，稳如磐石，即为"棋盘石"。有传说梓坞山一山民讳禹先，遇见两位仙风道骨的老者在大石上对弈而得名"棋盘石"。

站上棋盘石临风远眺，龙头岗、鸦雀尖、鹿斗岗一览无遗，脚下松海阵动，竹林柔舞，两侧群峰耸立，百壑深黛，确有一派龙门洞开之势，难怪秦始皇要登临此山祭祀大禹并刻石留世。

梓坞幽谷祭英烈

梓坞山是浙江金萧支队革命根据地之一，在梓坞山二百五十步岗处，曾经发生过激烈的战斗。1946 年 4 月上旬，中共金萧地区特派员马青，奉命率领直属中队 20

梓坞山

余人,连续两天三夜在枫桥山区一带活动。

在清明节后中队人员撤到了梓坞山村,沿窄小陡峭的山林古道,即"二百五十档"古蹬道上行至二百五十步岗,本打算沿会稽大山山岗向嵊州秘密根据地转移,但由于山高路陡,队员行至山岗已疲惫不堪,就在扎营休整之际,突然遭到了国民党浙江保安二团的偷袭,突围时马青负伤滚入旁边深谷荆棘丛中,等到天黑再与队员会合,清点时发现少了警卫员姚康(姚公埠人)和队员陈志清(枫桥彩仙桥人),原来两人在交火时牺牲了,战斗结束后还被保安团残忍地割下头颅示众。

马青与队员隐蔽进了梓坞山深谷中养伤,保存了有生力量,后向嵊州秘密根据地转移。梓坞山纯朴善良的山民,收拾了两位牺牲战士的遗体,合埋于二百五十步岗山脊右侧的竹林里,当地百姓叫"无头坟"。

竹林深深,英魂犹存,巍巍二百五十步岗,成了革命先烈的丰碑,也是后人驻足缅怀、敬仰纪念的精神灯塔!

枕山栖谷梵音缈

"棋盘石"景点左侧下行是两块巨石夹峙的通道,呈90度直角,堪比黄山之险,幸有铁索架设,攀爬惊险无比之际也平添了趣味,一路陡行,路两侧有多处奇形怪石,"石蚌含珠""石蟹""石棺材"等,各具神韵。在茂密的森林中穿梭,久久不见天光,行至半山腰,忽见左侧有一开阔平地及平整的屋基石坎。从竹林望向烈日下的平地,竟有一种暗室逢灯之感,这就是永济禅寺遗址。

永济寺始建于明嘉靖二十九年(1550),由明楷大师所建,在清康熙六年、同治二年、道光二十七年进行了持续的扩建,寺地超百亩,陆续建成外庵、里庵、新庵、中央庵即永济禅寺。永济寺分上下三大殿,鼎盛时曾有僧侣二三百人,佛音绕谷,香火袅袅,香客络绎不绝。在普陀山寺志中,也有关于梓坞山寺庵的历史记载。只可惜古刹在几经动乱浩劫后,在遗址上只留有乾隆年间诸暨知县沈椿龄(1772)所撰《永济寺碑记》石碑一块,湮没于岁月的莽草丛中,且碑文已被风雨剥蚀不清,只可辨"永济寺碑记"五字。现如今在外庵附近还有僧侣与村民当初古法造纸的灶台遗迹,偌大的山谷中存留着大面积的寺庙地基石坎,荒草丛中散落着一些零落的佛塔石料及寺庙构件,令人唏嘘。

永济禅寺遗址前是一条水流清澈的溪涧,长满了菖蒲、忘忧草、绣球花等花草,溪流跌宕,似瀑若帘,难寻佛音,空谷徒留汩汩声,如怨如诉。溪上"回龙桥""登龙桥""壑雷桥""环翠桥"等古桥有幸保存至今,虽桥体斑驳,遍布藤蔓,但桥板坚实,通行安全,至今仍然是村民们进出大山采茶劳作的必经之道。若沿溪古道再上行,可达梓坞山主峰龙头岗。

文旅梓坞展未来

梓坞山,一如人间仙域,石峡海三公有文:"苍松翠竹,野鸟山花,两山之风致无穷,暮雨朝烟,春云秋月,四时之景色可掬。"古往今来,曾吸引诸多文人名士赶赴梓坞山,小小古村落成了最佳旅居之地,春赏山花,秋吟红叶,冬雪咏成诗,夏水筑成文。

枫桥乡贤,原浙江省人民政府参事张慕槎先生在梓坞山村旅居时,爬遍梓坞山各山峰山岗,用诗文归纳了"芝坞十六景",同时对六潭十泉三十六峰也有多首诗作,编撰成《芝坞诗草》留存至今。张慕槎先生曾曰:"俗所谓会稽大山者,芝坞山殆出乎其类、拔乎其萃者也,芝坞山为我旧游地,确似一朵空谷幽兰,孤芳自赏而人所未知。"

诸暨文旅在2019年设立了"梓坞山森林公园",串联修整了梓坞山全域生态游步道,登山旅游爱好者可走大环线、小环线进行体验。目前急需文旅部门加大投入,结合枫桥千年古镇的名片,以及"枫桥经验"发源地的加持,对梓坞山的峰、石、岩、洞、泉、寺、桥等进行合理的定位整合,规划成一条梓坞山的自然景观、人文遗迹、古法造纸、宗教文化、红色教育、古村落等内涵丰满、特色明确的精品旅游线。

现有的古刹地基也需进行有效开发利用,建一座集古今名人逸士的诗词书画记忆馆或文化长廊,甚至可以建造避暑山庄、农家乐等。特定景点区域修栈道、搭观景台及凉亭,增设道路指示牌及景点简介,提升游客观景体验,打造成一处怀古览胜的生态旅游风景。

鸡冠山:飞来化作高崖青

　　位于诸暨城区西面30里的大唐镇与应店街镇交界,山势伟岸,外观奇特,最高峰海拔692.1米。鸡冠山,形如雄伟鸡冠,时常雾气缭绕,仿佛置身白云生处,苍莽而壮美,古老而神秘。鸡冠山一直以来被誉为诸暨市最陡峭的山峰。清宣统《诸暨县志》载:"鸡冠山产奇石,多'茶上白'。"鸡冠山青石曾是浙中工艺石料界的一朵奇葩。据史料介绍,鸡冠山青石开采至今已有300多年的历史,这里的青石初采出时呈淡青色,石质细腻,糯而易琢,并且有淡色花纹。雕琢后,经风蚀雨淋,会渐成暗青色,且石质变得坚硬,为最理想的石雕材料之一。

鸡冠山山名:一个美丽的神话

　　鸡冠山方圆数十里,凤山环绕,灵泉如带,北水南归,峰峦挺秀,风景优美。最早的时候不叫鸡冠山而叫"高冢里"。这"高冢里"源于山顶的"玉女冢"。清光绪《诸暨县志》记载:"县西五十里,一山高峙,形如鸡冠,上一玉女冢。"记述甚为简单。但山下村里的老人口传中关于"玉女冢"却有一个美丽的传说。相传古时候在这山上居住着一女子,形貌映丽,端庄秀美,当地百姓都叫她"玉女"。她为山下的百姓办了许多好事。她故去后,山下的百姓为了感恩与纪念,在山巅之上为她筑了一座高大的坟(即玉女冢),让子孙后代永远看见她,铭记她。虽山高而陡,但从山下仰望,玉女冢清晰可见,高高耸于山顶。于是当地人就把山命名为"高冢里"。斗转星移,日升日落,春去秋来。玉女冢没有在时间的长河中消逝,反而越来越高大。从山下望上去,像雄鸡头上美丽的鸡冠,再加上"高冢里"显得有点俗而恐,就改名为"鸡冠山"。又因山上灵泉纯洁如玉,又甘又凉,长年潺潺流动,在宋元的时候,这一方曾取名为"灵泉乡"。如今在市场经济召唤下，侯村街村已开发了"鸡冠山灵泉水"桶装水，走向市场。

20世纪90年代初，山上还有两个自然村，一个叫"山后"，有10多户人家80多人口，隶属侯村街村；另一个叫"牛头岗顶村"，有70多户人家200多人口，是一个独立的行政村。1994年山后村和牛头岗顶村积极响应大唐镇"移地改建"号令，山后全村人陆续迁入山下侯村街，而牛头岗顶村整体迁入冠山溪畔的岗顶新村，从此两村结束了上山没有汽车路的历史，融入经济大潮的建设大军中。

现在鸡冠山山顶无人居住，却成了诸暨"驴友圈"里的"网红"圣地。每逢春秋时节，驴友和游人纷沓而至，于是大唐街道特地修建了一条"鸡冠山森林游步道"。从冠山毛道坞水库出发，途经石扶梯、龙潭、白石岩、倒臼井、鸡冠山顶、神仙桥、山后村遗址、神仙脚印等，主线、支线共长19.8公里，投资约159万元。游步道开通后，不仅周边村子的村民常会去登山健身，周末更有上百名驴友和游人前来登山赏景。

据了解，鸡冠山游步道在修建时，根据沿途自然风景，分别设置了具有健身功能的落叶步道、砂石步道、木台阶等，使道路风格保持"原生态"。同时，为给游人提供休憩、遮阴的地方，游步道还在地势开阔处设置了观景凉亭，方便游人驻足休息、欣赏美景、拍照留念。

明邑人张世昌有《鸡冠山诗》为证："星官何年游太清？飞来化作高崖青。天地无心运精巧，造化有迹通幽灵。神剜鬼凿妙镌削，瑶台清冰出万壑。剑光穿斗射龙文，元气盘空孕犀角。东南宇宙烟蒙蒙，卞和夜泣空山中。何人更试补天手？为我献入明光宫。"

鸡冠山青石：工艺石料界的一朵奇葩

雄伟俊朗的鸡冠山，像一只傲然仰望的雄鸡，屹立在诸暨的西部，大唐镇的边沿，绵延几十公里，山势苍莽壮美，山上奇石嶙峋。清《乾隆诸暨县志》记载："鸡冠山在县西五十里，形如鸡冠，出奇石，其纹若星月花兽。"大青石是当地人的俗称，史上命之为"茶上白"。这在清《宣统诸暨县志》也有记载："鸡冠山产奇石，多'茶上白'。"

据史料介绍，鸡冠山青石开采至今已有300多年的历史，这里的青石初采出时呈淡青色，石质细腻，糯而易琢，并且有淡色花纹。雕琢后，经风蚀雨淋，会渐成暗青色，且石质变得坚硬，为最理想的石雕材料之一。

有关鸡冠山有多大青石,也有一个古老的传说。在鸡冠山背后有一处百米见高的"百丈岩",岩壁陡峭,山峰奇特,据说,这石壁上有一石抽屉,藏有一把宝剑和一本天书,并且还藏有宝藏。

据山下村民传说,过去有一个神仙前去探取宝藏。因石屉在峭壁上,高不可攀。于是神仙就挑了两块大石当垫脚,但还是够不着。神仙败兴而归,顺手把两块大石丢弃在鸡冠山前,因而留下两座对称的小山峰。并且使整座山的半山以上都出现淡青的青石。神仙这一丢给鸡冠山带来了无尽的宝藏,成了鸡冠山青石雕刻的原材料。第二次这神仙骑着一匹高头骏马再来探取,想一脚挂在马背,一脚悬空,倒挂取宝,但是鸡冠山龙潭的小龙非常调皮,忽而腾空而起,使骏马受惊,一声长嘶,神仙防不胜防,一个趔趄,一只脚刚好重重地踏在岩石上,留下了那个神仙脚印。脚印在半山腰的一大块岩石上,一尺来长,貌似人的脚印,不管山旱地冻,终年积水盈盈。这些传说,让后人更加猜测,也给鸡冠山增添了许多神秘的色彩。

现有的鸡冠山青石制品,多为建材用品或实用工艺品,也有少量纯艺术品。主要有石板、石栏、石柱、石碑和花木禽兽、人物雕像等。由于石料质地良好,雕琢精细,具有质朴浑厚的特色,故深受广大用户欢迎,产品供不应求。这些产品被广泛应用于园林、桥梁(现存古桥之一的溪缘桥,其桥墩、桥板、桥柱用料皆是用鸡冠山青石)、仿古建筑物和楼、堂、馆、所等建筑设施中,使这些建筑物增添了风貌。

鸡冠山的青石制品除畅销杭州、上海、南京以及桂林等地外,还远销香港和东南亚各地。

鸡冠山青石驰名大江南北,成了浙中工艺石料界的一朵奇葩!

鸡冠山乌云:变幻莫测,波谲云诡

我对鸡冠山最早也是最深的印象是其山上的乌云。

我村在距鸡冠山15里处,四周群山中以鸡冠山为最高,一出家门就能望见。少时,每当夏季出门放牛时,母亲就会告诉我:夏天下雨的征兆是看四周山头上的乌云,如果山头上起乌云了,就说明要下雨了。我们这个区域着重看鸡冠山上有没有乌云。在乌云未挨到鸡冠山顶前,你们一定要躲藏好,否则乌云一挨到鸡冠山头就来不及躲了。母亲的话非常灵验,我们成功地躲过了多次暴雨。但是,当乌云直接从鸡冠

鸡冠山

山涌起的时候，在其方圆 20 里内无论动作多快都是躲不过的，那风雨的速度简直迅如闪电，有时候连雨具都来不及穿戴，暴雨就劈头盖脑地泼来了。更要命的是生产队晒场上的谷子，经常会被暴雨冲走。所以从小我就对鸡冠山的乌云有一种恐惧感、憎恨感。后来在中学语文课本里学到荀子在《劝学》一文里说道"积土成山，风雨兴焉"，我始终认为荀子的话是有道理的，尽管老师说这话是不科学的。但在我总一直认为，我们那里的风雨都是从鸡冠山上兴起的。欢冠山下的里蒋村我们有一家表亲戚，我上学后去问过我的亲戚表爷爷，为何鸡冠山上的乌云一兴起，风雨就会来得那么快？表爷爷给我讲了一个古老的传说：鸡冠山，乃浣西名山，高耸近 700 米，为诸暨第三高峰。方圆数十里，凤山环绕，灵泉如带，北水南归，峰峦挺秀，风景优美。后来不知从哪里来了一条龙，居住在山上的龙潭（现在是山上一个景点），龙行风雨随，特别是夏天的双抢季节里，这龙一出潭，山上就升起一簇乌云，瞬间就是倾盆大雨，常常把农民晒在道地上来不及收的谷子冲走，也把在田畈里干活的人淋得像只落汤鸡，苦不堪言。于是百姓请了一名巫师，杀了一只白狗，用白狗血去龙潭镇龙。果然那龙受惊狂逃，可是不知为什么，龙逃走了，那乌云却经常出没，白狗血赶走了龙，却没有赶走乌云。这山上乌云一起，山下顷刻雨至，到现在都没有改变，可谓变幻莫测，波谲云诡。

鸡冠山人文历史：绵长而厚重

诸暨素有"三条半街"一说，即应店街、侯村街、百步街为三条街，草塔、平阔为半条街,也是金杭公路在我市内的主要区域段。而其中的侯村街,就在鸡冠山下。

据记载,侯村街自从建村至今有850多年的历史,第一代太公是1165年南宋时到诸暨上任的侯文仲太公,他在诸暨为官五年,娶祖籍邻村黄高坞、绍兴府台(即诸暨十二都孟太后之侄女)女儿为妻,村里那个祖庙的房梁古朴厚重,大气而不失婉约,旁边两厢房紧凑和谐,记录了当时侯氏祖先的身份以及地位。最后,因不堪时局动荡,而隐居在山清水秀的鸡冠山脚下和丈人分房别居,相互照应,成就了一代侯姓人的始祖。这里的祖庙祠堂,设有合抱的朱漆大柱,浑圆的青石石墩,雕工精细的牛腿,层次分明的高朗屋檐,气势恢宏。后人也谨遵先贤教诲,耕读传家,勤勉治家,家风斐然。

侯村街还有一个显著特色,就是植有大量银杏树,堂前屋后,池边道旁,都在百年树龄以上。时人也把侯村街叫作"银杏村"。尤其是村口有一株大银杏树,树龄有450多年,高数十丈,宽能遮阴十多亩地,圆圆的、蓬松的,堪称当时一绝。每当金秋季节,这些银杏树姿态婆娑,虬枝相交,叶叶掩映,把整个村落包裹其中,显出"满村尽带黄金甲"风貌,使侯村街越发显得与众不同。

二十世纪八九十年代,由于金杭公路拓建和经济大潮的利益驱动,这些百年银杏树几乎被砍折毁尽,只剩寥寥几株,一道绝美的风景就这样悄然而逝,甚惜甚惜!

更让人惊奇的是在鸡冠山上,居然有一处民间造纸的历史遗迹。

在鸡冠山半山腰,至今存有"绍产头"造纸厂的遗迹。当年的村民,利用山间多毛竹的资源优势,每年春天先选择茎秆粗壮的毛竹作为种子留存下来,接着把不健康的退竹、嫩笋、细毛竹等砍下来,放到五米见方的深池里,用石灰水浸湿、腐烂。再捞起来,用"踏碓"捣碎,再腐烂,再捣碎,直到变成纸浆,做成了纸,放到山间晒干。逢雨天,又开设一"别弄"。所谓"别弄",就是两堵光滑的墙,把刚捞起的纸浆,贴在左右墙上,中间用火烧,让它们快速干燥。据说烧出来的纸微黄,有韧劲,远销很多地区。如今,虽然造纸厂已不复存在,但是料桶、石臼、踏对、倒塌的"别弄"依稀可见,更让我们称奇的是,那个当年造纸用的水源——俗称"冷水坑",虽没有源头水,但至今还是泉水盈满,甘甜清凉。

睹物怀古,思绪万千。这些故事,这些传说,这些历史,就像一块沉甸甸的暖玉,温润着我们,令人神往。

剡山：千载难酬隐逸情

位于嵊州市城区西北隅，系鹿胎山、城隍山、艇湖山之总称。最高点星子峰，海拔146.8米。世传秦始皇东巡会稽郡，掘星子峰山南千丈深坑，以泄王气，曰剡坑。此山也就称剡山，并建制剡县（即今嵊州）。水流山下，为剡溪。鹿胎山以猎士陈惠射鹿而得名，现有相关景点鹿山公园和惠安寺。城隍山在鹿胎山东南，由城隍庙得名。艇湖山山麓原为剡溪故道，为王子猷雪夜访戴安道回艇处。西与城隍山相连，山顶有古迹艇湖塔。

"岭上寒梅自看栽，山斜一半似屏开。春寒点点枝头雨，上有东流水过来。"立在剡坑的石碑前，发现脚下的地上雕刻着宋朝王铚的《剡坑探梅》诗。此刻并没有寒梅，竹木绿意掩映着古玄武岩，在初夏的日光下凉意扑面。

作为一个本地人，我居然是第一次走近剡坑的遗迹所在地。更让我惊奇的是沧海桑田，"下剡坑村"作为一个承载着地理和历史记忆的原生态地名依旧存在。

山不在高，有仙则名。而剡山之名应该归功于文人隐士。爱慕山水清幽、避居归隐剡地，王铚不是第一人也不是最后一人。入剡的访游或隐居高峰大致有三个。以"自爱名山入剡中"的李白为首的唐人为一拨，南宋建都临安后王铚王十朋等又一拨，东晋衣冠南渡后王羲之戴逵他们则是第一拨，为领路人。

是的，天地悠悠过客匆匆，剡山最为长情且有名的隐士代言人是戴逵和他的次子戴颙。不屑为"王门伶人"的戴逵举家迁剡，在剡山清风明月任逍遥。剡地人也不亏待他。琴棋书画样样精通、雕塑技艺俱佳的戴逵父子不但被供奉为嵊州工艺美术的祖师爷。凡是跟他沾边的都许以戴家之姓氏：戴溪、二戴书院、戴溪亭、访戴桥、戴望村……秦始皇这个挖坑帝以为人家要沾染他家的"天子气"。令人讽刺的是，他孜孜以求的万世家业二世而亡，而戴逵之风流名垂千年。要是戴逵穿越时空重返故地，他可以跟此刻的我一样走在戴望路上,在戴望村里随意漫游。在新建不久的二戴公园里看大姐们跳排舞,大爷打太极;跟戴园的主人——嵊州雕刻名家周家二兄弟讨杯茶。

从戴望村路口,拾级而上,可以走到刽山主峰星子峰最高点——星子峰亭。四周绿树成荫,鸟鸣林幽。木叶凋零的季节,可以俯瞰嵊州城区及周边风光。据说当年柱子上刻有楹联:借他权当洞府容我高栖,即此便是云梯看君直上。遥想那个气势,岂一个高韬了得。倒是可以与"星子"之名相媲美。

"路入刽山腰,孤亭物外高。"温州乐清的王十朋分别于1148年和1153年两度入刽,为嵊县周家渊源堂义塾(后改名刽溪书院)授徒讲学。教书之余,于星子峰下结庐读书吟诗,写下了《刽溪杂咏》系列和《刽溪春色赋》等诗词文章。他离嵊后,读书处被刽地人敬奉为庙,俗称大王庙,内塑王十朋神像,以示纪念。大王庙其实很小。可是庙最小也供奉着一片心意。人心之不可负,或许就在于此。

依据一个人的人生阅历和不同喜好,刽山有太多的漫游路径可供选择。如果以我年少离家进城念高中为打开方式,第一个目的地则是鹿山公园。在我一个农村孩子的眼里,那个时候的刽山之所以还没有鹿山名气大,全归功于"公园"两个洋气的字。迈出当年的嵊县中学校门,沿环城北路而上,转环城西路,第一次发现城里的路也跟山路一样有坡度。除了一片古树林、几只雕塑的鹿,一口里面有好多硬币的小水池,好像也没特别的风景。年少时往往追求奇风异景和绚丽夺目,并不能享受那种清幽之味。如今每一次重游,倒是觉得不管什么时候,鹿山公园都值得走一走。林子大了许多,绿植多了许多,环境依旧清幽。

被孙中山先生誉为"东南一英杰"的辛亥革命志士王金发的墓从美丽的西子湖畔迁回家乡,就在鹿山公园内烈士纪念碑西侧,很古朴、很安静地待在一侧。曾经的刀光剑影都已远去,只留下历史的黯淡余音。蔡元培先生题写碑文:"智勇俱困,天地不仁;生死付常,湖山无恙"。说起来,蔡元培不但写过《王金发传》,与刽山也有一丝渊源,他曾兼任过刽山书院和二戴书院院长。在短暂的一年任职时间里,他拟定了《刽山二戴两书院学约》,颁发了《告嵊县刽山书院诸生书》。声称若无功之劳、无益之费,他将授安道破琴之例、为君苗焚砚之举矣。真的是颇有古风。

从鹿山公园南门出来,沿环城西路向东,值得打卡一游的是城隍庙和惠安寺。每个县市都有各自彰显地方特色的城隍庙。嵊州城隍庙以石雕、砖雕、木雕三绝称誉江

剡山

南。跟所有古建筑一样，经历了岁月风霜侵蚀几经修葺和重建。前楼取名为"溪山第一楼"，据说是南宋理学大家朱熹游嵊登鹿胎山赏景时的赞语。想想，同一片风景，秦始皇惊奇地说："啊！有王气。"朱熹惊叹地说："啊！溪山第一。"我们常人就啊啊，也啊不出新花样来。还是没文化啊。还是赏花吧。找一个雪天，约两三好友，穿过不二法门，移步毗连的惠安寺，去看看黄墙映衬下的一树白梅。静静地不说话，也很美好。

雪天宜黄泥小火炉，宜品茶宜访友。住在山阴的王子猷——王羲之家的五公子也这样想。可他的好朋友戴安道（戴逵）隐居在剡啊。兴头上来，大晚上的安不安全也不管了，坐上一小艇就出发。坐了一夜也怪累的，眼看着剡山在望，他却让人在艇湖山下掉转船头往回走。你说他任性吧。他说他兴尽了。按他老王家王十朋说的，"千古剡溪水，无穷名利舟。闲乘雪中兴，惟有一王猷"。可是你也不得不认同，所谓钟情只是我们感情所投射和寄托的对象而已，重要的是行动，在行动的过程中满足自我需求。想见不如怀念。他跟戴逵要是真的见上了面，雪夜访戴的千载佳话或许会逊色许多，我们的艇湖山也要略输风采。据清《同治嵊县志》，山上有一塔，下有子猷桥和访戴亭。如今只有明嘉靖年间所建的艇湖塔依然挺立，与鹿山公园内的应天塔、城南谢慕山顶的天章塔三塔鼎立，成为嵊州市区的地标性建筑。

"我家住在剡溪曲。万壑千岩看不足。却笑当年访戴人，雪夜扁舟去何速？"剡山这样的好地方，长住都不厌，你王子猷也不要这么急巴巴地往回走啊。王铚说得也对啊！你这样的特种兵式访友，对得起这片山水吗？来都来了，好歹也喝上一杯剡茗，吃上一碗炒麻糍再走啊。

我想，你要是想领略嵊州城区古老的人文风光，真的可以以"CityWalk"的轻松模式绕着剡山晃荡一圈，或许还可以听上一折越剧，那是生长在剡地却红遍全国的一朵奇葩，是剡地的又一个文化输出。

金庭山：洞天福地怀墨叟

　　金庭山位于距离嵊州市东部 27 公里金庭镇内,旧名桐柏山,为道家三十六小洞天中第二十七洞天金庭崇妙天所在。书圣王羲之晚年在此归隐并卒葬于此,其后裔在此繁衍生息。最高峰天打岩,海拔 835.1 米。《东冈旧志》云:"山之西有小香炉峰,南有卓剑峰,前有五老峰,后有放鹤峰,东有毛竹洞天,洞口有竹生毛,亦奇物也。峰峰青秀翠绿,峰前溪水环绕,峰间清泉淙淙。"唐人裴通称:"越中山水奇丽剡为最,剡中山水奇丽金庭洞天为最。"

书圣遗迹今尚在

　　当你打开电子地图,进入卫星模式,观看嵊州东边金庭镇的山地时,会发现一条山脊如同一条河流,从四明山脉腹地,蜿蜒向西,状如新月,将金庭镇环抱起来,到了瀑布山时,忽然断层,山势如瀑布一般倾泻而出。这条四明山脉的余脉就是金庭山。

　　说到金庭山,一定是离不开王羲之的。选择一个春和景明的日子,驱车去往金庭观。山色苍翠,时光斑驳,人随之穿越到东晋永和十一年(355),距离著名的兰亭雅集也已经过去了两年。王羲之厌倦了官场的钩心斗角、尔虞我诈,以毅然决然的姿态,割舍了官位和所带来的权力快感,在父母墓前起誓,选择去官归隐。

　　那为什么选择金庭归隐? 金庭山作为道教的第二十七洞天,景色宜人。境内古柏蔽日、瀑布挂潭,青山环抱,碧溪蜿蜒,秀色可餐。唐代大诗人白居易说过:越有桐柏之金庭,养真之福地,神仙之灵墟,亦三十六洞天之一。何况,据传说王氏始祖——周灵王长子王子乔就是在金庭山修道成仙。据《金庭王氏族谱》记载:"(王羲之)入剡经金庭,见五老、香炉、卓剑、放鹤诸峰,以为奇丽幽缈,隔绝世尘,眷恋不能已! 遂筑馆居焉。从之者夫人郗氏、乳母毕氏、中子操之。"

由此，王羲之就在金庭山下过起无忧无虑的归隐生活。建书楼，植桑果，教子弟，赋诗文，作书画，以放鹅弋钓为娱。王羲之的归隐，在当时引起了东晋朝堂上下的不小的轰动。他的好友许玄度，甚至追随他的脚步，跟着他搬家到金庭，与王羲之做起了邻居。等到盛唐，诗仙李白就踏着王羲之、许玄度足迹沿着剡溪溯源而上，寻找他心中魏晋风度。"此中久延伫，入剡寻王许。"开启了历朝历代文人墨客朝圣之旅。

升平五年(361)，王羲之去世，长眠于金庭瀑布山。此刻我到达了金庭观的门口，穿过清道光二十九年所立的王右军墓道坊，沿着古柏深深的墓道蜿蜒朝前拾级而上，来到王羲之墓前。映入眼帘的是一座小巧精致的单檐挑角的方形石亭，亭中是"晋王右军墓"墓碑，背后刻有"大明弘治十年三月二十五日吉旦浙江等处承宣布政使司右参议吴口口重立"等字样。我在墓前伫立，向书圣鞠躬。抬起头时，恰好一阵风吹过，墓道两侧的数十棵盛开的日本早樱随之飘落。如同一场盛大的烟花，转瞬即逝。似乎樱花已经有了自己的喜怒哀乐。它在为王羲之哭泣，哭泣他出生在那个乱世，报国无门，只能以五石散为引子，用清谈阔论麻痹神经，用放浪形骸来修饰魏晋风流。还好，还有书法。只要还有书写，便能够一直记录下去，也就还能传承，传承王羲之的精神。

书道千秋在华堂

要寻找王羲之的精神内核传承，得去往从金庭观往西约两公里的华堂古村。这是金庭山下的一处古村落，是王羲之后裔最大聚集地。

自从王羲之归隐金庭之后，其子王操之一脉后人就在此繁衍生息，逐渐形成规模。村落原名"画堂"，因王氏后代多擅书画，将书画悬于厅堂而得名。后因其屋舍精丽且山水清妙，便将"画堂"改为村名"华堂"，沿用至今。

走进华堂古村，迎面而来就是丹青水墨的明清徽派建筑群。一条九曲水圳将平溪江的水弯弯绕绕送进村子，将祠堂、台门、街肆、戏台、更楼、庵堂等一一串联起来。其中，华堂王氏宗祠是全国重点文物保护单位。精美的牌楼檐角飞翘。龙形鸱吻高高耸立，气势恢宏。马头墙静静伫立，墙角下石凳上坐着两个慈祥的老奶奶。祠堂内"凹"字形的泮池，锦鲤闲游。祠堂桥边的一株玫瑰开得正旺。孝子殿飞檐斜翘，如同大鹏展翅,随时准备飞向远方。最后一进是祠堂大殿,中间供奉着王羲之木雕神像。

沿着古巷鹅卵石路慢慢踱步进去,一个台门连着一个台门,前街后街两条主街东西相通,神堂戏台为中心,古村脉络就此缓缓展开,青砖灰瓦,庄重素雅,水墨江南。

书法是古村的灵魂。在古村每一座台门、每一条小巷、每一个角落,翰墨香气始终萦绕着。或是戏台祠堂的古匾对联;或是各家各户大门上褪色残破的福字、春联;是厅堂前挂着的字画;或是商铺里货架上手写商品价格;更是写在农户家里篮子、扁担、晒匾、圆桌、板凳上的主人名字和年月。

去拜访一位老者。他是王羲之后裔第五十四代孙。名字叫作王伯江,已经90岁高龄,就居住在华堂王氏宗祠后头的台门里。今年因为录制央视《国家宝藏》第四季的节目,我陪同节目组导演拜访王伯江老先生了解关于王氏后人传承书法的故事。

从台门进去,入眼就是堂前悬挂的各色书法作品,基本上是老先生平时的习作,少部分是他学生的作品。同行的导演们问伯江老师,他是如何评价王羲之的书法?伯江老师并没有直面这个问题,而是讲起了村里关于王献之练习书法写完七石缸水的故事。书法需要回归到书写的本真。从技法上讲,书法遇到王羲之,已经进入了至臻至美的境界。后世也是从王羲之书法基础上进行个人审美上创新,才有了欧体、颜体等诸多特色字体。从艺术上讲,因为《兰亭集序》的出现,书法同人、自然与精神融合为一,早已超脱生死,落脚于信可乐也。所以书法是什么? 书法的真谛是什么? 在老先生眼中,是一种坚守,是一份热爱,是一个信念。

是的,是信念! 当王羲之的信念,以书法作为媒介,千年后的我们仿佛可以直接同王羲之对话。恰如老先生讲的王羲之家训故事:据传,王羲之同许玄度前往新昌蔡岙一带游玩。路上,偶遇一对樵夫兄弟。两兄弟因为言语不和,弟弟失手将哥哥砍死。王羲之见此感慨万分。回来之后,在纸上写下"敦厚退让"四个大字,让子孙后代日日临摹,遂成传统。

明代项穆曾说:"古之欲正其书者,先正其笔,欲正其笔者,先正其心。"手写家训已经是王氏族人代代相传的习俗。历史上,从南北朝以来,王氏家族共走出了20多位御史官，留下了廉明、正直的口碑，名垂青史。而今，在伯江老先生台门书法课堂上，教授给孩子们第一课就是临摹羲之家训。

书道千秋。王羲之没能在官场践行的道，最终用书法践行了。正如李白怀才而在官场不得所遇，成就了诗仙之名。王羲之在官场上的不如意，却最终成就了书圣的美名。他的洒脱、豁达、敦厚等品行，最终力透纸背，入木三分。

一脉相承壮产业

同羲之家训一同被继承下来的，还有王羲之爱种植水果的行为。或许王羲之自己都不曾想到，在千年之后的金庭山上满山遍野种植，甚至成为当地最为重要的乡

金庭山

村振兴产业。这就是如今金庭山里的江南名果——嵊州桃形李。

王羲之就很爱种李子。在著名的《青李来禽帖》中就这样写道:青李、来禽、樱桃、日给藤子,皆囊盛为佳,函封多不生。这是王羲之写给好友周抚的信件。周抚当时担任益州刺史,相当于如今主政四川的"一把手"。王羲之就写信请周抚寄些水果的种子过来,其中就有青李。他仔细叮嘱周抚需要用布袋装,不要用信封包裹。因为如果那样,种子很难发芽。显然这不是王羲之第一次向好友请求寄青李的种子了。

当下金庭山里的嵊州桃形李早已不是王羲之当年种下的青李了。一位名叫王香标的华堂已故老人是嵊州桃形李培育第一人。他在 1958 年从奉化溪口将"金塘李"引种嫁接到华堂村白头山区域的毛桃树上,形成了"桃接李"。又经过多年努力改良培育扩种,最终在 1993 年原嵊州市林业局发文将"桃形李基地"定为嵊州十大优质农林基地之一。从此,桃形李的名字应运而生。目前,金庭镇作为嵊州桃形李发源地和主产区,种植面积超 2.5 万亩,年产值达 3 亿元以上。嵊州桃形李被农业农村部认定为国家地理标志产品,2023 年入选浙江省首批"土特产"百品榜名单。

夏日凌晨 3 点,金庭山山腰处,头灯闪烁,同繁星争辉。这是嵊州桃形李采摘旺季的景象。果农们趁着夜间凉意,抓紧采摘。天逐渐亮起。金庭山间那朵白云,镶上了晨曦的金边,进而转成黑红色。阳光穿透云层,洒在金庭山上。满山的绿色闪耀着,舞动着。斑鸠、竹鸡、杜鹃等群鸟开始歌唱,向着朝阳朝拜。

金庭山,自然的山水,道家的仙山,书圣的归处,凡间的热土。一个声音在呼唤你:不如归去! 同书圣畅想未来,对话古今。

西白山:白云生处一福地

西白山主峰位于嵊州市石璜镇通源南面,海拔 1095.7 米,隶属会稽山脉,为绍兴市第一高峰。山峦绵亘于嵊州、东阳、诸暨三市之间。嵊州市内横亘于绿溪、通源、大昆、小昆、太平、剡源等地。东西长约 20 公里,南北宽约 15 公里,山体总面积约 140 平方公里,原称太白山,后因主体位于嵊州西部,改称西白山。山多峰峦,主峰东有湖堂绳、刀锋岩,西有车龙坊,北有长龙坑、挨磨湾,均山高气清,紧相连绵。

车子在蜿蜒的山路上爬行,涌进我们视野的是一望无际的绿:豆绿、葱绿、墨绿、深绿、暗绿、青绿、蓝绿、黛绿……从一条条山脊上流泻,奔腾,暗涌,而后突然安静下来。

绿是西白山唯一的颜色。

典故里的西白山

关于西白山的历史,石璜镇油罗山《洪氏宗谱》有一篇《太平诗集序》:

西白山为剡之西障,跨婺、暨、剡三邑,与邑东四明山对,其间有大小西白,大小二昆。寺有上下鹿苑,仙有赵、葛、褚、孔……古称越中山水甲东南,而剡则杜子美称其秀异,李青莲叹其清妙,白太傅以剡为越中眉目,兼之王谢,二戴刘阮之事,又啧啧人方,以此言之,太白真是胜地,良不诬也。

文中提到的"仙有赵、葛、褚、孔",分别指赵广信、葛玄、葛洪、褚伯玉和孔圭。

赵广信,三国时阳城(今山西省阳城县)人,魏末晋初入剡中之西白山炼丹。剡县古称福地,西白山又以盛产草药著名。赵广信千里迢迢赶来,一以避乱,一以采药炼丹,治病救人。赵广信医术高明,其内见五脏彻视法,更是惊人,好比现在的 CT,

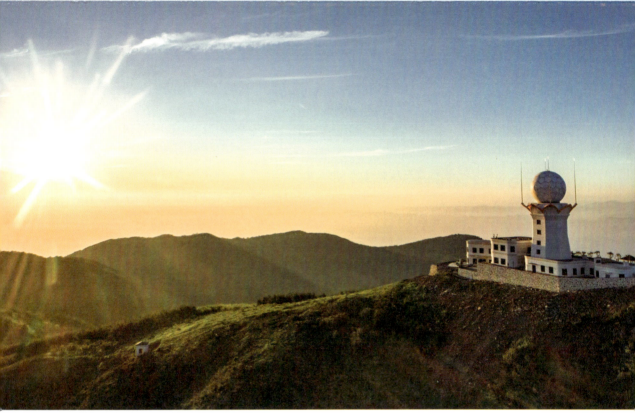

西白山

能把人的五脏六腑看得一清二楚。病症既已明了,下药又对症,当然药到病除。他还自己动手制作九华丹,因此西白山又有他炼丹的广信丹井。后来丹成,赵广信白日升天而去。

葛玄,三国吴时入剡中西白山,炼丹、采药、种茶,为民治病,教导养生,善声甚隆,当地人称为葛老仙翁,后得道成仙。东晋时,葛玄的孙子葛洪也从天台山来到西白山构庐而居,承袭其祖父遗愿。他不但自己采药种茶,还教授村民种茶、识药、栽药,在治病之余,增加经济收入。在长年治病救人的实践中,葛洪发明了许多医学"专利"。比如,首次发现并描述天花病状,以青蒿绞汁治疟疾,创造出以小夹板疗骨折复位、食道异物急救、放腹水等治疗技术,他还在葛英村发现了跌打良药葛英。葛洪笔耕不辍，医药著作《抱朴子》等达数百万字，后人把他与扁鹊、华佗、张仲景、李时珍并称为中华医学五圣。南齐年间，老百姓在西白山建葛仙翁庙，祭祀葛玄与葛洪。

褚伯玉是"无道则隐"的道教理论家，东晋太元十八年出生于钱塘（今杭州）。褚伯玉丰采飘逸，少年时候就喜欢阅读庄子老子的著作和神仙传记一类的书，羡慕神仙冲虚，潜心修道。18岁那年，他来到西白山潜心修道，不论酷暑严冬，都穿一件薄衣。人道他采霞而食，绝谷饮泉。褚伯玉在西白山上修炼时，开辟了许多溪涧，又广种树木，还引进了茶叶新品种和草药。经褚伯玉苦心经营后，西白山更是青山叠翠，流水潺潺，俨然世外桃源。

孔圭系南朝山阴（今绍兴）人，从褚伯玉学道。

赵、葛、褚、孔诸人，不仅让西白山成为人文胜地、道教圣地，更成为茶叶胜地。

到了唐代，"剡中茗"已经很有名气了。谢灵运十世孙皎然诗云：越人遗我剡溪茗，采得金牙爨金鼎。素瓷雪色缥沫香，何似诸仙琼蕊浆。

此后历经宋、元、明、清，直至近现代，西白山的茶叶因山高雾重，一直声名远扬。近年，茶农纷纷注册"西白""云雾"等商标，为茶叶注入了更多的文化内涵。

满山"绿色的珍珠"把村民带上了致富路。

风物里的西白山

和西白山茶叶有得一拼的是西白山的香榧。香榧是什么时候种下的？没有人说得清，也许是赵、葛、褚、孔诸人，也许是风从远方吹来了一枚香榧的种子，它自己在这块土地上繁衍生息了。总之，西白山的香榧都是几百上千年的，每一枚果子，都回甘无穷，仿佛把西白山的日月精华都吸纳其中了。

西白山的香榧村比比皆是：白雁坑、松明培、西白山、大昆小昆……在坡上，在路上，在人家的房前屋后，都是榧树，守护神似的。那年，在松明培看到"嵊州榧王"，树龄在1000年左右，最高年产量达1800多斤，树身须8人合抱才围得过来，松明培人亲昵地称它为"豆腐桶"榧树。它的身上开满了细碎的小花，又结满了豆粒般的小果，枝头上还残剩着寥寥的几枚果蒂。因为树干已老得撑不住树冠了，所以村民在树身上挂了几根松树拐杖。树挂杖，一则是树真的不胜重负，另一则分明是村民怜惜它，怜惜一棵千年老树，还年复一年地春华秋实。

香榧树是"摇钱树"。现在,这些能摇钱的树苗,经由嵊州西白山榧农推介和传播,已在贵州、安徽、江西等省的一些山头落了户,助推那边的榧农发家致富。

西白山一带的山村,皆物产丰饶,山色秀美,所谓"越中眉目"。

千年香榧林,万年巨石阵。白雁坑村紧挨西白山主峰,是"全球重要农业文化遗产"——会稽山古香榧群的核心区之一,拥有百年以上古香榧树4000余株。白雁坑村及周边沟谷大面积分布的54处凝灰岩质巨石堆积体,为火山喷发和后期崩塌等地质作用形成,属于较为丰富的地质遗迹资源。2018年11月,自然资源部中国地质调查局、浙江省自然资源厅联合命名白雁坑村为"地质文化村",是我国首个被正式命名的地质文化村。站在村庄一块平地上,抬眼可见白玉尖、西白主峰两座高峰侍立前后,山下是水袖般舒展的茶园,绿荫如盖的香榧树,还有依山而建错落有致的民居。长达几千米的登山游步道则把香榧林、巨石阵、美人岩、神仙洞、滴水洞、高山湿地等景点串珠成链。

小昆村位于西白山腰,盛产香榧、茶叶和萝卜,距今已有800多年历史。村民耕读传家,吟山歌水。民国时期,小昆萝卜声名远扬,村里经济发达,因此有"小上海"之称。又因依山而建、错落有致的村庄布局,被称为江南"小色达"、浙江"小布达拉宫"。

小昆多桥,最著名的莫过于万年桥。这座单孔石拱桥,最早俗称"新洞桥",是对应原开口岩的"昆源桥",即"老洞桥"而得名。万年桥是一座子孙桥。"祖述、父事,孙成祖志。"桥建成于嘉庆二十四年(1819),计费500余缗。因其坚固而完整,取名"万年"。这座立于孔岭水库附近峡谷上的子孙桥,除了坚韧,更包含了大爱。

除了万年桥,还有颇负盛名的梯云桥,梯云桥是嵊州境内著名的石拱桥,坐落在小昆村东南山溪上。由泮公所建,计资费三百余币。《嵊县志》记载:梯云桥建于清咸丰五年(1855)。高五丈余,广可六七号,形环如月,势欲跨虹。"梯云桥""咸丰年"字样镌刻在桥上,桥右为小画图山,羊肠仄径,窄仅容步。桥左腴田交错,四围古木葱茏,树柯缭绕,青翠浓荫。是当时上通东婺,旁达暨阳的必经之地。如今,小昆村建成的"星宿小昆",已火爆"朋友圈"。

还有葛英、大昆、瑠王等村,既有青山绿水的共性,又有小山村的独特个性。它们让一座叫西白的山焕发出人文和山水的异质光芒。

四明山：红佛古刹隐尘嚣

四明山位于浙江省东部，横跨慈溪、余姚、鄞州、奉化、嵊州、上虞六市区，呈东西向狭长形分布，总面积6665公顷。山峰起伏，岗峦叠嶂，云蒸霞蔚，地处华东前沿，曾有中国第二庐山之称；四明山洞，相传为道家三十六洞天之第九洞天。千百年来，众多文人墨客慕名游胜，兴情所至，吟山咏水，题诗寄情。四明山多为海拔400—900米的低山丘陵，傲立于嵊州市境内的主峰金钟山，最高海拔为1018米。位于浙江省嵊州市黄泽镇北，海拔800多米的红佛寺，正是深藏于四明山主峰金钟山腹地，一座始建于明末清初，距今已有260多年历史的深山古刹。

红佛寺的"前世今生"

乾隆八年，天台山的恒传法师化缘至四明山高山村时，获药农宓世富施赠斋物，并识得该斋物为其师父当年在四明山大石屋所埋的乌金宝磬。恒传大喜，遂将乌金宝磬绝当于大屋村一家叫"高墙楼"的当店，用所得巨款在大石屋建造了九十九间半的大寺院，名"石屋禅林"，并留出半间石屋，用作自己此后居所。

至此，恒传法师终于历经艰辛完成其师父弥留重托。相传，恒传法师的师父是明代东阁大学士（相当于宰相）马士英麾下部将，马士英在"真君祠"被清兵围困抓获时，他躲避于四明山大石屋内得以幸存。马士英被杀后，他报国无门，投奔天台国清寺为僧。虽与红尘绝缘，但对避难石屋总是魂牵梦萦，于是向爱徒恒传托付了重返四明山大石屋建造寺院的遗愿。

于是在红佛寺伽蓝殿前的《重建伽蓝殿功德碑记》上，写着："清乾隆八年，高僧恒传自天台入剡，居石屋发宏愿，始建石屋禅院。大雄屹立，伽蓝左侍，石屋右居。

云汇四山合,殿角隐隐;风来松涛鸣,梵音阵阵。天上宫阙,祇园宝刹!"

每至月明仰望,浩影金波,寺院佛光,一轮圆月如栖山岙,遂得"月窝"之名;"苍岩倚天立,覆不如覆屋;玲珑开窗牖,落落明四月。"则是唐代诗人刘长卿为"石屋禅林"留下的名诗佳句。

这"石屋禅林",因风景独好,山高气凉,吸引了奉化、新昌、余姚、绍兴等地烧香游客,致寺院规模渐增。鼎盛时期为乾隆年间,有大小殿堂九十九间半,各种佛像一应俱全,僧人一百余位,常年香火不绝。到民国初期因战乱,僧人无法安居寺院而逐渐冷落。最后一场大火烧毁寺院,仅存一间石屋,原有院基、石墙等至今仍依稀可见。

这"石屋禅林",便是红佛寺的前世。

清《道光嵊县志》载:"在县东四明山,乾隆八年,僧恒传自天台来居石岩山中募建,因名石屋禅林,同治元年,寇毁。五年,僧岳中建小楼五间,请绅董劝捐建复。九年,建设大殿。"

大石屋左侧近百米高的崖壁上,有一个隐隐约约的朱红色"佛"字摩崖题刻,径六尺,无题名。关于这个字的来历,什么年代由谁书写,并没有一种明确的说法,但早年重建禅院时,缘由这一"佛"字,遂定名为红佛寺。1997年民间集资在原址上重建,碑刻殷红"红佛寺"三字。如今的红佛寺,经过多次重修和扩建,保留了丰富的历史文化遗产,已成为一个集宗教、文化、旅游于一体的重要场所,吸引了无数信众和游客前来朝拜和游览。

此乃红佛寺今生。

红佛寺的"碧云洗心"

初登红佛寺,沿途风光清幽别致,溪涧山路交错相伴,典型的纵深峡谷地带景观,红佛寺就深藏在这高耸险峻的四明山半山腰。

字面描述,是从四明山脚的华丰村出发,可沿一路石阶直到红佛寺,石阶共计6300级,路程3公里。

初时确实轻松,是一段较为平缓的上坡路,只是那石阶或大或小,或扁或方,或高或低,绝无规整,一刻不敢疏怠,唯恐失足扭伤。

走了大约10分钟,到"步云亭",可稍作歇息。山间浓荫蔽日,耳畔流水淙淙,往下已不见村庄，上望亦不见寺院。然此地未及路程四分之一，抬头遥望前方山路相连，如亭名步云启程，未敢多作停留。

四明山

"步云亭"之后，是进红佛寺的山门"十丈岩"，此处有当地百姓所建简易版的土地堂和龙王庙，墙体用块石叠筑而成，小屋内各奉"土地公"和龙王神像一尊。每逢清明节，人们便用糯米做的清明糍粑，专程上山祭祀"土地公"和龙王，祈求四季平安，免遭虎患；或遇旱情，则请龙王降雨。今路人过此，仍见神像前有香火缭绕。

继续拾阶，山路渐陡。及山腰，有洗心亭，清《道光嵊县志》载为上林庄监生张克昌建。或为洗却尘心，觐见佛祖之意。亭如山门，红柱黄墙，乌脊飞檐，有楹联："慈悲普度修身心，不断烦恼入涅槃。"

或许洗却尘心，需持几分虔敬，此后的石阶路，更见陡峭。未几，便难抑喘息，步履维艰。如此走走停停，行至碧云亭，总算看到了红佛寺深藏山间的屋脊檐角。

往下则见"三面倚山，石壁千丈，灵峭幽峻，可西瞰百里，山水云物，晦明出没，变幻不可名状"，古人描述，诚不欺我。突然觉得，碧云亭的云卷云舒，松涛竹风，已让我洗却尘心，旷然世外。

终于到达红佛寺。依次而进，有伽蓝殿、大雄宝殿、观音殿三个大殿。其中大雄宝殿三间，面积117平方米，内供释迦牟尼、迦叶、阿难、文殊和普贤菩萨像等。伽蓝殿的门口，竖立着《重建伽蓝殿功德碑记》。红佛寺"环顾四境：龙首昂扬，壁立千仞，上有丹书'佛'字，故今称'红佛寺'；虎地岩石争雄，一崖耸起，锋如将军把门，因名'将军岩'；南面阡陌万千，炊烟缭绕，灯火辉煌，犹如烟烛朝供；寺后玄武魁伟，层峦叠嶂，即四明山主峰是也。两涧自主峰款款而来，环抱禅院，交会于前。二龙张口相迎，呈佛坐龙心之局。真天造地设风水宝地也，怪乎伽蓝灵验，显圣十方。信众纷至，香火鼎盛。"

历经这半个多时辰的"碧云洗心"，眼前的红佛寺，果真是"妙高峰顶望，坐久顿忘机。"

红佛寺的"隐士风范"

古代剡县(包括嵊州和新昌),风景清幽,人迹罕至,既远离政坛,而实际距离又不远,能进能退,实为隐居遁世的好去处。陆羽游历论茶道,朱熹治学留书院,书圣羲之终归隐。而深山古刹红佛寺,更是吸引了众多的文人隐士题诗寄情。

如唐施肩吾诗《同诸隐者夜登四明山》:"半夜寻幽上四明,手攀松桂触云行,相呼已到无人境,何处玉箫吹一声。"

元王逵《秋日游石屋》诗:爱此好岩石,日影寒萧森,草荒虎留迹,山空猿一吟,流泉有细声,老木无繁音,忽惊飞鸟堕,机械何其深。

清袁枚《游嵊县四明山宿石屋禅林一夕而返》诗:"四明山高莫言状,两峰夹空作屏障,长篇大股气势蟠,绝地通天自开创。"

诗人们借石屋禅林,表达了清净闲散的雅兴和对生命、对大自然的挚爱之情。

隐士无双。但红佛寺伽蓝殿门前,一株200年树龄,两人合抱的青钱柳,向阳而生。初夏开花,革质圆盘状果翅,色呈黄绿,形如铜钱,内方外圆,一串八钱,甚为奇妙,故又称金钱树。取其初春嫩叶制茶,苦后回甘,可增强人体免疫力,降三高,抗衰老。这一中国独有的珍贵树种,从第四纪冰川幸存下来的孑遗植物,一路温暖陪同,一路默然回望,与风雨沧桑的红佛寺相伴而立。

隐士无言。但红佛寺之西有一岩,称作"盐峰岩"。据说当年每天能产一小碗岩盐,《剡录》中也载有"四明山有岩盐"。由于岩隙中渗出的卤水量少,经太阳一晒就变成盐。当年石屋禅院的住持和尚,每天派小和尚取岩盐。后来,老和尚想多得点儿,派人把岩缝凿大,结果淡水增多,岩盐绝迹。这正是红佛寺哲语,劝世人感恩和知足。

如今的红佛寺并无专职的和尚,但守寺的老人却深知寺院历史,你可以和他们聊天,如同与岁月与历史对话;也无招徕香客的美味珍馐,但寺侧厨房可提供清淡素斋,你可以捧起瓷碗,品尝到久违的自然鲜甜;更无商业化的香烛与布施,但殿前的香火依然缭绕,你可以虔诚拜谒,感受到无处不在的空阔禅意。

远离尘嚣,坐于青钱柳树荫之下,沏一杯泉茶,迎一缕清风,听一曲涧松,看一片朝霞,而正午的阳光从叶间洒落,温暖而平等,陶然并自在。

小黄山:九千年文明曙光

小黄山遗址,位于嵊州市甘霖镇上杜山村,是长江中下游新石器时代,早中期规模最大的聚落遗址,面积 10 多万平方米。该遗址发现于 1984 年,并在 2005 年进行了正式的考古发掘。遗址中出土了大量石器、陶器等文物,特别是石雕人首,被认为是中国新石器时代遗址考古中已发现的最早石雕人首,具有重要的艺术研究价值。此外,小黄山遗址还发现了壕沟、房基、灰坑、墓葬等遗迹,为理解当时人类的生活方式和文化特征提供了宝贵资料。这些发现不仅丰富了我们对新石器时代文化的认识,也为研究人类历史和文化发展提供了重要线索。小黄山遗址的发掘和研究,对探索长江下游地区早期新石器文化具有重要的学术意义,并因此于 2013 年被国务院公布为第七批全国重点文物保护单位。

小黄山,一个名字中蕴含着无限遐想与诗意的地方,虽不如那黄山闻名遐迩,却有着与之相媲美的自然风光以及更为深邃的历史韵味。这里,山不高而秀雅,水不深而清澈,仿佛一幅水墨画卷,静静地铺开在会稽山的余脉之下,沉睡在甘霖上杜山村。

小黄山,不仅仅是一座山,更是一段历史、一种文化、一份情怀的承载,它以其独有的方式诉说着九千年的文明故事。

一

当第一缕阳光穿透薄雾,轻轻拂过小黄山的脊背,整个世界似乎都在这柔和的光线中苏醒。山边,溪水潺潺,与鸟鸣交织成一首悠扬的晨曲,引领着每一位踏入这片土地的旅人,步入一个充满神秘与惊喜的世界。

踏上前往小黄山的旅程。车窗外，是越乡特有的青山绿水，偶尔掠过的村庄，古朴而宁静。心中不禁涌起一股莫名的激动，仿佛即将揭开一段尘封的历史。

二

随着脚步的深入，小黄山遗址渐渐展现在眼前。这是一片面积 10 万多平方米的土地，目前已发掘面积超过 3000 平方米。站在遗址之上，我仿佛能听到九千年前先民们劳作的声音，仿佛能看到他们在这片土地上辛勤耕耘的身影。

遗址内，壕沟、房基、灰坑、墓葬等遗迹错落有致地分布着，每一处都记录着先民们的生活轨迹。那些出土的陶器、石器，虽历经沧桑，却依然闪耀着人类智慧的光芒。最让我震撼的，莫过于那件石雕人首。这是一件用黑色岩石雕刻而成的人首像，面容栩栩如生，充满了古朴而神秘的气息。它不仅是中国新石器时代遗址考古中，已

小黄山

发现的最早的石雕人首，更是对先民们艺术创造力的最好证明。

凝视着路边框架上的石雕人首图，心中充满了疑惑和敬畏。我试图从这件作品中解读出先民们的信仰、审美以及他们对生命的理解。然而，无论如何努力，都只能感受到一种超越时空的共鸣和震撼。

走进遗址中，不禁被先民们的创造力所折服。他们利用简陋的工具，在这片土地上创造出了辉煌的文明。无论是精致的陶器，还是锋利的石器，都体现了他们高超的手工艺水平和独特的审美观念。更难能可贵的是，他们在这片土地上建立了长期、稳定的大型聚落生活，为后来的文明发展奠定了坚实的基础。

风，吹过九千年，我的眼前渐渐清晰，我看到了——

故事的主角是一位年轻的先民。他身材健壮，皮肤被阳光晒得黝黑，眼神中闪烁着对生活的热爱和对未知世界的好奇。暂且就叫他"玄"吧。

每天清晨，当阳光撩开薄雾的面纱，照耀在小黄山的山巅时，玄便开始了新一天的劳作。他来到部落边的稻田，那里是他和族人们共同开垦出来的宝贵土地。

该下田了，玄手持简陋的木制农具，弯腰，插秧。汗水顺着他的额头滑落，滴落在泥土中，滋养着这片土地。他的心中充满了希望，期待着秋日的丰收，能够为部落带来充足的食粮和安宁的生活。嫩绿的秧苗在微风中轻轻摇曳，仿佛是大自然对先民辛勤付出的最好回应。看着一年的收成，玄的微笑就像三月的桃花。

又是一天夕阳西下，玄和他的族人围坐在篝火旁，分享着一天的收获和喜悦，讲述着古老而神秘的传说。

小黄山的山脚下，有一条清澈见底的小溪，那是先民们生活用水来源。玄和族人们在溪边洗涤衣物、取水饮用。他们也在溪边举行简单的仪式，感谢大自然的恩赐。

日子过得平常又紧凑。在忙碌的间隙，玄穿梭于山林之间，寻找野果、野菜和可以编织成器的植物纤维。有时，他会与部落的勇士们一同外出狩猎，用智慧和勇气捕获野兽，为部落增添肉食来源。

一次偶然的机会，玄发现了制作陶器的奥秘。他小心翼翼地用黏土捏制出各种形状的器皿，经过火烤后变得坚硬耐用。玄兴奋不已，因为这些陶器不仅为他们的生活带来了便利，也成了小黄山文化传承的重要载体。

岁月流转，小黄山见证了像玄一样的先民们一代又一代的辛勤劳作和不懈追求。他们在这片土地上留下了深深的足迹和丰富的文化遗产，让后人得以窥见那个遥远而神秘的时代。而玄和他的族人们的故事，也成了小黄山遗址中最为动人的篇章之一。

画面渐渐消失，继续漫步于山林间的小径，脚下是软绵绵的青苔和落叶铺就的"地毯"，每一步都踏出了自然的韵律。空气中弥漫着泥土与树叶的清新气息，让人不由自主地深呼吸，仿佛能洗净心灵的尘埃。一路都是一抹抹浓郁的绿。山林间，树木葱郁，枝叶交错，形成了一片片翠绿的屏障，将外界的喧嚣隔绝于外。阳光透过树叶的缝隙，洒下斑驳陆离的光影，为这幽静的山谷增添了几分生动与活力。偶尔，一两只山鸟掠过天际，留下一串串清脆的鸣叫声，更添几分山野的情趣。

三

走了，就要离开小黄山了。在离别的那一刻，我深深地向它致敬。感谢它为我们留下了如此宝贵的文化遗产，感谢它为我们揭示了人类文明的起源与发展。

小黄山，不仅是一座山，更是一部厚重的历史书，一本生动的教科书。它让我们在感受自然之美的同时，更深刻地理解了人类文明的伟大与不朽。愿小黄山永远保持着它的神秘与美丽，愿它的九千年文明永远流传下去，成为我们心中永远的骄傲与自豪。

贵门山：千年书院文脉长

　　贵门山古称鹿门山，在贵门乡西北部，海拔478米。民国县志载"鹿门义塾在贵门山，宋吕规叔建，凿山垒石结构三十余楹，朱晦庵、吕东莱相继讲学于此。后圮，清嘉庆年间吕氏重建"。此处古木参天，野草丛生，时时得闻鹿鸣之声，南宋理学家吕大棋（字规叔）于此创建书院，故名鹿门书院。南洞门上书"古鹿门"，北洞门上题"贵门"，系南宋理学家朱熹手迹。南、北两洞门内侧刻有"隔尘""归云"楣额，系婺东书法家赵睿荣所题。上书院前的"演武场"，相传是当年吕祖璟为治安一方，集乡壮练武之处。是中国古代颇负盛名的高等学府。附近更有白宅墅草堂"石泉漱玉"、"梅墅堆琼"、访友桥等胜景。南宋淳熙七年(1180)，时任"浙东常平茶盐使"的朱高至嵊赈灾，访规叔于鹿门，并在鹿门书院讲学于吕规叔的居所题"贵门"两字，后人遂改称鹿门为"贵门"。是一处自然环境优美、文化积淀深厚、建筑别具一格的名人遗迹。2011年1月被公布为浙江省文物保护单位。

　　穿过村口古老的香樟树，沿缓坡而上，一座四合式二层建筑掩映在青山翠竹间。底层为石砌台基，台基之上构建木结构房屋，四面相向，檐廊相连。东侧为更楼，西侧为书院。南、北两面各建一个拱券洞，垒石而成的拱券洞上分别写了"古鹿门"和"贵门"，从拱门进去，中间便是正方形的天井，拱券洞背面的字迹成了"隔尘""归云"，苍劲的字体老出了岁月的包浆，像是这个书楼的灵魂。站在天井中，仿佛空间、时间、人物同时出现在一个平面上。所有的感官都收敛起来，天光从天井上洒下来，有风声拂过，便进入一个想象构建的意境，而想象蜿蜒，不知终处……

　　朱熹作为中国的一座思想文化高峰，显然他足迹所到之处皆成地方文化的胎记。而事实上，吕规叔才是这片山水该铭记的主角。1174 年的南宋，朝廷偏安一隅，刚过天命之年的吕规叔绝意仕途，辞官归隐了。某日，他到剡地丈母娘家走亲。从婺州一路过来，走到鹿门山一带，见"其山崖嶂干云，嶙嶒森错"，山涧时闻鹿鸣之声，只觉山水清妙适宜安放灵魂肉体。遂从婺州迁居鹿门，就此安顿下来。

吕规叔将他的政治热情全部转移到了办学上，将他的学术思想倾注到著书教学上，"凿山叠石一朝成，结构精舍三十楹"不遗余力地建成一座鹿门书院。吕规叔出身"文献世家、中原望族"，吕学强调"多方求师，不名一师，转益多师，学以致用"。自身延续的强大文化背景，理学大家的视野和胸襟，多年学官生涯的体悟和思考；使吕规叔对各种学派都抱着"兼容并蓄"的态度，使得鹿门书院的起点就很高。加上侄子吕祖谦前来鹿门书院讲学——吕祖谦是浙东学派的代表人物，与闽学派的朱熹和湖湘学派的张栻并称"东南三贤"。吕学思想在此传播，一时间学子墨客纷至沓来，各派学术相互交流碰撞，迎来了书院的高光时刻。彼时，鹿门书院和东阳的石洞书院、

贵门山

金华的丽泽书院遥相呼应，推动了南宋学术的繁荣和发展。

　　独子吕祖璟文武兼修，智勇双全，官至淮南安抚使（淮南地区的军政长官）。他治边"恩威明信，盗寇皆惊"，曾得皇帝批示嘉奖。辞官时宋宁宗写了首长诗送行，准许他还乡后继续演武训兵，便有了赐建演武更楼之事。吕祖璟继承了父亲的文化教育事业，又进行了大幅度的改革，文武兼修的培养方式使鹿门书院为封建时代的教育注入了一股清流，带来了新的气象。

　　一声声鸟鸣带来了王维和孟浩然的诗句。看着现在荒草漫漫沉寂的古道，很难想象这在古代是一条"血动脉"。南北通衢，商贸往来，鹿门书院当时既是通向婺州（金华）的要道，也是军事要塞。如果从路的来处一直看过去，我幼年"异世通梦"般的想象或许是有来历有线索的。因为，除了书香，素有"十八碗窑，三千烟灶"之称的贵门也曾点燃手工业的繁华。那些埋葬在地层里的陶瓷残片，都在讲述着这里曾是一片我们回不去的"神迹"所在。

二

"叠书岩畔草堂开,杂树无多多种梅。"把书院建成精舍,而自己的安家之处却只有草堂一间,但吕规叔终归是有文人的审美和风雅。手植的数枝梅花,每到冬天,疏影横斜,白花如海,谓之白宅墅。啜一口茶,抬眼便见青峦叠嶂,鸟鸣深涧,万物皆生欢喜。喝酒、读书、教学、做学问,有山中不知岁月的安闲和静气。花开花谢,三十余年光阴转瞬即逝,吕规叔绕过了理想的寂寥,他为人心和山脊种下了一颗种子。

淳熙九年(1182),时任浙东常平盐使的朱熹到剡地赈灾,上鹿门山寻访故友吕规叔。

遥远的古代,山道上缓缓走来一个人影。知道有朋自远方来,吕规叔内心肯定是升腾起了一种比火焰还要热烈的情绪。他急切地迎过石桥,时间在这座桥上停留了800多年,我们还能闻到友情的味道。

鹿门山水清雅,讲学之余,朱熹和吕规叔一起登游庐峰,在白宅墅草堂前喝酒品茶,谈经论文。虽然两人思想体系并不相同,有切磋争鸣,仁者见仁,智者见智,各抒己见,但不妨碍他们惺惺相惜。花期正浓,大片大片的梅花高高低低地开满山野,灿若云霞。将白宅墅的草堂也镶上了蕾丝。"阳春召我以烟景,大块假我以文章。"就像穿越剧中常常出现一种叫"梨花白"的酒,我不知道此时的吕规叔是否奉上了一壶"梅花酿"。他们在梅树下畅饮,花瓣纷落如雪,酒杯里自有气一般蒸腾的才华。800多年的光阴云遮雾障,我们永远无法窥见朱熹和吕规叔坐在一起把酒言欢的场景。但在没有影像记录的年代,有美得惊心的诗文,为往事留下注脚。看到四周老梅怒放如琼花,朱熹兴致高昂,挥笔题下"梅墅堆琼",又见村口小桥流水,喷珠溅玉,又书"石泉漱玉"。看着石刻的"梅墅堆琼"让人不由得想起李商隐的那句"桐花万里丹山路",一样带给人云蒸霞蔚、气象万千的即视感,一样堪称一次文字上的飞跃,却让人推演出不同的感受来:"梅墅堆琼"充满着积庆的喜悦和赞美,一个"堆"字,是聚集,是积淀,无论是人还是物,它的美好都成倍地累积和叠加起来了,我们都能触摸到这种厚度。而"桐花万里丹山路",视野铺展开来,苍茫辽阔,"万里"两字,来路迢迢,去路也迢迢,一言难尽一切。吕规叔将须盛赞朱熹笔意:"瘦健苍古,别具神锋"。朱熹夸吕规叔,夸鹿门书院,无以表达内心的敬仰,便以"贵门"两字相赠——从此鹿门这部烂漫的天书就有了一个厚重金贵的标题。其实,李易由给事中解职,前来投奔这片山水,就曾感慨:"鹿山今是贵门山,尽室携扶万壑间。"确实,"山有贤人良足贵"啊,这位南宋的第一位状元郎卜筑贵门,留下了大量吟咏山水风光的诗文,为此地踵事增华,也为我们留下了一幅幅鲜活的南宋山野耕作图。

老去的时间触目惊心,巨石与字迹都面目沧桑,陈年月色,旧事前欢,都在斑斑绿苔中。如雪的梅花却永远被人阅读和重温,从这个意义上来说,种下书香的吕规叔才是那个寒梅皈依的精魂。

从鹿门书院到白宅墅村,走在吕规叔行走了无数个春天的土埂路上。路边的竹篱笆上爬满了丝瓜、南瓜,菜园里的茄子、豆荚、韭菜、大蒜,一行行排列整齐、生机盎然——那些亲手种下它们的人,在播下种子的时候,就已经预想了它们的成熟与收获,一如吕规叔的辛勤耕耘。

"问渠那得清如许? 为有源头活水来。"村口两口并列的古井,恰如一个规整的"吕"字,天光云影共徘徊,也将800多年的人间烟火收纳其间。一株古椰榆"玉树临风"地立在村口,茁壮的枝干向四面伸展,冠盖如云。枝叶有一半已经透迤到水面,大有"八千岁为春,八千岁为秋"的气象。有老人在树下闲坐,像掉下的一片树叶。村庄一直在绵延——吕氏子嗣不断传递着吕规叔的血脉和基因。这里现世安稳、瓜瓞绵延、人才辈出,它反过来证明着吕规叔的眼光。吕氏门风,既通过言传身教传达,也通过家规家训传承。吕规叔在这片山水里种草栽花,种下蓝天白云,种下清风明月。有人说:"或许每个人的生命都是一条山谷,丰富与贫瘠,要看你往山谷里种了什么。种下书香,满谷清幽,自会生出青鸟。"

站在访友桥上,一阵风 ——自南宋而来,吹乱了我的头发和周边的草木杂花。桥的这端,写了红色"万岁"大标语的粉墙斑驳漫漶——大时代浪潮下总有各种内容细节留存下来,但时间的河流里没有永恒。桥的那头,一棵柿子树旁逸斜出,一个个青柿子犹如岁月的风铃,叮叮作响,打破了一场虚构的冬天。道旁的镇中庙里传来阵阵木鱼钟磬,这座风光旖旎的剡地名山,又何尝不是一卷情采丰盈、题旨悠远的经文,让千百年人人不忍释卷。吕规叔卜居此地30余年,那绵密的心事是否也像野草一样生长? "人道公心似明月,我道明月不如公。明月照夜不照昼,公心昼夜一般同。"这是朱熹对吕规叔的推崇。历史滤去了人间烟火、生活过节,只留下书声在古道上千古回荡,一颗丹心照亮了生命和岁月的通途。

独秀山：独留墨香染千年

　　独秀山，位于嵊州市西南，甘霖镇蛟镇境内，旧称刻石山，传说因秦始皇刻石堵王气而得名。清《越中杂识》记载："山名刻石，亦名穿山，又名鹅鼻。"相传为卫夫人墓地、王羲之旧游处和读书之处。《剡录》载："其（县城）南为刻石山，山旧有卫夫人碑，山之半有巨井，井有蛟。《旧经》曰：或言卫夫人碑堕此中，因以为名。"据志书记载："王羲之尝游乐于此（指刻石山），山顶广平，鹅池墨沼在焉。"独秀山西北麓有王右军祠，后来成为桃源乡主庙。旧时独秀山大悲楼和桃源乡主庙分别悬有"右军旧游地"和"右军读书处"金字匾额各一方。

　　天台山脉绵亘至嵊州境内，平淡无奇，却在城西约 10 公里处蓦然回头，孤峰突起，如一枝独秀。谓独秀山。

　　嵊地多山，且多名山，海拔不过 157 米的独秀山，在严格意义上来说甚至称不上山，却能一峰兀立，傲视群峦。因它是有底气的。

　　相传当年，秦始皇为堵王气，曾在此山挥剑刻石。故独秀山又称刻石山。

　　沧海桑田，王侯将相皆归尘土。令独秀山声名不绝的则是 1700 年前的师徒二人，以其在中国书坛乃至文化史上的高峰，托起了独秀山一峰独秀的底气。

　　我上山的时候，是江南的七月，伏热炎炎。从甘霖镇蛟镇的山脚可沿一条小路拾级而上。也可从独秀山东侧山路驱车直达。

　　山径两旁林木葱茏，绿荫结盟成网，滤去了阳光的焦热。风从各个方向吹来，人变成了风中的植物。那些树和野花野草，很多我都叫不出名字，它们亦不认得我。这样很好，我们各自有着陌路相遇的欢喜。

　　经过数百步台阶后，遇书圣亭。亭子风侵雨蚀，夜晚落满星子。相传王羲之调任会稽内史后,曾经在独秀山结庐读书,并留下鹅池墨沼。 清人有诗云:"右军已往宫谁吊？墨沼鹅池没遗踪。"

墨沼鹅池现已不存。但书圣留在独秀山的痕迹,却处处可寻。

独秀山东南有笔架山,相传为书圣搁笔之处;南坡是黄龙坪,山势起伏连绵,如游龙出海,为王羲之旧游处;北麓松林茂密,洞壑幽深,传说遇风雨辄闻乐声,王羲之曾在此遇上狐狸精,后伏狐制笔,为画龙点睛,腾空而去。

可以说,这里的很多地名与故事,多与王羲之相关。

王羲之与独秀山的缘分,则与卫夫人有关。卫夫人,姓卫,名铄,字茂漪,江州刺史李矩之妻,出身望族和书法世家,其从祖卫觊、从伯卫瓘、从兄卫恒都是著名书法家和书法理论家。自小受家族影响,又学书于大书法家钟繇,卫夫人成为一个书法高手,尤擅楷书,有《名姬帖》《卫氏和南帖》传世。后人称赞她的书法:"碎玉壶之冰,烂瑶台之月,宛然芳树,穆若清风。"《书评》对她的书法评价很高:"如插花少女,低昂美容;又如美女登台,仙娥弄影,红莲映水,碧海浮霞。"

卫夫人和王羲之的母亲为同族姐妹,因早年丧夫,与子李充相依为命,母子俩居住在王家,教授孩童书法。王羲之7岁开始就向卫夫人学习书法,可以说,卫夫人不仅是王羲之的书法启蒙老师,更是王羲之书法道路上最重要的引路人,没有卫夫人的启蒙教育,或许也就没有后来的书圣王羲之。

永和三年(347),李充任剡县(今嵊州)令,70多岁的卫夫人随儿子迁居剡县,在这一带传授书法,并穷其毕生心血作《笔阵图》,对后世书法理论和实践的发展产生了巨大影响,《笔阵图》至今仍被书法界敬仰。

卫夫人去世后,其子李充仍在剡县令上,他将母亲安葬在独秀山。时任护军将军的王羲之闻讯从京都发来唁文,即著名的《姨母哀帖》。

嵊州最早的县志《剡录》中曾有记载:剡石山,山旧有卫夫人碑。

卫夫人下葬后,李充筑墓庐守丧。李充离开剡县后,这个墓庐便成为王羲之的读书处。

近年来,嵊州市重修了卫夫人墓及纪念园,墓园背依大明寺,园内林木葳蕤,亭台楼阁,有卫夫人纪念祠、碑廊、墨池等仿古建筑,一派江南园林的韵味。墓前一眼方塘,天光共云影。

独秀山

　　独秀山虽不高，但拔地而起，一座孤峰从山岭凸出平畴，登顶极目，远山近水、村舍田畴尽收眼底。山顶平旷，有偌大一方坪地，日紫天坪，坪上古木森森，松涛阵阵。紫天坪东南面为千年古刹大明寺，依山而建，沧桑清幽。寺庙始建于后晋天福四年(939)，古名"刻石庵"，姚氏女舍宅为寺，寺后有一池，池旁有一巨石，仿王羲之书"鹅"字。东南面山岙十分幽静，观音殿、化身殿、大悲楼等殿堂坐落在此。古往今来，独秀山游客络绎不绝，文人墨客在此留下了不少诗篇。近年来，大明禅寺几经修葺，殿

234

宇越发巍峨，菩萨宝相庄严，香火日盛。

我站在独秀山顶，盛夏的阳光从树林的枝叶间落下来，铺出若隐若现的花纹。历史的天空薄脆而透明。蝉鸣如一滴墨渍般溅散开来，撕裂了久远的记忆。就算七月尾声，哪怕长夏殆尽，它久久伫守在流年时光，无穷无尽。松树是这里真正的原住民，比寺院来得更早。山前山后，石间林丛，它们安静地站着，斜着，倚着，带着东晋的风骨。想起卫夫人提出的"筋骨"之说，认为书法要筋劲，讲究"多力丰筋"，求的是风骨，是骨骼清奇，硬瘦为美。在书法品位上为后人开辟了新的美学思路。

这个时候，地理高度早已消弭，我与一座承载1700年甚至更久远的故事的山并肩而立，我没有仰望，它亦不曾俯视。天地阔契，众生皆不过一介过客。青山之外，自有更广阔的延伸，绵绵不绝。

一峰独秀的是山，但真正独秀的是人，及其所承载的精神。独秀峰背后名士云集，除卫夫人外，南朝齐时剡县县令张稷及其儿子征东将军张嵊也归葬在独秀山北麓。宋代隐居贵门鹿门山的给事中李易，曾在独秀山前的剡溪畔筑居半年，写有《卜居独秀山》诗云："剡川图上他年指，独秀山前是我家。"是他们诠释了独秀文化，反过来，又令独秀文化持续影响着更多的人。

我下山的时候，大明寺黄墙内，一树槐花纷落，如同永和五年的那场雪。

永和五年十一月，卫夫人卒，葬于独秀山。四年之后，王羲之在山阴写下《兰亭集序》。

兰亭流觞两年后，永和十一年(355)三月初，会稽内史王羲之称疾辞郡，归居剡县金庭。居剡县后，王羲之对卫夫人《笔阵图》的内容给予补充，并提出一些新的看法，继承卫夫人致力书法传授，受到剡县人民的尊崇。乡人在独秀山西北麓建王右军祠，便是至今仍留存的桃源乡乡主庙。

这一峰独秀的山，海拔157米的山，因为一些灿若星辰的名字，文化高度耸入云霄。

嶀山：古道岚风山中山

嶀山，又称嶀大山（猪大山），"嶀"在古代文献中也作"崒""嶂"，兀立于剡溪西岸，主峰在三界镇西南部，海拔 749.2 米，山峦绵亘于三界镇和仙岩镇及崇仁镇东部等地。郦道元《水经注》介绍嶀山："峤壁立临江，欹路峻狭，不得并行，行者牵木稍进，不敢俯视。"穿行嶀山古道，近览远观自然人文风光，这里视野开阔，百里山河尽收眼底，是浙东唐诗之路上的璀璨明珠。嶀山古道，又称青云梯。有长短不一的多条古道相互连接，组成网状道路体系。连接仙岩、强口、谢岩、西鲍、王舍岗、石坑、舜皇山、姚岙、嶀浦等自然村，沿途有多处瀑布和岩壁上的诗篇，有嶀山顶、嶀浦祠、谢公钓台、谢仙君祠、强口、王舍岗金钱松林、舜皇山观景台，清风岭、清风庙、龙宫寺旧址等景点。

"嶀"这个汉字，只为嶀山而存在，没有别的含义，让人顿感嶀山不一般。

相传嶀山与嵊山相连，大禹治水时凿之通流，从此嶀嵊两山呈对峙之势。嶀山兀立在剡溪西岸，以其独特的美，成为浙东唐诗之路上的明珠。

炎炎夏日，绿意葱茏，我们向嶀山出发，开启寻访之旅。首先拜谒坐落于仙岩镇强口村的谢仙君庙，里面供奉着山水诗鼻祖谢灵运。强口井与谢仙君庙比邻，当年雪后王羲之、谢安诸人路过强口，见水清澈，徘徊不能去，"虽寒，强饮一口"。强口村由此得名。眼前强口溪潺潺，强口井依旧，我不禁感叹：哦，你们也曾游览过这里。1600 年前古人的生活碎片，不经意地镶嵌入我们今日的生活，看不见，却可以用思想、语言、文字虚虚实实地去感知。

"谢灵运弹飞岩嶂，慕此地堪栖。"谢岩村是传说中谢灵运隐居地，当年谢灵运游此地，他在山上放石弹丸，意在弹丸停落处建祠。如今史迹难寻，站在村口沼福桥旁，500 年树龄的老樟树虬枝苍劲，被阳光照耀着，叶子青润、稠密，摸一下有微微的暖。

光影迷离，山崖、岩壁简素平常。有老人自豪地告诉我：马晓春是我们谢岩人。村里走出中国首位围棋世界冠军，谢岩风流依旧，这是冥冥中时代的呼应。

登嵊山，古道是要走一走的，嵊山古道历经千年，商贾、文人墨客、僧侣穿梭其间，过客的脚步、骡子的蹄声，磨得锃亮的石板，渗入石头的汗斑，承载着坚毅的过往。古道起点西鲍村，村道开阔整洁、民居高檐栉瓦，鲍氏宗祠肃穆古朴，有静谧丰盈的况味。村后的"嵊山古道"石牌坊洞开了山门。这里是谢灵运行经地之一，有天下"一斗之才"的谢灵运曾经走过，总是不一样吧？

古道曲曲折折，润色着山民的生计，它将山里的竹笋、笋干、茶叶、山鸡、果品等山货带往山外，带回生活用品与山外世界的信息。有记载，安徽宁国、广德县的大米、花生、芝麻等农副产品，靠肩挑、骡驮运到此地交易。如今其运输功能已经由盘山公路代替，骡子也淹没于烟尘，只有游客行走其间探幽怀古。

拾级而上，阳光洒满了沿途的山水，树木藤蔓密布。只见一条飞瀑穿行成涧，一瀑七折，犹如琴键，随山势梯级而下，水声如乐。这飞瀑称"石大门"瀑布。谢灵运《游名山记》载曰："石门山，两岩间微有门型，故以为称"。因为是久旱天气，瀑声清越如琴，不能作熊咆龙吟。唐代诗人方干有诗题仙岩瀑布："远鳌流来多石脉，寒空扑碎作凌澌"。涧边几处岩壁上镌刻着唐宋诗人的诗，穿行其间多了诗情跌宕。

山势豁然开阔，石坑村人家映入眼帘，山居面朝东南依山而筑，开敞响亮。人在世间，住的地方是要紧的，依偎在这日月山川好风景，可以感知其旺发之气的"气"。村中石级路高低有致，绕屋而砌，转角一朵花开、一盆花开，艳丽又随意，母鸡咯咯走过去，黄狗懒懒躺在路边晒背。中午静极了，没有一丝声息，所以我不喧闹，也喧闹不起来，只管单纯走路，或默默站会儿。

绕过庄稼地，竹林密布，脚下是羊肠土路，更加崎岖。心里想着更高处，高处风光好啊。可脚已不听使唤，一旁的朋友鼓励：慢慢走，上去！嵊峰是傲骄的巅峰，站在嵊峰远眺，百里风光尽收眼底，飘飘然如遗世独立。北望，嵊州北大门——三界镇（古始宁县城）一览无余，"泉溪引雾，吹畦风响"，那里有翠林、青禾、江流、大桥、古渡、新货轮、老街、商铺、工业区。山下一栋栋房子，望去像玩具一般小小的。打开门，里面可都是热腾腾的柴米油盐。稍远，泛白光处，便是剡溪。想到王子猷来过，谢灵运住过，李白、杜甫也来过，我便多一份欢喜。

舜皇山村是必访的。《剡录》载："北曰舜皇山,山最崇蓋,岗岭复深,有舜井焉。"村民也口口相传:村里曾建有舜皇庙,庙内有两口井,称舜井。建龙皇水库时舜皇庙、舜井被埋。一路寻访而去,只见在一层层茶树包围中,碧玉般的龙皇水库静静泛着波光,小小的水库,长长的堤坝。

舜皇山村村民的主要收入靠茶叶。这里的土地适合茶树生长,"全国茶科技第一示范园"标识赫然在目。早在1937年,当代茶圣吴觉农创办的浙江省茶叶改良场20亩示范茶园就在龙皇水库边,八九十年树龄的老茶,时间的历练赋予它们坚韧的、绵长的,可以回望的文化气息。这里是嵊州茶再出发的一个地方,老一辈茶人在这里开启了茶树良种无性繁殖的试验与示范。之后这里扩建出大面积茶园,眼前一排排茶树如翠屏密布。"舜皇云尖",这云间孢芽,兼有阳光爽俊、月辉清朗。茶韵沿着古道漾开、浸润,煮茶的风流自有茶说合,从前的珠茶或现在的龙井茶,配上岩石缝隙渗出的山泉的绝唱,陶碗牛饮、细瓷轻啜,一杯清明,饮尽古今:茶、敬茶、敬香茶。

观景台上,今天正好有一个大型茶饮直播活动,几十个年轻人忙碌着,他们的脸像七月的太阳般鲜明瑰丽,而他们在生活中奔跑的喘息和汗水,只有他们自己能感知和表达。

从观景台向东北眺望,剡溪两岸山水交映、人家散开在风日洒然中。源出覆卮山的嵊溪自东向西流入剡江,谢灵运祖父车骑将军谢玄归隐地——车骑山隐约可见。史料记载谢灵运以祖居为基础大兴土木建成"始宁墅",谢灵运以自己的美学见解和创造能力,将人工的农业景观与庄园中的自然山水和谐地融合到了一起,营造出天人合一的居住环境,成为山水建筑典范。

告别舜皇山,继续往东前行,不多久到达清风岭。清风岭因岭多枫树,原叫青枫岭。为纪念南宋时期王烈女而改名清风岭。临海王姓女子战乱时被元兵所掳,为免受辱,解押经青枫岭时跳崖身亡。刚烈女子气节感动后人,遂将青枫岭改名为清风岭,并建庙将王烈妇供为清风娘娘。庙已有700多年历史,静静地伫立在南侧岭下,古樟参差,红色外墙颇有气势。

清风庙后有登山阶梯可至清风寺。寺在清风岭顶,走古道至清风寺,俯瞰是嵋浦,即剡溪口。唐朝入剡的诗人450多位,大多到过嵋浦。李白曾感叹:"若教月下乘舟去,何啻风流到剡溪。"此处嵋山峭岩壁立、险峻,《山居赋》写道:"壁高四十丈,

嶀山

色赤,故曰照涧而映红。"谢灵运善于从现实中过滤出美来:"山水含清晖,清晖能娱人。"他也从中悟到"虑澹物自轻",悟到他的佛学。

嶀山北麓下,曾有一座绿荫华盖的龙宫寺,写下"锄禾日当午,汗滴禾下土。谁知盘中餐,粒粒皆辛苦"的唐代宰相李绅与该寺有一段缘,曾重修寺并撰重修碑记,《龙宫寺碑》是唐代楷书名碑。如今寺与碑均无存,唯剩一口黢黑的古井静静地在岁月深处向你张望,隐隐约约述说着久远的故事。消长之间,世间种种已经或正在改变,旧的东西渐渐远去,新的东西徐徐铺开,思虑之际,忽感觉有幽静的气息袭来,让人顷刻释然、安宁。

龙宫寺旧址,曾是闻名中外的天坛牌珠茶生产基地——浙江省三界茶厂。当代茶圣吴觉农曾将浙江茶叶改良场选址这里,唐代茶圣陆羽吟着"月色寒潮入剡溪",从这里开启剡中寻茶路,两个不同时代的茶圣,脚印重叠在这里。我心里一怔:古今同一时。

古今同一时,青山自不老。胡兰成在《今生今世》里说:"紫大山(嶀山),传说山上有兵书宝剑,要真命天子才能取得。我虽幼小无知,听了亦觉天下世界真有王气与兵气。"我不懂王气与兵气,回望群山之中,嶀山特立,欣欣然有灵气、有旺气。

瞻山:挺然秀峙幽剡西

　　瞻山是位于崇仁镇张村东南隅的一座小山包,海拔154米。山峰较尖,传说以来一直称为瞻山。山下有溪,相传为晋朝高僧帛道猷涤中处,故这条溪称涤中涧。是瞻山旅游景区的主要风景点之一。山下有瞻山庙,在崇仁镇廿八都村。民国建筑。祀东晋时结庐廿八都村瞻山之麓的高僧帛道猷。南宋乾道八年(1172)诏封"灵辉王",赐额曰"灵辉庙",后改称"瞻山庙"。民国十八年(1929)辛亥革命志士里人张伯岐出资重建。庙坐东朝西,占地面积800平方米,由门厅、戏台、厢房、正殿及左右偏殿组成。门厅檐廊梁枋雕刻人物花卉;戏台歇山顶,八角形藻井浮雕八仙图,四周设万字条船篷轩;正殿青石柱镌刻柱楹多副,并挂张伯岐的陆军中将匾。庙壁嵌清康熙、乾隆碑记三块。该庙在嵊西民间影响较大,与风景秀丽的瞻山共同构成一处东晋高僧帛道猷纪念地。2002年11月公布为嵊州市文物保护单位。2017年1月13日被公布为浙江省文物保护单位。

　　在瞻山,迷离于瞻山生机勃勃的山水自然风景与平易亲民的人文历史底蕴。这座宜敬宜仰,宜休闲随便走走又宜把玩深耕细作的历史文化名山,值得你食髓知味,做一番面对面的深入交流。或早或晚,或晴或雨,或春秋或寒暑,涉足此山,你会自然而然,突发一句"得其所者"的深切感喟,然后会如鱼得水,不再回头,让自己淹没于汪洋恣肆的悠然之乐,以至忘却了时间的存在和空间的阻隔,流连忘返。

　　朋友,你来吗,我在瞻山等你!

　　你如果过来,并非什么难事,心灵的神往总能催动脚下的行程,如蜀鄙之僧欲去南海,一瓶一钵足以行程万里。瞻山不远,它在嵊州西北的崇仁镇廿八都村村东,距嵊州县城约15公里,离绍兴市区也不过40分钟车程。省道绍甘线(绍兴—甘霖)、

527复线，国道104，上三、金甬、杭绍台等高速，还有杭绍台高铁，都将为你的出行提供诸多便捷。

瞻山是一座神奇之山，不过154米的高度，却素有"剡西第一山"之美称，《大清一统志》则直誉其"挺然秀峙"。在这里，有瞻仰轩、涤巾涧、洞天福地、洞天阁、灵峰台、瞻山亭、瞻山庙等历史和自然的景点、景观，等你驻足游玩。瞻山在此千年回眸，静等你的舒缓脚步轻轻起落。朋友，你若想来，无论何时，你将如农夫深入田野，预想的、期待的、意外的，终将收获多多，给自己一路惊喜。

来瞻山游玩，灵峰台是你第一站就会选择去的。这里是瞻山主山。"不到长城非好汉"，我正优哉游哉，处于轻松愉悦的登山之中。尽管有些微汗，但山风轻拂，收汗清神，树荫生凉，时可小憩，我的行进并无负担。你也不要毚觫畏惧和担惊受怕，没有山高路险，不会体力不支，更无恐高眩晕。瞻山100多米的高度，权作散步，摇一摇衣衫，能招来清风，挥一挥衣袖，与天地应和。你是你，你在山上看风景，你也是别人眼中的风景，倩衣轻扬，飘飘欲仙，踏阶登高，步入天街，神人同在，何等美妙。再看山下，溪水清清，环山而流，自北向南，过涤巾桥，走笔架山，汇入悠悠剡溪。古剡大地诗意盎然，白鸟于飞。

进入瞻山，"涤巾桥"如一重锁钥，顾庭龙先生的蝌蚪秦篆更添古意，一下带我的思绪超越那时间界河，回归到幽深遥远的历史洞观之中。涤巾桥边涤巾涧，是有故事的。此水源于北面五百岗之五龙潭白水坑瀑布。相传，东晋诗僧帛道猷在此修行，曾屠龙搏虎，为民除害，不惜牺牲，降伏了五条犯孽作乱的蛟龙，从此五龙河甘泉清流，为百姓造福，带来饮食、灌溉、洗涤之利。百姓对县猷高僧崇敬倍加，后至南宋乾道八年(1172)，廿八都村村民感恩戴德，舍庐兴庙，以资纪念和接受香火侍奉。当年诗僧道猷和尚，曾就这清澈甘洌的五龙河溪水，洗涤过头巾，大有"沧浪之水清兮，可以濯吾缨"的古意，此地遂名"涤巾古涧"。今人亦古人，你也可以仿古，掬一捧清泉以洗一路风尘，换自己一身神清气爽。此刻，我像孩子一样，挂足坐在河边，脚边清流直挠我心，我抵不住诱惑，伸足嬉水，清凉透心暑热顿消，古人有"沧浪之水浊兮，可以濯吾足"的古意，真是惬意。我还抿了一口清凉的五龙河水，领悟道猷法师德泽于民的懿德风范。

瞻山入口尚有一座造型古朴的石牌坊，上书"名山福地"。牌坊之侧喜滋滋蹲伏着一对石狮子,似乎正在迎接八方游客,那喜乐俏皮的模样,也仿佛正在给你我远客增喜添福。穿过石牌坊,便是沿山脊而上的一道石阶,500多级,在名木古松间穿行,盘往山顶,犹如见首不见尾的云中真龙。拾级而上,古树苍翠,新木茂盛,交互映辉,暑消生津。仰看长天,白云悠远,蓝天高阔。四顾来路,莺飞草长,鸟鸣婉转,杂花生树,姹紫嫣红。极目远眺,田畴广袤,百业兴盛,车走人行,生机繁茂,游人至此,心旷神怡。

瞻山绝顶,其山势奇峻,削尖山峰如青葱玉手,直指长天,故该山亦名"尖山"。瞻山峰顶,又名灵峰台,乃其绝巅,竟凭空出奇,耸立三块百吨巨石,鬼斧神工,天地造化,仿佛天外飞来,与日月星辰彼此呼应,难怪此地被誉为仙家胜境、人间福地。可惜天妒其英,巨石之一已毁于抗战烽火,痛哉惜哉。相传三方巨石,一高一低毗合,形似纱帽,曾为诗僧帛道猷礼天地以祭拜的"礼拜石"。另有一黛黑方石,平整光洁,为天地棋盘,不同凡响。昙猷禅师清风明月,啸风吟诗,对弈会友,与陈抟老祖对弈宋太祖赵匡胤的西岳华山有异曲同工之妙。古俗相因,雅事传世,嵊州围棋之乡,学棋对弈,遍布乡野,更见国手,摆擂决胜,据说多与此有深刻渊源。坐下来,摘南辰北斗以为阴阳黑白棋子,来一个推拿缠斗的棋枰天下,岂不雄哉壮哉,天下雅事!

下了瞻山,来到坐落在廿八都村的瞻山禅院,这里香烟缭绕,善男信女络绎不绝。崇仁廿八都村也是一个千年古村,印有"太建三年"字样的铭文砖,佐证了古村至迟于南北朝已有人居住的历史,距今至少1400年。瞻山禅院曾被诏封"灵辉王",赐额"灵辉庙",后改称"瞻山庙",禅院建于高僧帛道猷当年结庐修道之地,寺内供奉有昙猷大师木雕神像一尊。帛道猷,又名昙猷、法猷、东晋僧人,本姓冯,山阴(今浙江绍兴)人,也或言敦煌(今属甘肃)人。少年时修头陀苦行,学习禅定。《高僧传》称其"少以篇牍著称。性率

瞻山

素,好丘壑。一吟一咏,有濠上之风"。道猷素性率真淡薄,雅好林泉丘壑,曾经遍游两浙名山胜水。帛道猷因爱瞻山之秀,结庐瞻山之麓,悠游山林,临风采药,吟诗作词,施人医药,是其去新昌石城山、天台赤城山之前的一个道场。传说帛道猷受仙人之邀,才入天台山采药而不返,给后人留下了一段羽化成仙的千古神话,也给后人以无穷悬念和绵长相思。昙猷有诗作传世,其《陵峰采药触兴为诗》云:"连峰数千里,修林带平津。云过远山翳,风至梗荒榛。茅茨隐不见,鸡鸣知有人。闲步践其径,处处见遗薪。始知百代下,故上有皇民。"我看所描写的景观暗合了瞻山所见。立足瞻山,连峰数千里,既是夸张,也是写实,北边是莽莽苍苍、跃胜龙马的五百岗,由中华镇山会稽山逶迤南来。修林带平津,则重在写眼之所见,瞻山之南东西三面,为剡西平原,人烟鼎盛,生机繁茂。抬眼可望的嵊州小黄山,万年之前已有百姓子民生活。考古发掘更是查找到十万年前先民生活的旧石器实物。崇仁古镇内则有至今尚在使用,建于三国吴国赤乌二年的古井"上方井",足见"始知百代下,故上有皇民",此言不谬。而皇民所在,也使作者于此坐禅修行、采药布施,有了现实意义。

今之瞻山禅院,为民国建筑,辛亥革命志士、里人张伯岐民国十八年(1929)出资重建。庙壁尚嵌清康熙、乾隆碑记三块。该庙占地面积800平方米,由门厅、戏台、厢房、正殿及左右偏殿组成。门厅檐廊梁枋皆雕刻人物花卉,栩栩如生;正殿青石柱枋镌刻楹联多副,并挂张伯岐的陆军中将匾;戏台歇山顶,八角形藻井浮雕八仙图,四周设万字条船篷轩。该戏台在庙会、过年等大节日演戏悦神,闻名全国的越剧于草创之初,多次在此借台演出,在越剧史上也是浓墨重彩的一笔。坐在戏台前,我的思绪有一次涨潮,我看见了帝王将相和才子佳人在轮番走步,金戈铁马的千秋壮丽,西厢共读的春光旖旎,山阴道上的自在浪漫,从王朝兴衰到百姓冷暖,千年故事总在反复演绎。2017年瞻山庙成为浙江省文物保护单位。

好山好水,绝佳名胜,"尽日会稽山色里,蓬莱清浅水仙家。""商山坐看紫芝老,武陵无奈桃花迷。"瞻山,一座历史名山,她款款深情,在剡西等你!

五百岗:路在潺潺一水间

> 　　五百岗,地处嵊州市崇仁、谷来与柯桥区王坛交界,属会稽山脉余脉,是江南少见的火山地貌。山体主要由安山岩构成,多座火山锥分布于喷出岩构成的高台地上,形成了独特的地质景观,风景秀丽,素有"绍兴小西藏""江南小武功"之称。五百岗,又称"五龙山"。山上曾有五龙寺,《剡录》记载,东晋十八高僧之一的帛道猷曾在此禅修悟道。民间传说,五龙山有一潭,叫五龙潭。有五条恶龙时常侵扰百姓。帛道猷来此后,屠斩蛟龙,从此百姓得以安宁。五百岗主峰雄鹅峰海拔600多米,因其形酷似雄鹅鼻子而得名。据传,当年乾隆下江南,登顶雄鹅峰,遍数群山,只有499座,唯独忘却了脚下的雄鹅峰,遂成为笑谈。

　　"苍天造化五龙潭,龙潭瀑水历天干。千峰万壑疑无路,路在潺潺一水间。"

　　在江南的温柔水乡深处,隐匿着一处被岁月精心雕琢的秘境——五百岗。这里,山峦叠翠,云雾缭绕,仿佛是大自然遗落的一颗翡翠,静静地镶嵌在浙东的版图上,等待着有心人的探寻与低吟。五百岗,不仅仅是一个地名,它更像是一首悠长的散文诗,每一行都镌刻着自然与人文交织的印记,每一句都流淌着时光轻抚过的温柔与宁静。

初见·山峦的邀约

　　驱车前往五百岗,沿途是江南特有的温婉风光,小桥流水人家,稻田与荷塘交织成一幅幅生动的田园画卷。然而,当车辆缓缓驶入山区,眼前的景致便开始悄然变化,那是一种从细腻到壮阔的过渡,仿佛穿越了时空的隧道,来到了另一个世界。

　　山,一座接一座,层层叠叠,宛如绿色的海浪,向天边绵延开去。五百岗,这个名字在耳边回响，带着一种莫名的召唤，引人深入其境，探寻那藏于山峦之间的秘密。

漫步·云端的漫步

踏上五百岗的山径，仿佛步入了一个远离尘嚣的仙境。山路蜿蜒，两旁是郁郁葱葱的林木，阳光透过树叶的缝隙，洒下斑驳陆离的光影，给这静谧的山林增添了几份神秘与生动。深吸一口清新的空气，那是混合了泥土、树叶与野花芬芳的味道，瞬间洗去了尘世的疲惫与烦恼。

随着海拔的逐渐升高，眼前的景色也愈发壮观。远处，群山如黛，云雾缭绕其间，时隐时现，宛如一幅流动的水墨画。近处，山花烂漫，野果飘香，不知名的鸟儿在枝头欢快地歌唱，一切都显得那么和谐，那么自然。

行走在这样的山路上，每一步都踏出了诗意，每一次呼吸都充满了灵动，仿佛自己也化作了这山间的一缕清风，与万物共舞。

登高·览尽无限风光

终于，攀登上五百岗，眼前的景象让人心旷神怡，所有的疲惫仿佛都在这一刻烟消云散。站在这里，远眺四周，群山如波涛般起伏，仿佛置身于天地之间，渺小而又伟大。绿意盎然的草甸，如同翠色绸缎，轻轻铺展，恰是一幅壮丽而深邃的自然画卷。

五百岗，这座据说有五百座山峰组成的山脉，层峦叠嶂，构筑起了一道嵊州与柯桥的天然屏障。这些山峦或巍峨挺拔，像极了"嵊州强盗"的坚毅与刚强；或温柔缠绵，又恰似越乡女子的恬雅与羞涩。

在峰峦蝉联中，大自然的鬼斧神工，硬生生地脱颖而出一个雄鹅的鼻子，这就是主峰"雄鹅峰"。它引吭高歌，居然有了白居易"雪颈霜毛红网掌，请看何处不如君"的不羁与高傲；它悠然轻吟，又有了王驾"鹅湖山下稻粱肥，豚栅鸡栖半掩扉"的轻快与闲适。

山风轻柔，隐隐地，我似乎看见东晋十八高僧之一的帛道猷身着一袭朴素的僧衣，盘膝坐于一块平整的大石上，闭目凝神。他呼吸着山间清新的空气，感受着大自然的脉动，仿佛与天地万物融为一体。他的思绪在空灵的境界中自由翱翔。阳光逐渐变得强烈，但帛道猷却仿佛置身于另一个世界。他的脸上洋溢着平和与满足的笑容,那是他对生命的本质、宇宙的奥秘的彻悟。

时光略去,我又仿佛看见乾隆皇帝登临五百岗,在这雄鹅峰顶遍数山峦,数来数去,只数得 499 座,唯独忘却了脚下之峰,给清风明月上添了一份笑谈。

思绪如雾气般缥缈,远处的村落、河流、田野,都变成了小小的模型,静静地躺在大地的怀抱中,讲述着属于它们的故事。这一刻,时间仿佛凝固,让人忘却了世间的纷扰,只想沉浸在这份宁静与美好之中。

寻觅·古道的回响

五百岗,不仅以其自然风光著称,更因其深厚的历史文化底蕴而引人入胜。在这片古老的土地上,隐藏着一条条古老的驿道——孙家岭古道、蹬地尖步道、大肩山步道、九曲岭步道。这些古驿道曾是贯通绍兴与嵊州的重要通道,见证了无数商旅的足迹与历史的沧桑。沿着这些被岁月磨砺得光滑的青石板路前行,每一步都踏出了历史的回响,仿佛能听到古代行人的低语,感受到那份穿越时空的共鸣。

在这些古道上,散落着一些古老的村落。它们静静地守候在岁月的长河中,诉说着过往的辉煌与落寞。走进这些村落,可以看到古朴的民居、精致的木雕、斑驳的墙壁,每一处细节都透露出岁月的痕迹和文化的积淀。村民们依旧保持着传统的生活方式,日出而作,日落而息,与世无争,仿佛时间在这里放慢了脚步,让人心生向往。

感悟·心灵的归宿

傍晚时分,群山又披上了一袭神秘的紫纱。夕阳的余晖洒在山巅之上,将群山染成了金黄色、橙红色,乃至深紫色,色彩斑斓,美不胜收。此时的山风,似乎也带着几分凉意与宁静,让人心旷神怡,忘却尘世的烦恼。

夜幕落下,群山归于沉寂。星空璀璨,银河低垂,仿佛与群山相连,构成了一幅浩瀚无垠的宇宙图景。山间万籁俱寂,只有偶尔传来的虫鸣和远处的溪流声,打破了夜的宁静,更显得这山岗的深邃与神秘。

五百岗之行,不仅是一场视觉的盛宴,更是一次心灵的洗礼。在这里,你可以暂时忘却尘世的烦恼,让心灵得到真正的放松与宁静。站在山顶,望着那无边的云海和连绵的山峦,你会不由自主地思考起生命的意义与价值。或许,我们都在

五百岗

忙碌地追求着什么,却往往忽略了身边的美好与宁静。而五百岗,就像是一个温柔的提醒者,告诉我们应该学会放慢脚步,去感受生活中的每一个瞬间,去珍惜身边的人与事。

尾声·再会五百岗

回望五百岗,心中充满了不舍与留恋。五百岗,它是一首未完的诗篇,一幅流动的画卷,一段永恒的记忆。在未来的日子里,无论我走到哪里,都会记得你给予我的那份宁静与美好。我相信,终有一天,我还会再次踏上这片土地,与你重逢在那!

沃洲山:最是眉眼盈盈处

沃洲山位于新昌县沃洲镇,是历史上的道教名山和佛教名山,道籍称之为第十五福地。沃洲山最高处位于沃洲镇沃洲村,是沃洲、南明、儒岙三地交界处,最高峰海拔850.5米,地理坐标为北纬29° 24′,东经120° 58′。

沧海桑田皆沃土

沃洲山因沃洲而名,沃洲原为水名,语出《尔雅·释水》:"沃泉悬出。"后为石桥溪(今称新昌江)中的小洲,民国《新昌县志》载:"沃洲,县东二十里,自桑园分派,石笋汇流,中壅沙潭,长里许者曰沃洲。平坦幽闲,丛生兰芷,泉甘土肥,民以殷实,故名。"洲之北,与天姥山对峙的山脉即为沃洲山。

为祛灾兴利,灌溉发电,保证居民饮用水,1978年,在沃洲山之南建成长诏水库。2020年,在沃洲山之北建成钦寸水库。"水是眼波横,山是眉峰聚。"沃洲山正处于两大水域间,波光潋滟处,眼波传情中。当年,白居易在《沃洲山禅院记》中把最好的颁奖词送给了沃洲天姥:"东南山水越为首,剡为面,沃洲天姥为眉目。"如今,这眉目越发楚楚动人了。

得地理之优势,沃洲山山光水色惹人醉。登高望远,南有天姥北有七星峰,东有东岕山对峙,群山簇拥,明珠镶嵌。水如天,山映水,或浮光跃金,或静影沉璧,或云蒸霞蔚,或仙雾缭绕,既是新昌和宁波的"大水缸",又是一道柔情万千的风景线。

漫步湖畔,村落,古道,四时景不同,乐亦无穷:西山茶园里深山含笑纯白而浓得化不开的香,真君殿岭上油菜花与湖水与你与蝴蝶们的脉脉含情,是春天里不能错过的第一道风景;西桥弄、老屋基以及其他村前屋后樱花似雪,沃洲村"桃之夭夭,灼灼其华"让春光不老;高来稻田麦田让丰收的喜悦与诗意的浪漫同时得到满足;赤坑口的初见桥与水杉林的红是最温柔的相遇;梅林山的梅花红满整个山坡,喜庆了整个季节;天姥阆苑的四季瓜果采摘游让味蕾满足,让身心愉悦;薰衣草庄园、大坪头、银顶山相继成为网红打卡地……

沃洲山有"甜地"之称的玄武岩台地,农特产品丰富,已形成茶叶、小京生、板栗、蔬菜、水果、花卉等六大支柱产业,是名副其实的沃洲。尤其是被誉为"长寿果"、有着"小蛮腰"美称的小京生的最佳生产基地,这里的小京生曾为贡品,清末民初就驰名全国。这里的西瓜甜而脆,牛心柿味甘汁多,各种蔬菜都自带甜味,深受市场青睐。

"夫有非常之境,然后有非常之人居焉。"晋元帝太兴初(318),应郭璞之预言,剡人果于井中得一钟,证明沃洲山在晋以前就有人类聚居。鳌峰梁氏是宋、明名门望族,骚人墨客纷纷会文访友,驻足盘桓。杨万里访梁总之,欣然挥笔"四面环溪溪外山,置身浑在水云间"等佳句。朱熹访梁叔平,夜宿村南清虚庵,宾主以"来月轩"为题,作诗酬和留下佳话。元末明初,梁贞助朱元璋建国,官至国子监祭酒。明洪武五年,著名学者方孝孺,承师宋濂之命,晋谒国子监祭酒梁贞,并为鳌峰梁氏宗谱作序。

被毛泽东称赞为"红色法律专家"、被誉为人民法制和人民司法的开拓者和奠基人梁柏台从沃洲山麓走向革命的战场,以身许国。开国将军沙风出生在沃洲山梅林山村的一个普通农家,戎马一生,彪炳史册。

佛道并济传福音

沃洲山是道教名山,《洞天福地记》《天地官府图》称之为第十五福地,"上帝命真人治之,其间多得道之所"。沃洲山就是这样的得道之所。东晋、南朝时期,即有众多道教人物在此相聚。据《晋书·王羲之传》载,誓墓辞官之后的王羲之迷恋道教,悠游沃洲山,放浪形骸,企求长生之秘诀。

南朝茅山道士陶弘景在他的《真诰》里说:"孔璪贱时,杜居士京产将诸经书往剡南墅大墟住,始与顾欢、戚景玄、朱僧标等数人共相料视。""大墟住"就是后来的大市聚,今沃洲镇。

《南齐书·顾欢传》卷五十四记载:"(顾欢)在剡天台山开馆聚徒,受业者常近百人。"剡天台山是指剡东南地域,即今沃洲山、天姥山一带,南朝上清派道士顾欢晚年在此节服食,事黄老,搜集杨,许真迹,编撰成《真迹》。后卒于剡山,后人改其隐居地为欢溪、顾儒岭,即在沃洲镇。谈经论道的还有戚景玄、朱僧标、杜京产等,为沃洲山注入了缥缈的仙气。

"连峰数十里,修竹带平津。"白道猷的第一首山水诗描摹了晋代沃洲山的原始气息,这种素朴之美磁铁一般吸引着魏晋高僧们。东晋高僧、佛学家、文学家支遁晚年向隐居东岇山的竺道潜买山而隐,一时传为佳话,他在沃洲小岭立寺行道,养鹤放马,著铭戒堕,僧众百余,使沃洲山成为中国最早的佛学院。他建的沃洲精舍一度成

沃洲山

为新昌县区域内规模最大、历史最为悠久的寺院,在历史长河中经历几度兴衰依然香火不息。唐代白寂然重建为沃洲山禅院,白居易写了脍炙人口的《沃洲山禅院记》,大大提升了沃洲山的知名度和文化内涵。宋代修建并改名为真封院、真觉禅寺。如今,沃洲禅院已经消失在历史的烟云里,其香火依然在附近香林寺、傍山寺、真君殿中绵延,福佑一方百姓。真君殿里有三白堂,纪念开山的白道猷、重兴的白寂然、垂文的白居易。沃洲水电站里的三白亭里,也刻着这篇碑记。

当时"非常之人"集聚沃洲。竺道潜、支遁等十八高僧或隐居修行,或讲法论义,促进了佛教般若学的传播。戴逵、王羲之等十八位高士名人或游或止,吟诗论文。其实,十八只是一个概数,而这些响当当的名字每一个都有分量,他们汇聚在山间林下、峰头泉边,不知会碰撞出多少文化的电光石火。不仅仅是三月三,而是日复一日,年复一年,其文化影响力绝对不会逊色于兰亭雅集、白莲社等著名集会。

如许风流皆被雨打风吹去。幸好真君殿还在,可以让我们触目抒怀,略忆往昔之峥嵘。"石氏宦归,浮石附舟"的传说温暖动人,后琢像,刻画宋东京留守宗泽之容,祀忠正之操守。明代称石真人庙,沿袭了沃洲山浓郁的道教色彩。《万历新昌县志》载:"殿宇巍峨,神灵赫濯,秉香执烛者络绎不绝,朔望愈盛,为新邑之冠。"当时盛况空前,其建筑艺术也颇具欣赏价值。山门、戏台、回廊古朴典雅,木雕、砖雕、石雕、彩绘、壁画无不精美。尤其是大殿前檐一对西坑青石悬雕的蟠龙石柱,龙身间隙还雕有八仙过海的图案,刻画细致,形象逼真,堪称石雕艺术之精品。

诗三百里留雅韵

"此中久延伫,入剡寻王许。"李白、杜甫等唐代诗人纷至沓来,走出了一条翰墨飘香的唐诗之路。在《天姥山唐诗三百首》中,吟诵沃洲的唐诗竟有115首,占全书的三分之一,足见沃洲山在唐代诗人中的地位。唐以后慕名而至、吟咏诗文者络绎不绝。统计《天姥山诗选三百首》《东峁志略》《沃洲山志》,有150多首沃洲诗歌,加上魏晋时期和今人诗作,共有300多首诗歌吟咏沃洲,沃洲山成了名副其实的唐诗之路精华地,诗心自在的样板地。且从诗句中去寻找这一份属于沃洲山的风雅。

"五松何清幽,胜景美沃洲。"仗剑天涯的李白以沃洲为尺度度量他所钟情的美景,沃洲之美沉淀在了他的生命里、血液里;"月在沃洲山上,人归剡县江边。漠漠黄花覆水,时时白鹭惊船。"(朱放《沃洲山月》)清风朗月下,照着我们的这轮沃洲山月,也映照着唐代的诗人们,清流婉转,水声潺湲,岸边植物茂盛,有藤蔓垂挂,有黄花满山,白鹭的身影时不时擦过船舷,如此清幽沃洲怎么不让人沉醉? 怪不得刘长卿为沃洲写下十二首诗:"莫买沃洲山,时人已知处""沃洲能共隐,不用道林钱",传递了众多钟爱沃洲人的心声。"师问寄禅何处所,浙东青翠沃洲山",中唐诗人鲍溶眼中的苍翠与禅意很有代入感,延续至今。

宋代的沃洲有些沉寂。知县吴处厚慕名游真封院,"先至养马坡、陟鹅鼻峰,入门谒道猷影堂,访支遁庵基,观锡杖泉,眺放鹤峰,徘徊而还",物是人非,"入门触物皆荒凉"。陆游有六首诗写沃洲,"沃洲在何许,秋叶红未凋""卖药来查浦,听猿到沃洲",山静人寂,声色俱丽,依然拨动着诗人们的心弦。

昔人已去,风韵犹在。以《放鹤峰》为题就有十三首诗,"两村鸡犬声相闻,万壑烟霞景色幽",明代王世相眼中的沃洲天姥间云霞明灭,恍如桃花源,"坐久浑忘尘世态"。"松桧雨余山抹黛,蒹葭风起水拖蓝"这是清代吕作心笔下的沃洲山,草木葳蕤,山清水秀云飘逸,依然是超然物外的人间仙境。

"连峰倒入湖光里,粼粼千顷豁吟眸。"时光荏苒,诗韵千年。无论什么年代,无论哪个季节,登沃洲山,看山水相依,湖畔茶香袭人,田间乡愁绵长,处处诗意盎然,让人心旷神怡,宠辱皆忘,乐而忘返。

所以,从魏晋开始,沃洲山一直是令人向往的诗意栖居地。

而今,"志在蓝天"的航空梦正在把沃洲山诗画江南的无穷韵味带向更美的诗和远方。

鼓山：崇文守正一脉传

　　鼓山，一名屏山，原在新昌县城西郊，离县治一公里许。县城扩大后，鼓山已在城中。现位于七星街道上石演村，以鼓山为中心已建成鼓山公园，东接新昌江，南临鼓山路、西昌路，西抵新中路，北侧为城中村，占地约 628 亩。鼓山公园最具标志性的就是山顶之上的天姥阁，高约 35 米，与天姥山遥相呼应，山顶最高处海拔（非建筑物）115米，地理坐标为北纬 29° 30′，东经 120° 53′。

　　"万绿阴中一径斜，高低楼阁是仙家。"鼓山是一座历史文化名山。2016 年开始，县政府作为民实事工程全力打造唐诗文化园，在保留山体古木的背景下，总投资 15亿元，因地制宜建设了入口广场、文化休闲、生态山林、天姥览胜、滨江休闲、运动健身等六大区块，以文化为底色，擘画了可登、可憩、可观、可游、可学、可健身，可怡神的文化新高地，集浙东唐诗之路之精华，展一邑文化之窗口，不仅是新昌山水品质之城的"点睛之笔"，也是唐诗之路上一个地标式的主题公园。

　　从山脚起步，有数条登山道可以拾级而上，小路仄斜，古木参天，四季花香，鸟鸣上下。山顶平坦如砥，楼台掩映，耸入蓝天，恍如进入了绝尘缥缈的天上街市。山上山下自在徜徉，自是乐而忘返，俨然成了附近居民的后花园。"每天早晚都得来走一趟，就像自己家的后花园，走走身体好，心情也好。"家住鼓山脚下的林女士说起来满脸都是幸福。

　　鼓山之得名，源于山之形状。从《一统志》《会稽志》到历代县志都有记载：鼓山，又名屏山，脉自旗峰，降于平衍，岿然特起。圆顶若鼓若屏，有泉池可田。山横截水浒，为邑之门户。鼓山平地出山峰，可谓异军突起，又山水相依，自然灵动。三溪绕其西，四明倒影，可吊知章之狂放。三溪即剡溪，今新昌江。所以鼓山地处唐诗之路水路和陆路交汇处,古来皆交通要道。明邑人尚书何鉴的诗曾描绘了一幅全景图:"丘壑岚光人自爱,云林晴色鸟争呼。望迷千黍连万亩,路转荆棘入坦途。远脉孕钟天姥秀,长川壤接剡溪纡。"

从山脉的宏观态势看,鼓山处在天台、四明两大文化名山的正中间。同时,站在山顶往南看,见"(磕山)旗山如旗",与鼓山成南北对峙之势,"旗鼓争雄",是一个特具阳刚之气的宏伟景观,被列为县城八大景观之首,为县廓之风门水口。

从地理高度来看,鼓山乃一小丘耳,海拔只有115米,但其文化高度却足以让人望其项背。

魏晋风骨今尚在

永和十一年(355),即兰亭雅集之后的第三年,王羲之厌倦了不属于他的官场生活,誓墓辞官,选择自己想要的人生。《晋书·王羲之传》载:"……栖心绝谷,修黄老之术。与东土人士尽山水之游,弋钓为娱。又与道士许迈共修服食,采药不远千里……穷诸名山,泛游沧海,卒当以乐死。"王氏家族是天师道虔诚信徒,晚年的王羲之对道教迷恋更深。"两火一刀可以逃"的剡东新昌适合他,而鼓山"其地可锄,有药堪饵"。"奚翅沃洲,岂让天姥。结庵紫芝,爱居乐土……右军镌石,鼓山同峙。"(王羲之《鼓山题辞》),在经历了世事浮沉之后,他觉得鼓山才是自己寻找的乐土。于是,在这里采药炼丹、结庵,还置有田宅,建造过别墅,不是路人,是定居。唐代平阳公路应撰的《唐越州剡县鼓山王右军祠堂记》,记载王羲之"晚年托迹炼丹鼓山,创紫芝庵,置山市田。其孙相国尚之居剡,立祠于山麓,以奉祀事,轮奂翚飞,成一方千古之壮观"。

于是,魏晋名士高僧也纷至沓来,他们相谈甚欢的背影,他们弹琴泼墨的情形历史会记得。历史有时很残酷,曾经的风华总被雨打风吹去。如今漫步鼓山,找不到紫芝庵、炼丹炉,找不到王羲之孙子王尚之建造的壮丽辉煌的"王右军祠堂",但是"鼓山王右军祠堂遗址"仍在,《鼓山题辞》赫然入目,民间建造的"王右军祠""书圣纪念馆"里保存了新昌人民对一代书圣的热爱与缅怀。公园入口处的浮雕也很好地保留了这份历史记忆。

就这样,魏晋道家文化与宋代儒家文化的基因流淌在鼓山的历史文脉中,这种文脉在起点上就具有了很高的品位和广泛的影响。

唐诗之路传佳话

鼓山地处唐诗之路水路和陆路的交汇处。"月在沃洲山上，人归剡县江边"（朱放《沃洲山月》）。唐代诗人，追慕魏晋遗风，载酒扬帆在剡中山水中寻求灵魂的慰藉。一路沿曹娥江，溯剡溪而上，溪畔鼓山可以歇脚忘忧，可以登临怀古，可以继续摇橹

鼓山

前行,可以转为陆路,从柘溪铺、小石佛、班竹、三关三岭,直上天姥山。这里人影交错,桨声欸乃,他们在这里对酒当歌,吟诗抒怀,鼓山顶的月光,鼓山脚的流水,永远珍藏在了他们生动的文字里。

于是把鼓山公园建成唐诗文化园,在鼓山顶建设唐诗之路博物馆是自然接续了历史的文脉,恰到好处地留住了历史的刹那芳华。

如今,唐诗的元素渗透到了每一个角落,每一寸土地。景区导览柱上,垃圾桶立面,都有一句或一首唐诗。唐诗小径上有唐诗刻在石头上,是名副其实的唐诗之路。365米长的时光之河畔,有从魏晋到明清的诗路名人塑像,娓娓讲述了诗路故事,可以让你穿越历史,和王羲之、支遁、竺道潜、李白、杜甫、白居易一起走一遍诗心自在的唐诗路。每到夜间,路灯把一首首著名的唐诗投影在你所经过的路上,让你边走,边读,硬是把一趟普通的散步走成了一次沉浸式的研学之路。

步青云梯上山顶,西为新昌国家基本气象站,二十四节气二十四首唐诗,立在青绿的草地上,诉说着唐诗与节气的亲密关系。最值得观瞻的就是唐诗之路博物馆了,由诗路文化陈列、唐诗文化碑廊、天姥阁三部分组成,带你全面了解新昌的历史文化和唐诗之路的前世今生,是游历新昌的首选之地。

在诗路文化陈列馆,你可以走进"洞天福地",领略"诗路绝唱",遇见"寻梦诗仙",一路领略新昌的名山文化,一起感受魏晋的诗路渊源、唐代的诗境超绝和宋代的诗韵儒学,系统梳理新昌的历史文脉。

"天下禅林宗曹溪,唐诗之路尊新昌。"在唐诗文化碑廊,你可以从书法、文学和历史的角度去欣赏王羲之、李白、白居易、徐渭等历代名家题写的有关唐诗和新昌的碑刻,共有25块,皆世所罕见。

这里最高大的地表建筑是天姥阁。其建筑本身就是一首隽永的唐诗,耐人寻味。"梦回天姥"展陈不仅图文并茂,更以声光电的现代科技手段让你身临其境,轻松实现唐诗之路之穿越。登临天姥阁,"会当凌绝顶",近览新昌城,唯见新昌江远入天际流,大佛寺梵音袅袅,远眺"天姥连天向天横",自有诗性勃发,感慨系之。

书声琅琅千载远

早在北宋天禧年间(1017—1021),在鼓山之东南坡就有书声琅琅,与虫唱鸟鸣应和着,成为一道亮丽的文化风景。

新昌著名教育家石文澄、石待旦父子创办书院,石氏子孙纷纷在此读书,太常博士石亚之弃官归隐读书,开创了读书明志、诗礼传家石氏家风,出现"四世连科""祖孙父子叔侄蝉联科第"的科举奇观,可谓"同朝十学士,六部五尚书,跻跻冠裳夸右族;一门三状元,四代九御史,巍巍甲第羡名家",书写了越中科举世家的神话。相传,北宋文(彦博)、杜(衍)、韩(绛)、吕(公著)四相也曾拜于石氏门下求学,至今尚有四相潭遗迹。

后一代儒宗石墪在鼓山书院讲学传道,"四方来学者甚众,类皆当世名士登显宦者",朱熹、程颢皆来此讲学。于是"伊洛学始入越",书院成了传播程朱理学的重地,出现了继魏晋遗风、唐诗文化之后的第三个文化高峰,是名副其实的文化高地。宋代新昌出了5名状元、141名进士,位居绍兴市第二,书院功不可没。

崇文守正之风,一直是新昌精神的重要组成部分,嘉靖十三年、清嘉庆间、光绪二十三年在当时知府、知县及富绅的努力下书院得以一次次重修,保护。2016年,新昌县投入资金1200多万元,启动鼓山书院修复和布展工程。走在卵石铺就的天井,踏上青石板地面,走进木结构房子,《书声千载——鼓山书院历史文化陈列》让你真切感受新昌的儒学文化与教育文化。自2019年11月开放以来,鼓山书院深受省内外领导专家、研学团队和广大市民的欢迎,已成为参观热点、研学基地和文化地标。

来鼓山吧,开启不一样的文化之旅。除了道教、儒学、唐诗、教育文化源远流长以外,山脚下的图书馆、档案馆和博物馆让你走进文化的宝库;山腰有鼓山小学,让孩子们清亮的读书声点亮你的双眸;山的西面有指向未来直面创新的科技馆,让我们的明天不再遥远。

石城山:千年古韵话佛缘

　　石城山,在新昌县城南三里许,因"千仞壁立,嵯峨怪石,环布如城"而得名,又名隐岳、南明。石城山坐落于南明街道,山不高而秀,峰不险而奇,最高峰南明山巅,虽海拔不过 155.6 米,却犹如一颗镶嵌在天台山脉西陲的瑰宝,为天姥山余脉,享有"天台门户"之美誉。山中大佛寺乃千年古刹,寺内弥勒大佛和千佛龛像,属中国南方仅存的早期石窟造像,被誉为"越国敦煌"。晋代高僧昙光、支道林、于法兰曾在此隐修弘法,唐代孟浩然、刘长卿、罗隐等历代文人墨客,留下了诸多千古绝唱。2009 年,作为天姥山风景名胜区的核心景区之一,被国务院列为第七批国家级风景名胜区。2013 年,大佛寺的石弥勒像和千佛岩造像成为全国重点文物保护单位。

　　"山不在高,有仙则灵。"这句古诗在石城山可以找到最生动的注脚。最高峰海拔仅 155.6 米的石城山,凭借其深厚的佛教文化根基,南朝绝无仅有的石窟造像,以及吸引无数文人墨客前来吟咏的无限魅力,成了世人眼中不可多得的灵秀圣地。山中古刹幽静,寺内大佛庄严,它集合了名山之秀、名寺之灵、名人之韵,不仅是自然的杰作,更是文化与历史的璀璨明珠。在这里,自然与文化交织,历史与传说辉映,每一处景致都镌刻着过往的辉煌,每一寸土地都蕴藏着动人的故事,每一缕清风都诉说着千年的传奇与不朽的辉煌。

高僧弘法　佛教源起

　　石城山的佛教文化源远流长,可追溯至晋代甚至更早。据史书记载,东晋高僧昙光于永和初年(345)在此地隐修弘法,开山立寺,播下了佛教的种子。昙光大师精通佛法,巧妙地将佛教教义与儒家、道家思想相融合,为佛教的中国化奠定了坚实的基础。随着他的习禅弘法之路逐渐展开，石城山逐渐成为吸引信徒与学者纷至沓来的佛教圣地。

同时，支道林、于法兰、于法开、于道邃等中国佛教高僧大德会聚于此，他们驻锡建寺、游历参学、登堂说法，运用"格义"之法，深入浅出地诠释佛教般若学经典。尤其是支道林在般若学上的卓越贡献及其倡导的弥勒信仰，对中国佛学的发展产生了深远的影响，石城山因此成为高僧大德归隐之所，也是天台宗祖庭之一。据史书记载，作为佛教中国化标志的大乘佛教般若学"六家七宗"，除道安一宗在北方外，其余六家六宗皆在剡东石城山这片沃土上生根发芽。这一史实，无疑为石城山增添了浓厚的佛教文化色彩，新昌石城山见证了佛教从外来宗教逐渐融入中国文化的历程，成为连接古今、沟通中外的文化桥梁，让后人得以领略佛教中国化的独特魅力与深远影响，进一步巩固了其作为佛教中国化发祥地的历史地位。浙江新昌因此享有"东南佛国"的美誉。

石窟造像　匠心独运

"僧过不知山隐寺，客来方见洞开天"。在石城山，山中藏古刹，寺内藏大佛，距今已有1600多年历史的大佛寺无疑是最耀眼的存在，其间山青谷翠，岩险石奇，修篁夹道，古木参天。据《高僧传》记载，东晋高僧昙光慕名而来，坐禅半山石室，初创"隐岳寺"，即今日大佛寺前身。寺内石窟中，石弥勒像系南朝齐梁年间（486—516），由僧护、僧淑、僧祐三代高僧历时30年依山雕凿而成，气势磅礴，高大巍峨，世称"三生圣迹"，"属南朝造像绝无仅有的巨构"。佛像高14.05米，连基座通高16.3米，两膝相距10.6米，双手呈禅定印，结跏趺坐，鸿姿巨相，螺发广颐，面容慈祥，目光深邃，嘴角微扬，仿佛正以无尽的慈悲俯视芸芸众生。

与石弥勒像交相辉映的，是毗邻而居的千佛岩石窟造像群，千佛院初名元化寺，东晋时期由高僧于法兰、于法开师徒创建（345—350），南齐永明三年（485）开窟，与石弥勒像同期，造小佛千余尊，后称千佛院。寺内两窟毗连，壁上有龛像1075尊，这些造像精美绝伦，各具特色，它们或坐或立，或悲或喜，形态各异，栩栩如生。每一尊佛像都凝聚着匠人的心血与智慧，展现了佛教艺术的独特魅力。

石城山石窟造像是佛教中国化历史的见证者，也是新昌佛教中国化发祥地的实物证据。其工程浩大，工艺精湛，震惊当世。南朝著名文学家、《文心雕龙》作者刘勰曾为其撰写《梁建安王造剡山石城寺石像碑》记，誉之为"不世之宝，无等之业"。"命世之壮观，旷代之鸿作"，是对它们恰如其分的赞誉。

大佛寺内，除了令人叹为观止的石弥勒像，还保存着大量古代建筑和珍贵的佛教文物。精心建设的传世之作，亦不断丰富着其石窟艺术与文化内涵。佛心广场的庄严、栖光寺的幽静、卧佛殿的宏大、般若谷的禅意，无一不彰显着大佛寺与时俱进的生命力，使其成了一个既古老又充满活力的精神殿堂。

千古绝唱　墨香四溢

石城山不仅以其佛教文化的璀璨夺目著称，更因其秀美的自然风光和深厚的文化底蕴吸引了无数文人墨客。自古以来，无数文人雅士慕名而来，在此留下脍炙人口的诗篇。这些千古绝唱不仅记录了石城山的美丽与神奇，更赋予了它无尽的文化内涵与艺术魅力。

被李白尊称为"孟夫子"的孟浩然，在石城山写下了《腊月八日于剡县石城寺礼拜》，"下生弥勒见，回向一心归"。诗中流淌的是对佛门净土的虔诚与向往；刘长卿隐居石城山白云庄碧涧别墅，喜迎好友皇甫冉相访，在此互赠诗篇，传为佳话。贯休《送僧归剡》《送道士归天台》，字里行间透露出对超脱尘世的羡慕与追寻。许浑的《春早郡楼书事寄呈府中群公》，将石城春色与心中情愫交织，绘就一幅幅动人的画卷。罗隐诗中对"往岁相逢话石城"的追忆，赵嘏《早发剡中石城寺》"回首尘中见此山"的离愁，亦无不展现了诗人们对这片土地的深情厚谊。

唐代诗人张祜笔下的石城寺，陆龟蒙的山僧生活，李贺的石城晓色，李群玉送友人的依依惜别，每一首诗都是对石城山独特风貌的细腻描绘，也是诗人内心情感的深刻抒发。这些诗词，如同串串珍珠，串联起石城山千年的文化脉络，让后人得以窥见那个时代的风华与雅致。

隐岳洞的幽深、怀齐己的思念、游南明山的惬意，再到北宋吕声之、南宋王十朋对石城山的深情游览，无一不彰显着石城山作为文化圣地的独特地位。在这里，自然之美与人文之韵交相辉映，形成了一幅幅动人心魄的诗意画卷。千古绝唱，墨香四溢，石城山以其独有的魅力，成了中华文化宝库中一颗璀璨的明珠，熠熠生辉。

石城山

石城山的历史沿革，就像一部丰富多彩的历史长卷。从东晋开山初建大佛寺，到南朝乃至唐宋时期的佛教文化繁荣；从明清时期的修缮扩建，到近现代的保护开发、传承发展，石城山始终以其独有的韵味和魅力，吸引着无数世人的目光。近年来，新昌县政府加大对石城山的保护力度，强化活态传承，推动优秀传统文化的创造性转化和创新性发展，使得石城山迎来了前所未有的发展机遇。特别是石城山上投资2000万元，建成了全长6公里的多功能生态环山步道后，这方充满灵性的土地，不仅是祈福旅游的绝佳胜地，更成为现代人集休闲步行、登山健身和景区观赏于一体的绝佳去处。石城山，以千年的古韵和无尽的佛缘，迎接着每一位到访者的心灵之旅。

南岩山：海迹神山石窟深

> 南岩山，坐落于天姥山脉西北之隅，东临新昌江，西拥澄潭江，两水环抱，向北汇入刻溪。此山因地壳运动而成，山顶最高处海拔205.1米，现今隶属于七星街道南岩社区。南岩山山体主要由白垩纪（距今6500万年前）的海相沉积岩构筑而成，岩石中镶嵌着螺壳化石，岩壁陡峭如削，洞窟星罗棋布，构筑出千姿百态的"石窟世界"，蔚为壮观。山麓之下，千年古刹南岩寺庄严肃穆，静谧祥和。相传，大禹治水之际，东注之水积沙成岩，造就了此山，被誉为"海迹神山"。《庄子》笔下的"任公子钓鳌处"亦隐匿于此，半壁之钓矶，山巅之古台，皆为南岩山蒙上了一层神秘的面纱，引发人们无尽的遐想。

"南岩寺，本沧海，任公钓台今尚在。"唐代诗人齐顗在《宿南岩寺感兴》的开篇，便以寥寥数语引领着世人穿越历史长廊，探寻南岩山那跨越千年的前世今生。在这里，上古遗址与瑰丽神话交汇，丹霞奇观与大自然鬼斧神工相映，古老的传说与悠扬的梵音共鸣，共同编织了一幅幅动人的历史画卷，承载着千年的风霜与文化血脉的传承。

南岩山，这座被誉为"海迹神山"的圣地，不仅是一座蕴藏着地质奥秘的宝库，更是一片神话与诗禅相融的净土。岁月悠悠，历史的尘埃在山岩间沉淀，犹如一本厚重的史书缓缓展开，以其独有的风华与韵味，吸引无数旅人、墨客、禅者，踏足其间，探寻那份超越尘世的宁静与奥秘。

沧海遗梦　海迹留痕

南岩山，与其说是山，不如说是一堵巍然屹立的巨墙，横亘于天地之间，尽显雄浑苍古之气韵。《万历新昌县志》记载："山岩陡险，皆沙石筑成，如筑墙状。物触之，纷纷而落。"片言只语,便将南岩之奇勾勒得栩栩如生。

南岩山古称海门,昔时海水浩渺,漫及山麓,沙砾蚌壳遗落满山,海迹斑驳,为"自海成山"的传说镌刻下了历史的印记。时至今日,南岩山犹存海蚀崖立之遗风,丹砂崖壁上螺洞密布,仿佛能穿透岁月的尘埃,窥见昔日海门之波澜壮阔。那岩石中镶嵌的螺壳化石,犹如大海遗珠,静卧在石壁之中,每一枚都是远古海洋的低语,承载着古老的记忆与梦幻。

唐代诗人李绅在《龙宫寺碑》中有云:"南岩海迹,高下犹存。"他不仅表达了对这片古老土地的崇敬与向往,更描绘了南岩山独特的地质奇观。而那在风雨侵蚀下孕育出的"石窟世界",更是大自然的杰作。石窟或深邃幽远,或开阔明朗,阳光透过缝隙洒落,光影交错间如梦似幻,令人恍若步入仙境,它们以沉默的姿态,记录着过往的烟云,以独特的方式,诉说着跨越千年的沧海桑田与遗梦传奇。

任公钓鳌　神话秘境

南岩山不仅以其独特的地质奇观吸引着世人的目光,更因那古老而神秘的神话传说而名扬四海。相传,这里便是《庄子》笔下任公子垂钓巨鳌的神圣之地。任公子,那位传说中的巨人,以非凡的勇气与智慧,在南岩山下,东海之滨,演绎了一场惊天地泣鬼神的钓鳌传奇。他以非凡的气魄,将50头牛作为诱饵,投竿到浩瀚无垠的东海之中,历经寒暑更迭,岁月流转,矢志不渝地守候着那份未知的奇迹。终于,皇天不负苦心人,他钓到一条巨大的鳌鱼,取其肉,竟足以供养东南百姓半年之久,世人惊叹不已。

这则传说,在南岩山间,如同一股清泉滋养着每一寸土地,任公子的英勇与智慧,南岩山的富饶与神奇,以及古人对未知世界那份无畏探索的勇气,都深深吸引着后人。半壁的钓矶、山巅的钓台,均是游客们争相探访的景点。站在古钓台上远眺,四周群山环抱,云雾缭绕,仿佛能穿越时空的隧道,目睹那场震撼人心的钓鳌盛事,感受到那份来自远古的呼唤与震撼。

当然,南岩山的魅力,远不止于此。除了任公子钓鳌传奇之外,这里还流传着大禹治水的佳话。相传大禹治水之际,曾亲临此地,面对汹涌澎湃的东注之水,他展现出了无畏的勇气与坚定的决心,带领民众开山劈石,积沙成岩,历经千辛万苦,终于

南岩山

成功疏导了洪水,造福了一方百姓。大禹治水的故事,与任公子钓鳌的传说交相辉映,共同编织了南岩山丰富多彩的神话体系,展现了古人对自然的敬畏与征服,以及那份沉甸甸的责任与担当。

踏过古道留诗心,北宋著名诗人范仲淹《南岩》诗,南宋名臣张浚《南岩寺记》、吕声之《题南岩寺》等,均热衷于吟咏钓台奇景,宋代诗人卢襄还在《游南岩山》中深情吟咏:"何时亦把任公钓,坐钓日东横海鳞。"这不仅表达了对任公子钓鳌壮举的无限向往,更是对南岩山美景的由衷赞美。诗仙李白,更是将这份向往化作了笔下流淌的诗意,他自封为"海上钓鳌客",以"愿随任公子,欲钓吞舟鱼""今日任公子,沧浪罢钓竿"等千古绝唱,将任公子钓鳌的传说化作了永恒的艺术经典。据统计,《全唐诗》收录唐代诗人诗作42863首,其中收录含"钓"字的诗篇数以千计,涉及诗人超过150位,其中诗仙李白一人便留下了50余首与钓鳌相关的佳作,足见南岩山及其神话传说在唐代文坛的广泛流传以及对后世文人墨客的深远影响。

诗禅世界　梵音悠远

南岩山不仅是一个自然奇观和神话秘境的交汇点,更是一片诗禅相融的净土。山麓之下的南岩寺,庄严肃穆,静谧祥和,是南岩山最重要的文化地标之一,与大佛寺同为江南早期石窟寺代表。它位于南岩山最大的洞窟中,面积1200平方米的主窟内有大雄宝殿和三圣殿,僧房排列崖下,风雨无侵,香火极盛时,僧众多达800余人。唐代高僧神楷曾在此撰写《维摩大疏》,为后世留下了宝贵的佛教文化遗产。

南岩寺始建于东晋永和年间,从历经梁、隋、唐的辉煌与后世的劫难,到明清的重生与坚守,见证了佛教文化的兴衰更迭。即便历经"会昌灭佛"的浩劫与清末民初的动荡,仍如凤凰涅槃般坚韧不拔,不断重建,成为浙东地区不可磨灭的文化坐标。

漫步南岩寺,古木参天,绿荫如盖,空气中弥漫着淡淡的檀香与书香。唐代诗人李白、李绅、齐己等曾在此留下脍炙人口的诗篇,他们以笔墨为舟,以禅心为帆,游弋于南岩山的山水之间,将所见所感化为不朽的诗篇。唐代诗人齐己,便是这诗禅世界中的一位杰出代表。他钟情于诗,又归心于禅,便以禅入诗,以诗传禅,留下佳作《山寺喜道者至》:"鸟幽声忽断,茶好味重回。知住南岩久,冥心坐绿苔。"诗中的每一个字都蕴含着深厚的禅意与诗意,展现了南岩寺幽静深邃的禅意氛围,诗作充满了古雅与清和的气息,让南岩山成了诗禅合一的圣地。

如今,南岩寺已成为一座集宗教、文化、旅游于一体的综合性寺院。20世纪末,寺院重建,依岩筑有二佛殿,供奉释迦牟尼、观音等佛像,南岩寺邻近还有铁佛寺、化云洞、月光洞等形态各异的胜迹,这些自然景观与人文景观交相辉映,共同构成了一个充满诗意与禅意的世界。

南岩山,不仅仅是一座山,还是时间的见证者,文化的守护者,更是心灵的栖息地。历经千年的沧桑与变迁,南岩山在岁月的长河中几经沉浮。如今,当地政府加大了对南岩山旅游资源的保护与开发力度,使得这座千年古刹与自然风光交相辉映的胜地焕发出了新的生机与活力。在这里,游客们可以领略到大自然的鬼斧神工与古代工匠的智慧结晶,可以聆听历史的声音与诗人的低吟浅唱,更可以在这里找到心灵的宁静与平和。南岩山以其独特的魅力与深厚的文化底蕴,迎接着每一位到访者。

天姥山：诗路仙山尽风雅

天姥山，又称天姥岑、天姥峰等，位于新昌县东南部。天姥山，东南接天台万年，西北联沃洲。主脉由腾空山、拨云尖、大尖、细尖、刘门山、芭蕉山、莲花峰等群峰组成。最高峰拨云尖，海拔899.7米。天姥山崇山峻岭，峰峦叠嶂，千态万状，苍然天表，自古为道教第十六福地。南朝宋谢灵运开山、盛唐李白梦游即此山。2009年12月，国务院批准天姥山为第七批国家级风景名胜区。

"海客谈瀛洲，烟涛微茫信难求，越人语天姥，云霞明灭或可睹。天姥连天向天横，势拔五岳掩赤城。天台四万八千丈，对此欲倒东南倾……"

天姥山，连绵起伏。山连山，山叠山，远看层峦叠嶂，千峰竞秀；近看翠谷纵横，鸟语花香。主峰拨云尖终年烟霞明灭，云缠雾绕。山间名寺古道，遗迹尚存；龙潭云瀑，别有洞天；溪涧怪石嶙峋，清凉幽深。谢灵运伐木开径，李太白梦游成诗，徐霞客古道科考，尤其是《梦游天姥吟留别》一诗，把天姥山推向了新的文化高度，使一座风景名山成为风雅的历史文化名山。

诗路仙山

天姥山是浙东唐诗之路上的一颗璀璨明珠，也被称为"仙山""诗山"。根据地名分类，"天姥山"为古代神话传说类地名，其得名应与秦汉之际西王母神话传说密切相关，天姥就是神话传说中的王母，是中国古代神话中的女神。唐诗之路首倡者竺岳兵提出的"天姥即王母"的观点，解开了围绕天姥山得名的千古谜团。西晋张勃在《吴录·地理志》记载："剡县有天姥山，传云登者闻天姥歌谣之响。"

天姥山是中国山水诗、山水画的发祥地。晋朝前，此地人迹罕至，苍莽荒凉，南朝谢灵运"尝自始宁南山伐木开径，直至临海"。风光绮丽的天姥山，正处于此通道险要地段。南朝宋元嘉年间，朝廷听说了天姥山的美名，特地派画师把天姥山美景画于白团扇上，也是件风雅之事。

天姥山麓有个美丽的地方，名叫桃源，曾经是神仙出入之地，也是中国第一个爱情故事——刘阮遇仙的始传地。相传，东汉末年，剡人刘晨、阮肇入天台山采药，路经此地迷路，在桃源刘门坞近旁，遇见两仙女，结为夫妻，半年后，刘阮思乡心切，求归故里，回家发现已历七世，又上桃源寻仙无着，徘徊溪边，惆怅不已，为后世留下了刘门山、惆怅溪、采药径等胜迹。刘阮遇仙的故事和传说，最早记载于晋朝《搜神记》、南朝《幽明录》等，已收录国家、省、市《非物质文化遗产名录》。

"涧水桃花路易迷，不同人世下成蹊。自从重入山中去，烟雨深深锁旧溪。"惆怅溪鸣咽着，似乎发出刘阮深深的叹息。

惆怅溪蜿蜒数十里，似一条彩带缠绕着天姥山。跨溪而过的一座桥叫司马悔桥，坐落在班竹村口，这里古木参天，绿荫披翳，司马悔桥藤蔓缠绕，桥下浅溪流水，卵石清晰可辨，鱼儿来往穿梭。司马悔桥，又称落马桥，相传唐玄宗两次征召司马承祯入朝为官，司马承祯从天台山出发，行至此桥，心生悔意，在桥上下马，桥因此而得名。

奇特的风景和美丽的传说，为天姥山蒙上了一层神秘的色彩。

千年风雅

班竹，又称"天姥门户"，从这里出发，可走谢公古道，经会墅岭、黑风岭、关岭，直至临海；亦可登青云梯，沿途有鹿饮涧、龙吟瀑、双凤帘等景观，感受云峰一色，抵达天姥山最高峰拨云尖。

"暝投剡中宿，明登天姥岑。高高入云霓，还期那可寻。"中国山水诗开山鼻祖谢灵运的诗，描绘了天姥山在人们心目中高入云霓、与天相接的壮丽雄奇。东晋以来，大批高僧名士纷纷南渡，活跃在浙东一带，积累了丰厚的文化底蕴。山川人物相得益彰，对唐代诗人产生了强大的感召力。

李白就是其中的一个，他受谢灵运和司马承祯的影响，向往天姥山，三次入剡中。"辞君向天姥，拂石卧秋霜。"也为以后梦游天姥留下伏笔。"云青青兮欲雨，水澹澹兮生烟"，天姥山的确是一个奇花异草、光怪陆离的世界，天青色等烟雨，而我们等的就是李白这首千古绝唱。

"剡溪蕴秀异,欲罢不能忘。归帆拂天姥,中岁贡旧乡。"公元731年,20岁的杜甫在越中游历四年之久,他的游历路线,也是从鉴湖过来,到剡中,上天台,归帆拂天姥,说明从剡溪回去。这首自传性的叙事诗《壮游》,是他在晚年卧病在床时写的,足见他对天姥山有着挥之不去的眷恋。

白居易的"东南山水,越为首,剡为面,沃洲、天姥为眉目",李敬方的"天姥三重岭,危途绕峻溪",还有刘长卿、刘禹锡、许浑、贾岛、温庭筠等文人雅士歌之诵之,留下诸多不朽之作。

一座天姥山,半部全唐诗。天姥山作为唐诗之路的精华地段,修道者与文人墨客纷至沓来,寄情山水,诗文唱和,在唐诗之路上曾有460多位诗人留下了1500多首传世之作。他们把天姥山风光的旖旎、生活的跌宕、人生的起伏一一诉诸笔端,让天姥山在诗词歌赋中风雅了千年。

唐诗实景

天姥山是一座有着千年文化积淀的名山,拥有六朝的佛道文化、名士文化,唐朝的诗歌文化、两宋的理学文化、元朝的隐士文化、明清的宗族世家文化等,底蕴十分深厚,特别是灿烂的唐诗文化,更使天姥山熠熠生辉。

多少人因为诗而记住了天姥山,因为天姥山而记住了新昌。近年来,新昌全面启动天姥山景区开发建设,全力打造浙东唐诗之路重要文化地标,开省内"唐诗意境实景化"先河,还原李白《梦游天姥吟留别》意境,已建成云之台、金银台、天鸡台、星月台、青云梯等"天姥十景"标志性景点,"梦游地"变成了可听、可观、可游的"实景地",因诗而名的天姥山走向了因诗而兴的新时代。天姥山入选浙江省首批重点挖掘的八大文化名山之一,荣膺省名山公园、省首批文化基因解码成果转化利用示范项目等称号。

从游客中心坐景区接驳车上天姥山,行走在奇山秀峰之间,李白《梦游天姥吟留别》中的诗句便应景而生,一一呈现。

"越人语天姥,云霞明灭或可睹。"云之台背倚天姥岑,是观赏天姥云海的绝佳胜地。天鸡台是天姥山标志性景点。在台上极目远眺,云如海,日如丸,气势磅礴,正所谓"半壁见海日,空中闻天鸡"。青崖放鹿——天姥云坪在天姥山主峰附近,是核心体验类项目之一,面积 10 亩,绿草如茵,云霞映彩,视野开阔,置身其中,心旷神怡,顿生"且放白鹿青崖间,须行即骑访名山"的洒脱和豪迈。

天姥山

入林仰面不见天,登峰低首不见地。登上拨云尖,只见云涛滚滚,晓岚漫漫,石崖突兀,悬壁高张,碧潭幽深,泉水叮咚。"青冥浩荡不见底,日月照耀金银台。"金银台立于天姥山之巅,是天姥山景区文化的地标性景点,由亭阁和观景台组成。日照金台,月映银台,晴时金银双台,雪时金银同台,金银台华美雅致,因时空变幻而呈现不同的景致。

天姥山群山竞秀,万壑争流,春赏花、夏摘星、秋望海、冬迎松,它用丰盈的手势,描绘着四季之美。

为配套天姥山旅游,景区打造了文化数字体验中心,搭建天姥山历史文化展馆,升级绿化通景公路 10 公里,实现山脚至山顶区域交通接驳,建成天姥隐、天姥诗院等酒店,在全省率先打造"户外运动王国"IP,建成唐风露营基地 2 个。目前,以天姥山为中心的三条诗路游线已形成,其一是燃爆卡路里之路:全长约 34 公里,游线从剡溪归帆(央于村)、桃源仙境、司马悔桥、谢公古道、青云梯、龙吟瀑、龙潭坑、天姥隐、霞客古道、天鸡报晓、拨云览胜、青崖放鹿、云霞明灭、谪仙问月至朱路游客中心。其二是愉悦减脂之路:从青云梯、龙吟瀑、龙潭坑、天姥隐、霞客古道、天鸡报晓、拨云览胜,下山至青崖放鹿,乘坐接驳车至朱路游客中心返程。其三是亲子游玩之路:从朱路游客中心、拨云览胜、青崖放鹿,乘坐接驳车至朱路游客中心。

一路山川谐雅韵。天姥山周边,沿途有众多历史文化遗迹,比如谢公古道、霞客古道穿村而过的班竹、会墅岭、横板桥等古村落,腾空山、清凉寺、天姥寺遗址等景点,散发着悠悠古韵的古驿道、古街、古桥、古庙、古宅等标志性建筑,处处古朴儒雅,似乎飘荡着唐诗之韵。

有山有水有诗,吃住行游购娱联动,这座风雅之名山,承载历史,观照现实,令人心驰神往,乐而忘返。

穿岩山：峰峦十九摩天光

穿岩山位于新昌县西南部的镜岭镇雅庄村，有十九峰，峰峰相连，是我国丹霞地貌青壮年时期的典型代表，山峰雅幽奇险，最高处望海峰，海拔 400 米。山上林木青翠，山下溪涧碧澄见底。因中峰上有圆窍，东西相通，内含石室 20 余丈，穿岩石洞高挂岩壁间，隔岸远观，有如圭上圆孔了，故名穿岩十九峰。

奇峰怪石、飞瀑流泉、小溪碧潭、幽谷洞壑，穿岩十九峰集"漓江之美、桂林之秀、雁荡之奇"于一身，素有"江南小桂林"和"浙东张家界"的美誉，早在唐宋时期已负盛名。十九座山峰一字排开，鱼贯列队，座座风姿绰约，"穿岩之峰高苍苍，峰峦十九摩天光。"南宋左丞相王爚是新昌人，他在《穿岩》这首长诗中，依次列举了十九峰的名称，对十九峰做了栩栩如生的描写。如今的穿岩十九峰已经成为人们度假、休闲、游览、探险、科考和学习的理想之地。

峰峰都是玉嶙峋

穿岩之地名，应与十九峰有关。《浙江通志》记载，穿岩有十九峰，中峰为马鞍峰，上部有一穿山巨洞，东西相通，故名穿岩。十九峰从北而南，依次为香炉、缆船、马鞍、新妇、棋盘、卓剑、覆钟、望海、晹岫、笔架、泗洲、磬峰、幞头、蒸饼、文殊、普贤、摆旗、狮子、鹅鼻，峰名皆以其状而命名，形态各异，蔚为壮观。峰丛巍然耸立，绕山清江如练，云蒸霞蔚，烟雾氤氲，置身其中，恍若进入瑶台仙境。

明朝诗人张汝威诗云："十九峰头云作巾，峰峰都是玉嶙峋。半天高插万余丈，一洞可容千余人。"这就是穿岩十九峰的真实写照。

在当地，穿岩还有两个传说。一是大禹治水时，这里是一片汪洋，大禹划舟而来，

穿岩山

至此见无处可缆舟，便凿洞而系之。二是《庄子》记载中的任公子曾端坐此峰顶，投竿东海，垂钓鳌鱼，经年不懈，并打通山岩缆系其舟，待钓起鳌鱼，早已舟朽缆断……这便是穿岩洞和缆船峰的由来。

穿岩洞东西贯通，东首略窄，西首豁然开朗，下为百丈悬崖。洞深30余米，高3米—5米，洞广240平方米。进得洞来，只见洞顶水珠滴落，凉意沁人，一小石池，清澈无比，春秋冬夏不枯不止，水色清冽生寒。极目远眺，青山绿水、田园村落尽收眼底。千丈幽谷透迤蜿蜒，红崖断壁，修竹碧流，怪石异洞，野趣天成。远离嘈杂喧嚣，让人大有乐不思蜀之感。

十九峰，峰峰有故事，最妙的是新妇峰。象形象意，峰如其名，宛如一位漂亮的少妇，以微微的笑容迎接着四方来客，以深情的双眸凝视从她身边不断攀登的游者。新妇峰堪称天下第一秀峰。马鞍峰四周凌空，恰似骤然脱了马背的鞍鞯，雄险壮阔，气象万千。这些自然景观，各有其趣，各得其妙，而且还蕴含丰富的文化内涵。

移步换景画中游

穿岩十九峰景区为国家4A级旅游景区，是天姥山国家级风景名胜区和硅化木国家地质公园的重要组成部分,是央视影视外景拍摄基地。《少林寺》《射雕英雄传》《天龙八部》《笑傲江湖》《知否知否》等著名影视剧纷纷来此取景拍摄。景区由十九峰、千丈幽谷、重阳宫、飞龙栈道、狐巴巴星球乐园、硅化木地质博物馆、小火车等景点组成。

十九峰背面就是千丈幽谷。草木葱茏,野趣横生,因"险、幽、奇、雅"而闻名。一座小木桥横跨韩妃江,边上尽现田园风光,一路翠竹摇曳着向幽谷延伸,两旁陡崖峭壁耸立,谷内怪石峥嵘,流泉飞溅,竹径通幽。沿途有生命之父、生命之母、铁壁、龙床、飞龙在天、骆驼献宝、金猴献桃、三象入浴、鸳鸯池、卧龙洞等诸多景观。千岩竞秀,万壑争流,一步一景,尽现金庸武侠剧中场景,仿佛身临其境,有做一回江湖英雄之梦想。

位于十九峰东面的重阳宫深藏于山峦环抱、碧水流淌的桂竹谷中。这一带,六朝有高道葛洪、顾欢、魏伯阳、褚伯玉、许迈、王羲之、谢灵运韬晦栖游,盛唐有高道司马承祯、吴筠、李白求仙隐逸,是道教第十洞天、六十福地。

近些年来,为进一步创新旅游新业态,新昌致力打造十九峰景区新的亮点,先后在景区内建成了飞龙栈道、狐巴巴星球乐园、小火车等。蜿蜒在千丈幽谷内的悬崖峭壁上的飞龙栈道,为迄今中国全程栈道最长,总长5000多米,高度150米,由古木栈道、玻璃栈道、飞龙天桥组成。其中玻璃栈道长128米,飞龙天桥长138米。移步换景,形态万千,俯瞰群山,云雾缭绕,恍若仙境。

如果你想坐游周边,小火车是不错的选择。这是目前国内最长的文旅轨道小火车,轨道环线全长5.65公里,串联穿岩十九峰、狐巴巴星球乐园、安缇缦生态旅游度假区、重阳宫景区、千丈幽谷景区、韩妃江景区、飞龙栈道等多个节点,沿途风景奇美,还能感受新昌独特的唐诗、佛教、茶道等文化内容。每当夜幕降临,以《山海经》为原型的全省首个夜游项目"山海经奇英雄之路"正式开启,那是"动漫+科技+夜游"的全新体验模式,让你沉浸在如梦如幻的境界之中……富有特色的新业态,传统与现代交相辉映,为十九峰注入新活力、新动能。

景区扩容游线长

事实上,穿岩十九峰景区除了十九峰、千丈幽谷、重阳宫等,还包括台头山、倒脱靴。近年来,新昌围绕强业态、强带动,加快景区扩容,以镜岭镇为主,把东茗乡后岱山、下岩贝、后金山等纳入规划范围,而从山的范围而言,游线一路延伸,从台头山、倒脱靴,到大岩岗……

台头山属于玄武岩台地,这里有汤岩古洞、观景台、七星岩、盐箩石、钓鱼台等景点,四周凌空的观景台大园墩,犹如四壁悬空,直立千切,只见岩林峥嵘,翠谷飞渡,仰望俯视,皆成气势。台头山挺拔成了一种高度,它举着"千里目",看云起云落,观人间万象。身在山顶,人也为峰。仿佛只要踮一下脚,便可手摘星辰。相传,明代邑人甄完,用自己积攒的银两捐资为家乡台头岭开凿千级石阶,方便乡民行路,其洁身自律、夙夜为民之举令百姓交口称赞,"台头岭"也称为"清风岭"。

一路而行,仰望俯视,一转身、一移步,变幻莫测,景象万千。在东茗乡一个深长的峡谷之中,有一座蘑菇云般的巨峰冲天而起,远远望去,活脱脱似一只倒置的长筒靴,靴底朝天。相传很久以前,有两位仙人云游到此,见这里山清水秀,风景幽雅,于是棋心大发,但苦于没有棋桌,一位仙人就把自己脚上的一只靴子脱下来,倒放在山巅上,两位仙人就靴底作棋盘,兴致勃勃地下起棋来,足足下了七七四十九天,仍然不分胜负,只得拍拍屁股走了。年深日久,那神靴就化为石靴,千古流传。

万壑树参天,千山响杜鹃。离倒脱靴不远,大岩岗凌空独立,若杜鹃盛开,红艳似火,整座山岗云蒸霞蔚,都被杜鹃的热情所燃烧,似乎春天由此到达高潮。登上山顶,山色尽收眼底,蜿蜒逶迤的公路,连绵起伏的群山,殷红似火的杜鹃,红绿相间好似一幅美丽的画卷。置身其中,就像处在硕大的天然花园里,令人赏心悦目,流连忘返。

下岩贝,金山上;出凡尘,入慢乡。若想感受山顶云端的烟火人家,那就去下岩贝村看看吧。被评为中国美丽休闲乡村的东茗乡下岩贝村居山背之上,正对穿岩十九峰。村前云雾缭绕,左于江自山脚蜿蜒而过,穿岩十九峰犹如一幅美丽的山水画卷展现在眼前,蓝天、白云、绿地恍若天然的调色盘,让小村恍如仙境。山中来信、蓝莲花开等 30 多个农家乐(民宿)在这里集群,百亩茶园让小村溢满茶香。在这里,既可赏云山雾海,也可观金山金黄花海。当然,大佛龙井、小京生、春饼、麻糍、糖麦饼、麦虾、番薯干等特产与美食也别忘了品尝。因了这山水,因了这村居,因了舌尖上的美味,就有了入慢乡的意味。

青山行不尽,绿水去何长。穿岩十九峰,风景如画,遗世独立,以动人的魅力深情迎接四方游客。

罗坑山：人间仙境菩提缘

　　罗坑山省级森林公园位于新昌县东南部小将镇，原为国有小将林场，林区环境十分优雅，林木深秀，云雾缭绕，公园土地总面积2072.4公顷，其中林业用地2050.7公顷，占98.95%。山地山峰多在海拔700米以上，其中东南部主峰菩提峰海拔996米，为新昌县内第一高峰，也是天台山脉在绍兴地区最高峰。一说山巅有石似佛，故名菩提峰。另有一说，山上有一洞，上下相通，可容六七岁小孩穿行，为菩提祖师修行处，故而得名。于沃洲水磨岭头远眺菩提峰可见一佛仰卧，头靠菩提峰，安然入睡。山顶埋有"绍兴之巅"条石。

　　小将镇素有山之巅、水之源、花之海的美称，也是花木之乡，冬笋、茶叶也是农特产品一绝。山水之间，风花雪月，自是人间美景，又有诸多历史悠久、人文底蕴深厚的千年古村。而罗坑山为新昌东部的核心景区，地处四明山和天台山脉交汇处，东接奉化大雁镇；宁海深甽镇；南临天台石梁镇；其山水之美，在其身、在其村、在四时。有飞瀑高悬、山溪潺潺，旖旎山水蕴含了典型的江南山水之秀美；春有十里樱花、千亩海棠，夏有竹海听涛，飞瀑流泉，秋有万山红遍，层林尽染，冬有冰雪树挂，玉宇苍穹，四季皆是景，美不胜收；有南州、芹塘、里东等村，其村古意古韵，魅力无穷！

大山深处的人间仙境

　　罗坑山位于东部山区"大山寨"之中。虽没有穿林海跨雪原气冲霄汉的雄壮，却也要一路沿着云里雾里的陡峭山道翻山越岭，方能登顶一览众山。

　　从小将镇罗溪村大坪头开始，走游步道登罗坑山。一路上，草木茂盛，彰显着原始的山林特色，浓浓的草木气息扑鼻而来。登临山顶，却见层峦叠嶂、蜿蜒起伏、巍峨壮观，你会折服于群山的浩荡气场。咫尺天涯，皆为风物，一草一木，俱是灵秀，心怀敬畏，方可与山河共舞，让我们始终保持一颗敬畏之心，彼此对话，走进你，便再也走不出你的万般风情！

随着省级森林公园的建设，一座古老的青山变换了人间模样，使它从深藏万山之中，逐步走进了大众视野。驱车登顶，在山岗行驶约一公里，便隐约可见森林公园入口处"仙境"的牌坊，继续直行便是"圣水佛茶"公园。这里打造了神话中的天庭，分别有南天门、瑶池、瑶台、玉皇殿等，大草坪上还圈起两个直升机停机坪。其布局宽裕，气势恢宏，建设严谨规范，满满气场，精湛的石壁浮雕，整个公园用字不多，却从其建筑的殿宇楼阁中，淋漓尽致地展现了道教文化的思想内涵与精髓；向东而望，便是还在建设之中的菩提禅寺。历时三年，披荆斩棘、开山辟麓而鼎建。寺内的殿宇楼阁依山而建，四重院落。山门左开，古树虬龙。中轴线上的主要建筑有二佛殿、大雄宝殿、法堂和藏经楼。两侧有钟楼、鼓楼、大客堂、大斋堂、仓房、禅房、道院等，远望禅寺，规模巨大，气势雄壮恢宏；菩提寺下方是即将打造的游客接待中心，以缓解日益增多的各方游客。该处青山环抱，隐约林间，将是修身养性的上善之地。

罗坑山森林公园，集佛教文化、生态文化、养生文化于一体，以休闲度假、健康养生为主题，进行保护性开发，建成后实行资源共享，免费开放。

群山之间的擎天玉柱

新昌十大高峰小将居其九，而罗坑山一山集三峰，分别为牛坪岗、罗坑峰、菩提峰。其中，牛坪岗海拔 978 米，罗坑峰 937 米，分别为新昌第二、第四高峰，其主峰菩提峰海拔 996 米，为新昌第一高峰。

踏步深山，千嶂里只为寻觅你的踪迹。菩提峰作为一邑主峰，成了众多驴行爱好者流连忘返的首选之地！欲登攀，首先来揭开许多不为人知的神秘面纱！

菩提峰为天台山脉北麓延伸至绍兴境内的第一高峰。山脚紧邻南州、里东、芹塘，形成登山的掎角之势。其南芹塘一路；东北南州一路；西北里东一路。从里东村停车场距山顶约为 4 公里，两小时行程。

依山而上，沿途有立岩、灰堆岩、大坪头、挂龙岩、神仙洞、白龙潭、棺材岩、大廊仓等古迹,也曾留下许多美丽而神秘的故事。如白龙潭为先民们干旱求雨之地。相传,一次求雨,有小孩不慎失足掉入龙潭,大人们入龙潭打捞无果,下山后,竟然见小孩在五星菩萨坑边玩耍,大人们无不愕然;挂龙岩有龙足迹可见,相传为东海龙王来拜望菩提祖师落脚之处;大廊仓,巨石遍布,数以万计。相传,三个神仙打赌,一个天台山建造石梁桥,一个天台山塔头寺建塔,另一个在小将海角坑造海,相约五更鸡鸣为号,建石梁桥的神仙将两条龙舌头一拉,便完成了,于是他就学鸡鸣五更,调侃另外两神仙,于是,塔头寺的塔没有塔头,而造海的神仙把一担石头,一头留在菩提峰石廊处,另一头放在外小将石尺岭,扁担随手一发,发过天台。神仙洞和立岩便是菩提祖师修行之处的东西两处山门,据传,神仙洞府,浩荡无比,菩提祖师修行之余亦为千百弟子传道讲经。还有土地爷现身的故事、蟒蛇精的故事,诸多故事或许子虚乌有,但进入山村,听村民娓娓道来,却是津津有味,也更为这座神山增添了神秘色彩。

莅临山顶,远眺千山起伏、百川竞秀。看云卷云舒、花开花落,闻山风嘶鸣、纤云

罗坑山

弄影，此情此景，让人欲罢不能！

菩提峰恰如擎天玉柱，高高挺立在群山之巅，如鹤立鸡群、独树一帜。更是人们征服自然、攀登高峰的精神支柱，有多少人往来于斯，为登上峰顶而欢呼雀跃、引以为豪！

慢时光里的千年古村

古村是大山里一道亮丽的风景线，就像一本藏匿于大山深处的古书，诗意质朴又耐人寻味。新昌最古老的村庄——南洲村，就坐落于菩提峰下。"先有南洲丁，后有新昌城。"南洲曾有八景，为玉丝悬瀑、仙洞飞霞、龙缠古柏、烟锁螺岩、板桥望月、麦畈耕云、菩峰拱翠、洲水环清，均已不在。村中尚存有丁家祠堂、慎德堂、燕翼堂以及保存完好的丁崇仁古墓、宋井等古迹，尤其是三个祠堂，其建筑风格古朴精致，结构严谨，大气俊秀。而那口宋井，亦未改古时模样，其井台外围刻有文字记载，沿口上那凹凸不平处，据说是当年刀枪磨砺所致。如今的南洲村已经随着时光的流逝，改变了古村的模样，却依然魅力不减。高耸的菩提峰直插云霄；巍巍罗坑山如一道屏障，兀立在南洲村的东北方。当人漫步在南洲村狭长的里弄小巷里，穿行于那条布满鹅卵石的"九曲墙弄"时，总能与回味不穷的古韵古味撞个满怀！

芹塘村始建于唐末，相传晚唐"讨饭才子"罗隐夜宿芹塘，被蚊子叮咬难以入睡，便喝了声"罗隐芹塘宿，蚊虫去叮竹"，从此芹塘便再无蚊子。当然，芹塘更具特色的还是古老的"七桥一祠"，小小山村，却被七座古桥和董家祠堂渲染得古意盎然，别具韵味，深为寻古踏今者所青睐！

里东村，虽然建村历史不远，却成了登攀菩提峰的桥头堡。因其近年来借助新昌全域旅游之东风，打造起"一花一叶一菩提"的经典文旅项目，且初显成效。一花，乌泥岗的千亩樱花已经成为远近闻名的赏花胜地；一叶，"菩提丹芽"红茶为浙江省农业管理部门评比的全省十大金奖产品之一；一菩提，指的是菩提峰。目前，通过打造菩提峰登山大道、牡丹园、停车场、菩峰客栈等，成功评为 3A 级旅游景区村，为进一步发展文旅奠定了基础！

万马奔腾拓平川，鲲鹏展翅竞苍穹。罗坑山，作为新昌东部的核心景区，正以崭新的姿态呈现出时代之美，势必成为一方文旅新热土！

彩烟山:烟霞之中踏三洲

　　彩烟山(乃新昌最大的台地),新昌的南大门,毗邻金华、台州,平均海拔 412 米。明宋濂《文宪集》卷一九辑《故新昌杨府君墓铭》:越之新昌,有大山曰彩烟,与沃洲、天姥邻,而彩烟尤为峻绝,远望之,如云霞缤纷天际,故名。韦应物《游灵岩》诗:"吴岫分烟景,楚甸散林丘。"云烟缭绕之貌,故彩烟亦俗称"烟山"。后因彩烟山四围皆山而古称围山,历代相称衍化成"回山"两字。

彩烟山,峰回路转的世外桃源

　　史载,随着隋炀帝杨广在江都被害,隋恭帝杨侗在洛阳继位不到一年,又被王世充废杀。武德二年(619),其子杨歧、杨白出逃。杨歧逃往江西袁州。杨白偕韩妃逃往福建,舟行至剡溪上游,舍舟入丛山而迷路。至一荒村,暮色苍茫,乡人云:"前面还有三十六渡,渡渡要脱裤。"贵为王妃的韩妃本已身心交瘁,哪能再经得起这般羞辱性的折腾? 在感知前途无望的悲境下,愤而自尽。

　　悲恸欲绝的杨白草草掩埋了韩妃之后,又翻山越岭,不意间进入了"彩烟山"这方与世隔绝的神土地,才得以隐居沥江三渡并繁衍生息,从此,一代又一代的杨氏后裔过着平静的耕读传家的乡居生活。如今,单就新昌一邑的杨氏人口达 18000 多人,皆系荣王杨白之后裔,且半数以上世居彩烟山。

　　此处还有一庙,叫白王庙,这是杨氏后人祭祀回山始祖杨白的家庙,元雪溪人董旭对此有诗云:"庙食空山八百年,衣冠犹是李唐前。汴河十里垂杨柳,何如松阴数亩田。"这该是诗人总结杨白一生的荣辱得失,再经过反复比较和思考后得出的人生结论。

　　"一方水土养一方人。"故而有人说,彩烟山人的"吃苦耐劳、勤劳朴实"是那方天然贫瘠的土地决定的,要生存,只有自强不息、吃苦耐劳。彩烟山乡贤名士辈出,昔有进士举人数十,今有博士教授近百。的确如此,千百年来,在回山这片神奇的土地上,不断造就了声名显赫的人物,也留下了可歌可泣的故事,杨信民、梁葆仁、杨丽泽、杨宝檩等,他们有的是人中之豪杰、民族之脊梁,有的是育人之楷模、创业之典范,他们在用自己的一生诠释着那片土地的神奇和中华儿女的骄傲!

安顶山,"一脚踏三州"的神奇故事

　　彩烟山主峰安顶山,又称鞍顶山,因其形似马鞍而得名,海拔834米,位于浙江绍兴、金华、台州三地交界处,有"一脚踏三州"之标识。安顶山是彩烟山人民的母亲山,其山顶有天池、天龙寺,其中天龙古刹遗址,历史悠久,香火鼎盛时期曾有500名僧侣。安顶山的自然风光和人文古迹吸引了历代文人名士,他们隐居栖止,留下众多诗文篇章,是彩烟山大地的传奇和美丽的神话! 有诗曰:"仰彼霄汉近,俯瞰峰峦低,天姥俨其北,玉山峙其西,东与浪峰接,南直天台齐。去登太华巅,天关逼招提。"

　　安顶山是彩烟山这块100多平方公里的台地上,异峰突起,直插云霄的主峰。

彩烟山

它山势庞大,气势不凡,自古以来与天台山、天姥山齐名。它像一道矗立在新昌最南端的天然屏障,更是古越州、台州、婺州叠加一起的山门,三州一峰,相拥相邻,铸就了它神奇的地理位置。

安顶山是婺州的最东巅,2000年的婺州第一缕阳光就从这里升起,自此享有了"世纪之光"的美誉。三州四域巅峰众多,但享有此美誉的,唯有安顶山。离"世纪之光"碑不远,还有一块石碑,它是中华人民共和国国务院立的界碑,碑尖成匀称的三面,将天地分成三方:一方立东,是新昌越州之地;一方坐西,为婺州磐安之域;另一方站南,就是台州天台之界。于是就有了这霸气的"一脚踏三州"!

古时的彩烟山有五次火山喷发,这些地质运动,加上自然的演变,就形成了现在的以安顶山为中心的彩烟山台地和高低起伏的崇山峻岭。随着时光变迁,这座静默久远的死火山,成了如今特殊的丹霞地貌,它风景秀丽、生态宜人,并因其独特的自然景观和丰富的历史文化而闻名,有着神奇的地貌和人文景观,山顶的龙潭便是沉睡的火山口,绕圆一周恰好66米。它冬不竭,夏不泽,神秘而神奇。曾有人用三根竹竿深入池中,池水竟深不可测。

安顶山自古即为名山,早在隋朝,就建有与国清寺齐名的清凉寺,后改古绩寺,又改安顶寺,其规模庞大,寺僧众多,亦曾留下很多诗篇。安顶寺曾有位住持和尚熊罗汉,是明朝高僧。世传"圆寂后躯体不坏,头发生长如常人,岁必为剃",名重一时。民国十年,寺庙毁于火灾。现在所见山巅10多间瓦房为乡民新建,狭小的三洲寺依然香火旺盛。

如今,这里成为久居喧嚣的城市居民的世外桃源,是他们登山观景、猎奇探险之地!

当然,赏尽春花秋月,不如来安顶山看日出,看云海。你来了,夜宿山村,一早登山灌顶,看山气涌动,云海如潮,烟霞滚滚,一轮红日冉冉升腾在瞬息万变的云海间,欣赏着人间仙境,体会着大自然的奇妙变化,那才叫美不胜收!此时,你就会明白回山大地被誉称为彩烟山的真正意义了!

楼堂院落,彩烟山上古老的精彩篇章

回山村是彩烟山上最有故事的一个村落,有明清古建筑群等历史遗存,有"浙东

西柏坡"回山会师纪念馆,有新昌县人民政府成立旧址,令人叹为观止的应该是这些精湛的楼堂院落!

这些楼堂院落以旗杆脚一带最为典型,其房子的方位与形式结构十分讲究,外观气势恢宏,房子结构严谨,用材厚实,其门窗、横梁、楼柱等许多部位都有精湛的雕刻。从其外观而言,敬胜堂台门高大气派,两条斑驳宽大的灰黑色的油漆大门上方留有"清白家风"四字,足见其祖上严谨的家训,台门檐顶工艺古老,内墙有郭子仪拜寿墙画,工艺十分精良。从其整体结构摆布来说,从敬胜堂到敏慎堂五个楼堂纵深相连排列而成,由低到高,形成均匀的落差。就每个楼堂而言,其结构为"目"字形的三进院落。一般而言,呈"口"字形的称为一进院落;"日"字形的称为二进院落;"目"字形的称为三进院落。大宅院中,第一进为门屋,第二进是厅堂,第三进或后进为私室或闺房,是妇女或眷属的活动空间,一般人不得随意进入,难怪古人有诗云:"庭院深深深几许。"庭院越深,越不得窥其堂奥。敬胜堂为最典型的三进院落,充分展示了当时家族之兴旺富裕。俯瞰整个楼堂,呈"井"字形结构,五个楼堂连贯一气,其位置就建造在五龙戏珠的中轴线上,也就是回山村最中心的风水宝地上。

旗杆脚的楼堂实际上就是明清时期典型的复式四合院,即大宅门。无论当时还是现在都堪称新昌县内甚至近现代建筑业的精华,是回山村自清代以来所没有过的最为浩大的建筑工程。

当然,回山村的楼堂院落远不止这几个。据杨氏家谱记载,回山的楼堂院落在最为鼎盛时期多达50多个,另外有祠堂9个,还有其他的庵堂庙宇等。其间,大多经典的楼堂是杨国薪到杨宝镛这几代人之间建造的。目前保存较好的楼堂除了旗杆脚以外,还有翰亭学堂、客园堂、宝善堂等,其余的已经损坏,如容安堂、含英书屋、春罗山房、摘月楼、青云亭等,听起来都那么诗意雅韵,可惜难得一见。大量的明清建筑充分说明了当时杨氏家族的全面发展,为杨氏家族成为回山第一大村奠定了扎实的基础!

曾经的辉煌成为一段美好的历史,但这些经典的建筑风骨依旧,映射了在不同阶段的、特殊的社会地位与历史背景,一次又一次有意无意地触动了当时一方社会的经济、政治和文化的脉搏!亦包含着一种震撼人心的动力,纯如杨氏家族血脉里依然流淌着的皇家血液,保存了那份不凡的气宇,那是一种吃苦耐劳、不畏艰辛的强大精神!

父耕子读，打造新时代"茶马古道"的金名片

步入彩烟山腹地，随处可见成片的碧翠欲滴的茶园，把这块 100 多平方公里的台地点缀成了茶的"绿洲"，灵山秀水织就一幅泼墨重彩的山水画卷，将尘世的喧哗与人心的浮躁都挡在了山的外面。

从春、夏、秋茶谈起；从如何管理茶园，如何采茶，如何炒制，如何卖茶；从茶的色光到扁平度到如何闻香识味；从原先的手工炒制到机器的一代代更新……那艰辛的历程中闪烁着收获的喜悦，听完这些，你才会明白彩烟山人为何会把这茶的世界演绎得如此淋漓尽致，把这平凡的一叶制作得如此经典绝妙！

自从他们的祖先走进这片灵山秀水，吃苦耐劳的精神注定了今天茶的完美。想当年，由于这里地处偏僻，交通落后，彩烟山人一直过着平淡清苦的日子。80 年代末，西湖龙井茶的兴起，牵动了彩烟山人的心，一夜之间，这平均海拔 400 多米的山上升起一个美丽的梦。他们尝试着打造一条闪光的名茶之路，一天，两天，一年，两年，甚至十数年。终于，迎来了阳光。一流的功夫，一流的茗茶，成了"大佛龙井"的主流，并走向全国各地，走向世界！而彩烟山便有了这名副其实的"名茶第一镇"。

这是因为彩烟山人把所有的爱和希望糅进这茶叶里，以茶叶的完美去追求更高、更远的希望！那是因为彩烟山人有一种代代相传的"耕读传家"的彩烟山精神，沿袭着"父耕子读"的良好民风，如一潭清澈的水流在彩烟山大地静静地流淌！

这些淳朴的茶农，愿与时间较真，不惜慢慢老去，直至用生命去换取心中所爱与理想！就这样，他们以对生活的挚爱，在普普通通的人生里编织出最美丽的光环。淳朴勤劳的彩烟山人，甘愿沉潜于寂寞与宁静之中，用对生活的专注，生命的热爱，凝练成茶的精华，以茶的另一种姿态展示出生命的无限魅力！

这里耕读传家，千百年以来，诵读声不绝于耳；这里是红色圣地，浙东人民解放军主力武装曾在回山镇回山村会师；这里有得天独厚的气候条件，成为优质的农产品产地，茶叶、茭白、西瓜、白术，在彩烟山农民早出晚归的耕作中，悠悠唱响了一曲田园牧歌；这里有明清时期遗存的精美的古建筑群。她像一座丰碑，传递着永不衰竭的彩烟山精神，在彩烟山大地久久回荡！

大湖山：赤水丹山见金庭

　　大湖山，又名金庭山，为四明山脉南峰，与天台山脉青天冈南北相向而揖，中为剡界岭，剡溪和奉化剡源江的分水岭，也是四明、天台两脉的分水岭。大湖山是新昌、嵊州、奉化的交界山，因山岗上有丹池赤水而闻名，最高峰撞天岗，海拔914米。山一脉西南倾至王罕岭，是剡东通鄞县的一条古道。王罕岭以金庭镇念宅村为北端，向南入山，翻越龙潭岗眠牛湾，到达沙溪镇，长10公里。山径崎岖，树木郁葱，泉水叮咚，风光宜人。王罕岭因东晋书圣王羲之归隐而载入史册，也是唐代诗人李白"入剡寻王许"的朝圣之地。

浙东唐诗之路重要节点

　　据南宋嘉定《剡录》记载："去观（今金庭观）东十五里，有大湖山，峰势入天，上有赤水丹池，旧为王右军宅。"

　　书圣王羲之初渡浙江，便有在此安身终老的想法。好友许询有诗曰："洞天福地怀墨叟，赤水丹山见金庭。"是对王羲之归隐金庭的最好诠释。王羲之任会稽内史时，见大湖山山岭崇峻，以为世上罕有，故谓之"罕岭"，后人称为王罕岭。永和十一年（355），王羲之辞官誓墓，归隐剡东金庭，创金庭道院于罕岭（今沙溪镇里湾自然村）。

　　高僧名士随之纷至沓来，支遁在离右军书楼附近的北坡建了银庭寺，许询也从萧山迁居至罕岭附近，其妻侄郗超也筑精舍于罕岭附近。王羲之与支遁、许询、孙绰等谈玄析理相乐，也与道士许迈共修服食，不远千里至东海采药。游山、访友、采药、习书练字……王羲之在这条山径上或游或憩，留下了不少的屦痕。王罕岭至今还沿用着当时的地名，如上马石、支遁洞、许家山、王家年等。

大湖山

　　王羲之的书法艺术，不仅唐太宗十分喜爱，也受到了唐代文人墨客的追慕。李白《送王屋山魏万还王屋》虽写魏万游浙东的经历，其实是表述自己多次入浙东游历的足迹。"此中久延伫，入剡寻王许。笑读曹娥碑，沉吟黄绢语。天台连四明，日入向国清。"从诗中可以看出李白和魏万都去剡县寻找过王羲之、许询等人的遗迹，并到过王羲之归隐地罕岭。

　　罕岭是诸多唐代诗人向往的地方，是他们从剡县去明州、鄞县、奉化、宁海、象山等地便捷道路的必经地。他们到罕岭追慕先贤，或寻仙问道，或朝圣膜拜，或探访记事，往来唱和，留下了歌咏王羲之、右军书楼墨池、右军旧宅、金庭观的不少诗文，如刘言史《右军墨池》、裴通《王右军宅》、小白《宿金庭观》等。

　　元和二年(807)，国子祭酒裴通与道友从剡县县城出发，沿四明山的谷地，向东南方向走了70里，到达罕岭游览右军旧宅、右军书楼墨池和金庭观。他登上藏书楼，俯视洗墨池，惊喜于山水的奇异。在金庭观住了两天后，又去沃洲，写下了《金庭观晋右军书楼墨池记》，翔实记录了右军旧宅、右军书楼墨池、金庭观、小香炉峰等所处的地理位置。正如《记》中所云："琅琊王羲之领右军家于此山,书楼墨池旧制犹在。"时至今日,书楼墨池虽已废圮,但庆幸遗址尚存。在王罕岭龙潭岗,边上裸露处能明显看到整排的房屋墙基以及一些瓦片、陶瓷器残片等,中间是一个大水坑,水流源源不断地涌出。据文史专家袁伯初老师介绍,这渗水的地方相传就是"龙潭岗"的龙潭,也就是王羲之的墨池,后改为丹池,旁有丹池殿和羲之殿。让人惊奇的是墨池旁边的植物都是绿色的,而池里的植物是灰黑色的,真像是倒了墨汁一般。房屋墙基的遗迹就是丹池殿,对面有羲之殿,书楼也在不远处。

道教名山和书法圣地

王罕岭是书圣王羲之晚年归隐地,书法艺术底蕴深厚。王罕岭所在的大湖山是道教名山金庭山,积淀了深厚的道教文化。

大湖山,因山顶有数亩天池大湖潭而名。古代大湖山上桐、柏合生,称天台山西桐柏,大湖潭又称桐柏潭。大湖山是桐柏金庭之所在,故大湖山又名金庭山。

唐初,李唐王朝信奉道教,把道教尊为国教。唐玄宗遣女道士王妙行"投简"(道教的一种斋醮仪式),就投在金庭观所在的大湖山顶大湖潭。

大湖山上的王罕岭有丹水、五色金,是金庭的特殊标志。在今书楼遗址西北100米有西白坞,东北方向不远处分别有笔架山、白云坞等,后人描述王羲之在罕岭卜筑的书楼"迥出万物表""云绕三级楼",是据实景描述。

遥想当年,王羲之在书楼里屡屡"摇笔望白云,开帘当翠微",远眺周遭的四明、会稽、天姥、华顶诸山,观赏领悟飘散离合、白云苍苍的变幻规律,外师造化中得心源,书法达到了"飘若浮云,矫若惊龙"的艺术巅峰,实现了继《兰亭序》后的第二次飞跃。后来,笃信天师道的王羲之,学张子房从赤松子游,舍书楼为金真馆,开始潜心修道,结炉炼丹的道家生活。卒后葬于金庭罕岭瀑布山。

为追慕先贤,南朝褚伯玉、沈约,隋朝智永法师弟子尚杲,唐代裴通等,或修道炼丹,或探访记事,承载了右军归隐地之历史。

绘制全域旅游新画卷

王罕岭,因王羲之成为旅游新热点。近年来,新昌县政府积极开发书圣遗迹,将王罕岭纳入新昌全域旅游中进行规划。

2008年新昌县人民政府在王罕岭为"王罕岭右军旧宅保护区古金庭观遗址"立了碑。民间不少热心人更是自发对遗址进行了发掘和保护。2015年秋至2016年春,新昌县文管会在省考古研究所的指导下,在王罕岭里湾"古金庭观遗址"的部分地块进行了探沟发掘,发现古代建筑遗址,出土了筒瓦、宋代陶瓷片、宋代石砚和天禧通宝铜钱,其年代与《金庭王氏族谱》记载的迁徙时间相吻合。为纪念书圣,传承羲之文化,沙溪镇兴建了羲之公园,供人们崇祀、休闲、健身、游览。

2022年新昌县政府把建设王罕岭书圣文化园列入《新昌县文化和旅游发展"十四五"规划》(以下简称《规划》),将重点推进右军旧宅、墨池书阁等景点的修复工作,同时利用王羲之等名人故事,充分结合王罕岭诗画、佛道、山水文化,创新利用文化资源,将文化典故景点化、场景化,挖掘书法艺术内涵,丰富文创旅游商品的创新。以少量的建设用地,打造文化景观,营造文化意境,结合VR虚拟内容的展现和其他数字技术的应用,建造王羲之书法艺术创意体验空间,从而丰富浙东唐诗之路的文化内涵。尤其在推进共同富裕的背景下,沙溪镇充分挖掘大湖山及其周边良好的生态环境、高海拔、昼夜温差大以及独特的石英砂土壤优势,积极发展水蜜桃、蔡峰米等优质农副产品,为全域旅游、共同富裕赋予了更多内涵。

与大湖山处于同一经纬度的,还有石奇山秀、水清松茂的小黄山。小黄山位于沙溪镇董村村,内有著名景点小黄山大峡谷漂流。有人描述此山峦起伏,山势高峻,如来神掌、开口石、蘑菇石、望棺材岩等,各种奇岩怪石比比皆是,大的嶙峋耸立,小的小巧玲珑,各具奇、巧、怪等特点。行进在大峡谷内,更能感觉到神秘、险峻、清幽的氛围。最高主峰海拔514.6米,是登山徒步的绝佳之地。《规划》也将同步打造沙溪绿色骑行生态游览带,充分利用董村生态资源优势和地形环境特点,结合龟溪漂流、小黄山、黄金河道、水晶采矿遗址等景点,强化乡村生态特色,打造"不负春光游沙溪"精品线路。通过绿道、风景道与骑行道、徒步道的结合,着力打造以骑行运动为主,徒步游览与乡村旅游相结合的生态骑行游览带。

书圣远去,留下了丰厚的历史文化遗产。相信在不远的将来,这王罕岭所在的大湖山,定能穿越关山阻隔,放射耀眼光芒!

东岃山：晋唐遗韵千秋传

　　东岃山，一名望远尖，与天姥山为邻，是新昌著名的历史文化名山，以山水为骨，宗教文化为魂，素以南朝佛教圣地著称。东岃山位于沃洲镇鳌峰村，最高处水帘尖峰顶海拔 657.1 米，地理坐标为北纬 29° 26′，东经 121° 46′。东岃山，由东晋佛寺东岃寺而闻世，因处邑之东乡，又称东乡寺。东岃寺因高僧竺道潜而声名远播。明季清初，又得高僧弘宗明沩禅师、融彻禅师重振水帘禅院，恢复旧观，以至东岃山禅风绵绵。历代高僧名士游历东岃水帘者众多，留下诸多诗文。东岃山迄今仍留存着一些古迹，供游人怀古凭吊。

一洞天开飞瀑悬

　　《西游记》中有花果山水帘洞。在新昌东岃山，也有一个真实存在的水帘洞。

　　东岃山自正东直西而下，苍蟠翠峙间，一洞天开。此洞高约 13 米，深约 3 米，宽约 5 米，洞口悬一飞瀑，高约 35 米，似珠帘下垂，光彩夺目。《世说新语》中记载"褚伯玉少有隐操，居剡瀑布山三十年"，就是此处。

　　极有意味的是这里的地形像个"几"字，飞瀑从"几"字形上部飞下来，由于气流的关系，人站在瀑布前，把手合成喇叭形大喊："摩诃祖师向右倒！"瀑布就会渐渐向右飘。再喊："摩诃祖师向左倒！"它又会慢慢地转向左飘。洞前挂瀑布各地有很多，但瀑水能被人声所左右，却为国内所仅有。

　　其鬼斧神工的悬崖洞壑，银珠万斛的垂帘飞瀑，骚人墨客无不为之动情。唐罗邺《题水帘洞》诗云："乱泉飞下翠屏中，色共珍珠巧缀同。一片长垂今与古，半山还听水兼风。"为水帘洞题诗第一人。此后，题诗者渐趋增多。南宋淳熙二年(1175)，朱熹来到新昌讲学，与好友石塈相聚，同游新昌山水。两人游览东岇山水帘洞后，朱熹《水帘洞》诗云："水帘幽谷我来游，拂面飞泉最醒眸。一片水帘遮洞口，何人卷得上帘钩。"石塈以诗相和，《和文公韵》诗曰："洞门千尺挂飞流，碎玉联珠冷喷秋。万古无人能手卷，紫萝为带月为钩。"

这些诗文清丽脱俗，不仅表达了当时他们游走、吟咏这一方山水的心情和志趣，也具体生动地展示了这一方山水之神韵，还原了当时东岇山的历史风貌，读来令人心生向往。闪耀着光芒的水帘，恍若悬挂了上千年的时光。穿越水帘洞，可谓别有洞天。可以看到端坐洞中的金身佛像，洞外连绵不绝的苍山叠翠，也能看到洞前一泓清潭，龙湫石影，烟波澹澹。

延绵千年变迁史

东晋高僧竺道潜约在咸和或咸康间驻锡于新昌东岇山水帘洞侧，建寺布道。所建寺院在东晋隆和元年(362)赐号称"东岇寺"。

竺道潜(286—374)，又名竺潜、竺法潜、竺法深，18岁出家，有很高的佛学造诣，最早创立了般若学六家七宗之一的本无家本无异宗。24岁时讲《法华》《大品》，听者常常超过500人。深得晋朝元、明两帝的器重。竺道潜隐迹东岇山30余年。宁康二年(374)，89岁的竺道潜卒于东岇山山馆。晋孝武帝特下诏哀悼，并赐钱十万厚葬竺道潜，其墓亦在东岇山中。

竺道潜所创的东岇寺，在唐会昌时(841—846)毁废。至五代后唐同光元年(923)重建。驻锡东岇寺的高僧还有竺法友、竺法济、康法识、道宝法师等。

宋代，东岇山一度沉寂。高僧名士慕东岇寺和竺道潜之名，来东岇山缅怀先贤、凭吊古迹、游历者不乏其人，如杨万里、朱熹、石塈等留下了诸多诗文。及至明清有弘宗明沩禅师、融彻禅师重兴水帘禅院，恢复了旧观，东岇山声名又起。

弘宗明沩禅师重建水帘禅院后，融彻禅师在清初又做了扩建。当时驻锡于水帘禅院的高僧有慧净法师、弘宗明沩禅师、果澄禅师、明弼禅师、融彻禅师等。

至清康熙二十二年(1683)闻性道纂订《东岇志略》时，在称谓上，水帘禅院与水帘庵已经同时并称，直至民国，沿传至今。

东岕山

云连山势千层画

东岕山下有里、外大坑两村。大坑之原，一自清斗潭出，一自朱母岭来，合二水而成坑。顺谷口西望，斜阳西照，彩霞蒸蔚，山岩均为之染色。帘水下注成潭，去潭十丈许为洞，跨涧有桥曰度师，桥虽小巧，形状却是奇异，好像一片鹅毛，轻轻盈盈，天然连接两端。洞水由度师桥环而西，其上两峰相接，片石流波，重重翠浪。

水帘洞的顶部有潜公台，片石凌空，若垂云在天，相传是竺道潜坐禅讲经的地方。潜公台畔有良佐禅师旧址，再溯流而上，有弘祖禅师塔。这里峰峦起伏，中间有数百平方米的一块平地，曾是刘长卿等唐代诗人荟萃之地。

洞中悬石如猪肝，紫色，水滴下，微红，下有石盘盛之，似菌苣倒垂。洞的侧面别开一洞，每日太阳夕照，状若圆鼓。以前有高人在此息足，曾吟诗："人说夕阳无限好，此地偏得夕阳多。"此洞后来就命名为"夕阳阿"。洞前有清斗潭，也有人称雪潭，深不见底。传说有神龙居住在这里，常听经于潜公座下。潭边有一块方近一丈的大石头,上面有马蹄的痕迹,相传是支遁骑马经过这里时留下的印痕。洞右方有画图岩,巉岩峭壁,古树修篁,春花秋叶之时,佳景如画。竺道潜山馆就在洞的右侧。

还有满山的禹粮石,形似馒头,内似有馅。传大禹治水时余粮所化,医方收为药品。

今已消失的景点有竺道潜墓塔、弘宗沩禅师墓塔、摘星庵、文华塔、清虚观、桃源观等。在水帘尖顶上有七口丹井,据传是南朝齐宋时期高道顾欢在东岇山的炼丹处。

支竺遗风永流传

竺道潜淡泊名利,隐居于东岇山,优游讲席 30 余载。东晋剡东高僧星聚,佛教般若学大兴,竺道潜是领袖人物。支遁曾派人向竺道潜买东岇山旁边的沃洲小岭,准备作为隐居的地方。竺道潜回答说:"欲来便给,岂闻巢由买山而隐?"之后支遁在沃洲小岭立寺行道,僧众常有百余人。

支竺两人,木食涧饮,煮茶论道,风规自远,后人敬称"支竺遗风"。竺道潜在东岇寺所创大乘般若"本无异宗",与支遁在沃洲山建小岭寺创"即色宗",同为大乘般若教义中心,共同开启了佛教中国化的历程。由此,高僧名士纷至沓来,会聚东岇,传为佳话。

支竺遗风是宝贵的精神财富,其内涵有乐善好施、普度众生的济世情怀,兢兢业业、传道解惑的师者修养,不忘初心、开拓创新的执着担当。1700 多年后,在东岇寺遗址上,创办了"大市聚人民公社五七中学",后来改称"农业中学",再后来改办职业教育,直到现在的新昌技师学院,办学成果丰硕,为地方培养了一大批企业人才和技术骨干。

晋唐遗韵千秋传。"崇文守正,务实创新",是魏晋南北朝高僧名士云集,佛教般若学发源地、唐诗之路发源地的精神传承,也是新昌企业家崇德尚智、开拓创新、求真务实、锐意进取的良好风尚,他们是"新昌精神"的践行者,在历史上留下了浓墨重彩的一笔。

附：撰稿、摄影人员名单

撰稿 金水福　封晓东　杨春燚　濮建峰　潘国昌　徐　舒　高轶群　杨　桦
董宁宁　柴　锦　丁越铭　徐小玲　陈伟堂　沈高丰　胡文炜　罗兰芬
马志坚　杜　伟　陈秋强　金慎言　吕云祥　马亚振　徐景荣　邵伟军
方建平　王炎灿　陈冬记　万国通　惊　墨　潘根福　应红梅　肖　冰
柳　叙　玉兰儿　李志良　沈科燕　金铁虎　俞文珍　马丽萍　陈　瑜
沈天鹏　李霞英　茹继英　钱　旦　裘冬梅　丁赛贝尔　竺时焕　何海玲
毛　明　潘丽萍　俞杭委　李招红　何新乐

摄影 骆海淼　封晓东　濮建峰　潘国昌　徐　舒　高轶群　杨　桦　董宁宁
柴　锦　丁越铭　徐小玲　陈伟堂　沈高丰　刘育平　郦以念　赵学干
周熠君

（如撰稿及摄影作者信息在征集过程中遗漏，请联系绍兴市政协）

图书在版编目（CIP）数据

绍兴名山 / 绍兴市政协文化文史和学习委员会，绍兴市自然资源和规划局（市林业局）编. -- 北京 ：中国文史出版社，2024.12. -- ISBN 978-7-5205-4896-0

Ⅰ. K928.3

中国国家版本馆CIP数据核字第20245D1N93号

责任编辑：王文运

出版发行：中国文史出版社

社　　址：北京市海淀区西八里庄路69号　邮编：100142

电　　话：010-81136606　81136602　81136603（发行部）

传　　真：010-81136655

印　　装：绍兴市越生彩印有限公司

经　　销：全国新华书店

开　　本：787mm×1092mm　1/16

字　　数：302千字

印　　张：19.25

版　　次：2025年1月北京第 1 版

印　　次：2025年1月第 1 次印刷

定　　价：98.00元